浙江省社会科学规划课题年度项目
"基于抑制负外部性的浙江省民营企业社会责任实现路径研究"
（项目编号：20NDJC154YB）阶段性成果

董淑兰　刘志成　刘　浩／著

企业社会责任
与资源配置关系中中介变量
与调节变量的探索研究
—— 基于国资委下属上市公司的经验数据

Research on Intermediary Variables and
Moderating Variables in the Relationship between
Corporate Social Responsibility and Resource Allocation
— Based on the Empirical Data of Listed Companies of SASAC

中国财经出版传媒集团

经济科学出版社
Economic Science Press

图书在版编目（CIP）数据

企业社会责任与资源配置关系中中介变量与调节变量
的探索研究：基于国资委下属上市公司的经验数据/董
淑兰，刘志成，刘浩著 . —北京：经济科学出版社，
2020. 9

ISBN 978 - 7 - 5218 - 1923 - 6

Ⅰ. ①企… Ⅱ. ①董… ②刘… ③刘… Ⅲ. ①国有企
业-企业责任-社会责任-关系-资源配置-研究 Ⅳ.
①F279. 241

中国版本图书馆 CIP 数据核字（2020）第 189059 号

责任编辑：杜　鹏　郭　威
责任校对：杨　海
责任印制：邱　天

企业社会责任与资源配置关系中中介变量与调节变量的探索研究
——基于国资委下属上市公司的经验数据

董淑兰　刘志成　刘　浩　著
经济科学出版社出版、发行　新华书店经销
社址：北京市海淀区阜成路甲 28 号　邮编：100142
编辑部电话：010-88191441　发行部电话：010-88191522
网址：www. esp. com. cn
电子邮箱：esp_bj@ 163. com
天猫网店：经济科学出版社旗舰店
网址：http: // jjkxcbs. tmall. com
固安华明印业有限公司印装
710 × 1000　16 开　14. 25 印张　250 000 字
2020 年 12 月第 1 版　2020 年 12 月第 1 次印刷
ISBN 978 - 7 - 5218 - 1923 - 6　定价：76. 00 元
（图书出现印装问题，本社负责调换. 电话：010 - 88191510）
（版权所有　侵权必究　打击盗版　举报热线：010 - 88191661
QQ：2242791300　营销中心电话：010 - 88191537
电子邮箱：dbts@ esp. com. cn）

前　言

　　一个组织的有效性和生产力一直是所有商业组织和管理人员非常关心的问题，组织结构和系统中的许多变量已经被确定用来评估组织中管理系统的效率和有效性。企业社会责任（corporate social responsibility）一直被认为是一种有效的管理工具，即企业通过履行社会责任获得知名度和品牌形象，提升战略地位，获得声誉、宣传、资本等战略性资源，建立、维护政治关系，获得补贴或信贷资源等（Waddock and Graves，1997；Minor and Morgan，2011；温素彬和方苑，2008；山立威，2008；张川等，2014；李维安等，2015），或者企业通过履行社会责任抵消或减轻一些不利事项给企业带来的负面效应（彭韶兵，2013），从而有利于企业获得长期稳定的财务绩效。在当今竞争激烈的市场环境下，企业社会责任代表了许多公司进行具有战略重要性的高调活动，全球特别是发展中国家的商业角色已经从传统的"利润最大化"方式转变为"社会负责任"方式，全球公众对企业在社会中作用的认识不断提高。诚然，企业不仅要对其股东负责，而且要以更广泛的包容意义对所有利益相关者负责。将商业角色从经典概念转移到社会责任方面的原因有很多，一方面企业为社会创造财富和就业机会，另一方面污染环境和破坏生态，对全球人类健康和生物多样性造成破坏性影响。企业社会责任被认为是有助于创造稀缺资源和能力的机制，企业通过有效控制和操纵其宝贵、稀缺、不可能被完全模仿的资源和能力，从而产生可持续的竞争优势，因此企业社会责任可能被认为具有企业战略价值。

　　企业社会责任是一个多维结构，其行为涉及各种投入、内部行为或过程和产出。这些行为也发生在各行各业，在不同的社会责任领域具有明显不同的特征、历史和表现。而在市场中执行、支持和利用企业社会责任战略的公司并不相同，企业社会责任可能会在不同的条件下给企业带来不同的资源配置效率，即企业社会责任行为会为一些企业带来收益，但也会给另一些企业带来损失。许多研究企业社会责任与资源配置效率之间关系的研究人员声称，大量实证研究的结果表明二者之间存在模棱两可的关系，这种关系没有被无可争议地证明。探索和打开连接企业社会责任和资源配置效率之间的黑盒子，对于更好地理解企业如何通过履行社会责任创造竞争优势，并更好地将企业社会责任行为与公司核心业务的运营整合在一起的基本机制至关重要。对这种缺乏共识的解释可能依赖于与测量问题有关的缺陷（如遗漏变量）以及企业社会责任与资源配置效率之间因果关系的明确方向。企业社会活动不仅包含业务的自由裁量责任，还描述了这些责任如何被整合到任何企业行为、决策或影响中，其中任何一项都可以作为中介连接在企业社会责任和资源配置效率之间。而寻找遗漏变量的过程，需要运用理论模型来确定最终决定资源配置的变量，但在经济计量模型中常常被忽略。

战略管理者一直面临着如何在对他们施加越来越多压力的环境中做出分配公司稀缺资源的决定，许多研究开始试图找出企业社会责任与企业资源配置效率之间的关系。部分学者已经认识到测试调节机制、干预变量以及背景条件模型的重要性，并建立了企业社会责任和资源配置效率之间的调节关系模型。

本研究通过对企业社会责任的相关研究文献进行整理、分析，沿着学者对企业社会责任的相关研究动态，特别是实证研究的主要着眼点这条轨迹，发现企业履行社会责任行为与企业资源配置效率的关系成为当下乃至未来的实证研究热点主题。在此基础上，本研究进一步梳理企业社会责任与企业资源配置效率的关系原理，选取国资委下属上市公司为研究对象，并采用 2011 ~ 2015 年的数据为样本，基于中介效应和调节效应两个视角分别从寻找遗漏变量和干预变量来研究企业社会责任与资源配置的关系，丰富了中介效应和调节效应在企业社会责任研究领域中的应用，为政府更好地规范企业社会责任行为和企业更好地履行社会责任提供了理论依据。

为了实现研究目标，本研究主要内容包括：

第一部分，研究主题的探索。本研究首先通过对企业社会责任相关研究文献进行梳理，然后确定以 2007 ~ 2016 年发表在 CSSCI 上的研究企业社会责任的相关文献为对象，借助文献题录信息和可视化分析软件，以知识图谱的方式，揭示企业社会责任相关研究的前沿、热点及现状等动态发展规律。通过词频统计、共线矩阵和图谱分析追踪企业社会责任研究动态，从总体发文情况、企业社会责任定义、研究视角及主要研究结论、机构合作、高产作者合作、多重基金资助、数据来源渠道、实证文章热点关键词、企业社会责任评价指标等方面揭示企业社会责任相关研究的发展动态。我们发现企业社会责任的实证研究仍是备受当前学术研究领域关注的热点，相关研究视角包括企业社会责任与企业投融资、企业绩效、制度环境、企业声誉、社会资本等。我们进一步通过对企业社会责任实证研究论文的关键词进行汇总研究，发现企业社会责任、利益相关者等核心关键词以及企业社会责任与企业效率（包括企业绩效、财务绩效等词汇的含义）、中介效应、调节效应等成为当下乃至未来的实证研究的热点主题。

第二部分，企业社会责任与资源配置效率之间中介变量的探索。该部分研究的理论基础是企业社会责任理论、利益相关者理论、合法性理论、委托代理理论、信息不对称理论、社会资本理论、议程设置理论。本部分研究选取国务院直属和省市级国资委下属的上市公司 2011～2015 年的数据作为研究样本，剔除数据缺失的公司、金融类公司、ST 公司以及所在区域样本数较少的公司。财务指标相关数据来自锐思数据库和国泰安数据库，部分财务数据通过巨潮资讯网和沪深证交所官网手工收集整理。在本部分研究中主要关注三个中介变量——信任、企业综合竞争力、媒体关注。其中，"信任"的评价指标选自《中国地区金融生态环境评价（2013—2014）》，"企业综合竞争力"的测量数据来自《中国上市公司无形资产指数报告》，"媒体关注"指标选自中国知网中"中国重要报纸全文数据库"。采用每股社会贡献值、润灵环球社会责任报告评级衡量社会责任。基于企业社会责任与企业资源配置效率二者关系中中介效应的相关文献研究，本研究从企业整体资本配置、投融资配置以及财务资本配置三个层面考察企业资源配置效率，分别衡量企业的资本配置效率、融资效率、财务效率。基于中介效应研究企业社会责任与企业资源配置效率的相关因素之间的关系，分别探析了信任在企业社会责任与资本配置效率的关系中、综合竞争力在企业社会责任与商业信用融资的关系中、媒体关注在企业社会责任信息披露与绩效的关系中所起的中介传导作用。研究发现：信任变量起到了联结社会责任与资本配置效率之间关系的纽带作用，即信任在社会责任与资本配置效率之间发挥显著的完全中介效应；企业承担社会责任的水平越高，越有利于提升企业综合竞争力和获得更多的商业信用融资机会，企业综合竞争力在企业社会责任与商业信用融资之间的关系中发挥显著的不完全中介效应；媒体关注在企业社会责任与财务效率关系中发挥不完全中介效应，即企业社会责任对于财务效率的影响作用是通过媒体关注部分传导实现。

第三部分，基于调节效应视角的企业社会责任与企业资源配置效率的关系研究。该部分研究的理论基础是企业社会责任理论、利益相关者理论、合法性理论、委托代理理论、信息不对称理论、政府干预理论、制度理论、寻租理论。本部分研究选取了国务院直属和省市级国资委下属的上市公司 2011～

2015 年的数据作为研究样本，剔除数据缺失的公司、金融类公司、ST 公司以及所在区域样本数较少的公司。财务指标相关数据来自锐思数据库和国泰安数据库，部分财务数据通过巨潮资讯网和沪深证交所官网手工收集整理。在本部分研究中，主要关注三个调节变量——寻租环境、制度环境、金字塔股权层级。其中，"寻租环境"指标数据取自《中国统计年鉴》等，"制度环境"指标数据取自《中国市场化八年进程报告》，"金字塔股权层级"指标选自企业年报中的产权及控制关系的方框图，采用润灵环球社会责任报告评级、和讯网社会责任报告评级得分衡量社会责任。基于企业社会责任与企业资源配置效率二者关系中调节效应的相关文献，本研究从企业整体资本配置、投融资配置、财务资本配置三个层面来衡量企业的资本配置效率、投资效率和财务效率。分别探析寻租环境在企业社会责任与资本配置效率的关系中、制度环境在企业社会责任与财务效率的关系中、金字塔股权层级在企业社会责任与投资效率的关系中所起的调节作用。研究发现：企业所处地区的寻租环境，在企业履行社会责任与资本配置效率的正相关关系中发挥反向调节作用，即公司所处地区的寻租环境恶劣，使得企业把更多的精力和资源放在隐蔽和非正式的寻租关系维护上，降低了企业履行社会责任的水平，影响了资本配置效率；企业所处地区的制度环境，在企业履行社会责任与财务效率的正相关关系中发挥正向调节作用，即公司所处地区的制度环境越好，企业社会责任对财务效率的正向影响越显著；金字塔股权层级在企业社会责任与投资效率关系中发挥正向调节作用，即国有企业金字塔股权层级越多，政府针对国有企业的放权力度越大，企业通过履行社会责任以获取资源的动机越大，有利于企业做出最优选择，改善投资在行业间的配置效率。

本研究的可能创新之处如下：

（1）遵从"企业社会责任研究综述——企业社会责任实证研究"的研究思路，在探究企业社会责任相关研究动态的同时，研究企业社会责任与资源配置相关要素之间的关系。

（2）在实证研究部分，从中介效应和调节效应的不同视角研究企业社会责任的资源配置机理，探究企业社会责任与资源配置相关要素之间的遗漏变量和干预变量，从不同的视角丰富了企业社会责任与资源配置关系的研究。

本书由嘉兴学院董淑兰教授、刘志成副教授和沈阳农业大学博士生刘浩共同完成。其中，董淑兰撰写了第 2 章、第 5 章，并负责全书的修改和定稿；刘志成撰写了第 1 章、第 4 章、第 6 章；刘浩撰写了第 3 章。

作者
2020 年 8 月

目　录

第1章

绪　论

1.1　研究背景

指导企业应该从事某些活动还是不要这样做，其标准是它们对社会有益或有害，这是一个中心问题，这些争议与其公司活动的社会影响有关。应采取旨在避免或修复其运营对社会负面影响的行动，以便通过促进社会期望的目标实现而产生有利影响。大多数学者和商业专家已经注意到企业社会责任（CSR）从过去 20 年来不切实际和经常被忽视的想法转变为商业世界中最正统和最被广泛接受的概念之一。在 20 世纪 60 年代，企业负有对超越其股东的更广泛的利益相关者的责任的观点开始出现。因此，世界各地的学术界和从业者都越来越关注企业社会责任。虽然有人批评该行为和考虑公司是否应该扩大其股东价值范围以外的职责，但越来越多的公司已积极致力于应对更大的社会挑战。作为企业参与主流社会和当地社区的各种选择，公司已经建立了专门的组织单位来有效地管理其社会义务，表现为在国家和全球各级开展业务的专门组织数量相应增长，为短期项目或长期持续的社区项目提供咨询并经常执行该项目。20世纪 70 年代以来，学者们关于企业在社会中的作用展开了激烈的争论。虽然企业已经开始承认企业社会责任的重要性，并且各种各样的举措已经被揭示（Nelson，2004），尤其是最近出现的一系列关于企业丑闻、会计欺诈、贪婪和可疑商业行为的指控已经给批评者提出欺骗（Lantos，1999）、操纵观念（Wicks，2001）、零星的地方主义（Bolter and Kramer，2002）等各种各样的指控提供支持。当今对企业行为严格审查的环境（Raar，2002；Waddock，

2000）可能强调了用以前所未有的稳健性概念来指导企业履行企业社会责任。然而，到了 20 世纪 90 年代后期，企业社会责任的概念几乎得到了所有三方成员普遍认可，推动从政府和公司等正式组织到非政府组织和个人消费者等各种社会群体的观念转变。联合国、世界银行、经济合作与发展组织和国际劳工组织等大多数主要国际组织不仅赞同企业应该履行社会责任，而且还制定了指导方针和建立了由长期配备人员组成的部门来研究和推广企业社会责任。这些趋势的规模和突出表明，关于企业社会责任的讨论已经从关于组织使命和股东价值（如何履行社会责任）转移到企业概念化和实现其社会义务的机制（为什么要履行社会责任）。同样，关于社会责任的学术对话已经从简单的理由转变为与核心业务相关的财务成果，转变为复杂的社会成果观点和衡量标准。这种组织现象的出现，使得企业社会责任作为一种激励利益相关者的机制已变得越来越普遍和明显，并且其管理社会对企业在社会和社区中的作用和效用的看法与预期的功能，超越了生产和销售的传统核心功能。截至 20 世纪 90 年代末，接近 90% 的世界 500 强企业将企业社会责任作为其组织目标的基本要素，并积极推动在年度报告中披露企业社会责任活动（Boli and Hartsuiker，2001）。这种变化非常激烈，以至于通用电气首席执行官杰弗里·伊梅尔特宣称"世界已经改变"（Gunther，2004），而惠普康柏公司前首席执行官卡莉·菲奥莉娜声称已经出现了"新业务"（Fiorina，2001）。

企业社会责任的重要性在过去的几十年中已经得到发展，今天没有大型企业不在这个领域做出努力。欧盟委员会此前将企业社会责任（corporate social responsibility，CSR）定义为"企业将社会和环境问题纳入其业务运营以及自愿与利益相关方互动的概念"（欧盟委员会，2006）。在一系列丑闻之后，公司行为的严格审查使得承担社会责任尤其重要，并将其传播给广泛的受众。但企业社会责任不仅成为道德义务，还可以为市场上的品牌创造可测量的竞争优势。这个想法确定了社会行为和生态责任不仅在社会上而且在经济上也是有益的。考虑到公众对社会责任的认识不断提高，企业不断加大对企业社会责任的财政支持力度。理由是，在客户眼中负责任地行事的公司可能能够实现价格溢价。因此，企业社会责任投资可能会对利润产生直接影响（Creyer，1997）。为了从这种投资中受益，企业必须以可信、透明和面向对话的方式在企业社会责任方面交流其努力，以便消费者能够注意并欣赏其社会责任活动。最终，希望利益相关者能够接受 CSR 活动在企业与社会之间创造双赢局面的观念（Mayerhofer et al.，2008）。企业的问题似乎不再是企业是否参与社会责任，而是关于如何采取战略性和有效的计划方式履行企业社会责任，但在社会责任对企业的影响机制探究上还是面临重大挑战，虽然以往研究基于资源基础观点关注到企业社会责任的资源配置功能，体现为国内外学者对企业社会责任和企业资源配置之间的关系进行了探索性研究，但尚未形成一致性结论。早期学者认为企业社会责任与企业资源配置效率之间没有显著的相关性；后来有学者发现，企业良好的社会责任表现反而会使得企业陷入低效的境况；近期的研究表明，企业良好的社会责任表现有助于提高企业资源配置效率；关键变量的遗漏或者测量标准的不同可能是导致研究结论出现矛盾的重要原因。本书在以往研究基础上主要进行如下边际贡献：（1）从企业整体资本配置、投融资配置和财务资本配置三个维度对企业资源配置进行解析，并进行分别测度；（2）针对遗漏变量导致的企业社会责任与资源配置间机制模糊问题，本书从中介变量和调节变量的双重视角综合诠释社会责任影响资源配置的内在机制。

1.2　研究目的和研究意义

1.2.1　研究目的

（1）运用文献分析软件分析企业社会责任研究现状。收集 2007～2016 年发表在中文社会科学引文索引（CSSCI）上的以企业社会责任为题的文章，运用文献题录信息统计分析工具 SATI 和社会网络分析软件 Ucinet，以文献综述的形式从整体研究上考察企业社会责任的研究状况和前沿动态。

（2）从中介效应的视角研究企业社会责任影响资源配置的机理。企业社会责任作为一种组织现象和激励利益相关者的机制，其本身并不具备直接实现企业盈利的能力，往往需要借助于相关机制最终作用于企业经营内外部环境来实现企业资源配置。

（3）从调节效应的视角研究相关因素对于企业社会责任与资源配置之间关系的影响。企业社会责任与引发资源配置的各关键因素之间关系的动态性，尤其是大量关于企业社会责任与企业绩效文献至今得出的关系不统一的结论，引发了学者们对于二者关系中是否存在权变变量或者调节变量的思考。

1.2.2 研究意义

1.2.2.1 理论意义

（1）丰富了企业社会责任和相关理论的结合应用。本研究围绕企业社会责任与决定资源配置的各关键因素之间的关系，从中介作用和调节作用的不同影响机制、内部和外部的不同视角，运用了企业社会责任理论、利益相关者理论、合法性理论、委托代理理论、信息不对称理论、社会资本理论等有关研究社会责任的传统理论，同时还运用了议程设置理论、寻租理论、政府干预理论、制度理论等相关理论，丰富了社会责任理论和其他理论的结合。

（2）从内外部、中介调节的不同视角全面研究企业社会责任与决定资源配置的各关键因素之间关系的内外在机理。从信任、综合竞争力、媒体关注的不同视角分别研究它们在企业社会责任及其信息披露与资本配置效率、融资效率、财务效率之间的中介作用。从寻租环境、制度环境、金字塔股权层级的不同视角分别研究它们在企业社会责任与资源配置的关系中发挥的调节效应。

1.2.2.2 现实意义

（1）本书中运用到先综述后深入实证的研究思路，为其他研究提供借鉴。本书首先以 2007~2016 年间发表在 CSSCI 上的研究企业社会责任的相关文献为对象，以研究综述的形式从整体上揭示企业社会责任相关研究的前沿、热点及现状等动态发展规律，关注到了企业社会责任影响资源配置的研究热点。在此基础上，本书基于中介效应和调节效应的不同视角对企业社会责任和影响资源配置的关键因素之间的关系展开深入的实证研究。

（2）通过本书更加有助于探索和解开连接企业社会责任和资源配置的黑匣子。以往大量关于企业社会责任和资源配置之间关系的研究存在模棱两可的回答，二者关系没有被无可争议地证明，显然指标测量的不统一、遗漏变量存在都可能导致不同的结果。本书从中介效应和调节效应的不同视角研究企业社会责任与决定资源配置的各关键因素之间的六组关联机制，更加丰富了企业社会责任和资源配置之间关系的研究。

1.3　国内外研究现状

1.3.1　国外研究现状

1.3.1.1　关于企业社会责任与绩效的关系研究

在对 30 多年来完成的 90 多项研究进行定性回顾后，斯坦纳（Steiner，2009）发现 52% 的研究报告显示了利润和 CSR 之间的关系，有 24% 的研究发现二者没有显著关系，有 19% 发现存在混合关系，只有 5% 发现存在显著的负面关系。这些证据表明，企业社会责任可以为组织的财务绩效改善做出积极贡献。换句话说，它可以投资于企业社会责任。佩洛扎（Peloza，2009）评述了128 篇探讨企业社会责任与企业绩效关系的研究，发现其中 59% 为正相关、14% 为负相关、27% 为混合性或无相关。

（1）企业社会责任与绩效之间呈正相关。科尔内尔和夏皮罗（Cornell and Shapiro，1987）提出的社会影响假说认为企业社会责任与财务绩效之间存在正相关关系。奥利兹基（Orlitzky，2003）所进行的元分析是一篇量化文献，他们整合了 30 年来的 52 项研究，并使用元分析技术来支持公司社会责任和公司财务绩效呈正相关且具有显著性的主张。有趣的是，元分析发现，财务绩效与公司对社会影响的管理之间的相关性高于财务绩效与公司对其环境绩效的管理之间的相关性。换句话说，定性和定量文献综述都表明企业社会责任与财务绩效之间存在显著的正相关关系。特索普拉（Tsoutsoura，2004）运用五年的大量数据探索并检验了企业社会责任与财务绩效之间的关系。分析中使用的数据集包括大多数标准普尔（S&P）500 公司，涵盖了 1996~2000 年间的数据。结果表明，这种关系的信号是积极的，具有显著性，也支持社会责任型企业绩效可以与一系列底线收益相联系的观点。维加利（Vergalli，2008）运用三大主要国际指数中两个相交叉的 CSR 指数的构建，以便保证客观和有一个代表性的样本，通过使用横截面和面板数据计量经济学方法来研究社会责任是否会影响企业的利润，结果表明，企业社会责任使企业更加有"良心"，从长远来看由于声誉效应、长期成本降低、增加社会责任需求三个原因导致企业获得更高的销售额和利润。米斯拉（Mishra，2010）考察了企业社会责任（CSR）中对主要利益相关者的行为是否影响印度公司的财务和非财务绩效。相关数据是通过问卷调查从包括首席执行官在内的 150 名印度高层管理人员收集的。研究者针对员工、客户、投资者、社区、自然环境和供应商六个利益相关者群体开发了一份评估企业社会责任的问卷，通过综合六个维度获得 CSR 的综合衡量标准。调查结果表明，对主要利益相关方负责任的商业行为可以为印度企业带来利润并对其有利。乔和哈乔托（Jo and Harjoto，2011）基于 1993～2004 年间 12527 家公司的年度观察数据（包括披露 CSR 报告和未披露 CSR 报告），首先对企业社会责任参与度进行了第一阶段概率回归分析，然后在分别纠正内生性处理效应和选择性偏差后，采用 OLS 和 Heckman 两阶段回归以及工具变量方法在内的各种方法研究企业社会责任参与度对于影响企业绩效的影响。结果显示，企业社会责任投入的业绩增强来自企业内部的社会增强，如多元化、员工关系和产品问题，而不是企业社会责任参与更广泛的外部增强，如社区和环境问题。此外，在控制了潜在的同时性偏差之后，我们关于企业社会责任和企业绩效之间正相关关系的推论仍然保持不变。康（Kang，2013）以在台湾证券交易所（TWSE）上市的 685 家非金融公司 2008～2010 年的数据样本，通过采用分位数回归方法，对当前文献中关于企业社会责任和企业绩效之间的关系提供一个不同的视角，这种方法使我们通过分析企业绩效对企业社会责任在绩效分配不同分位数上的不同反应来探究 CSR 是否以及如何影响不同级别的企业绩效。研究发现，公司绩效对其参与企业社会责任活动的敏感度并不随公司绩效水平的分位数的变化而变化，我国台湾地区企业社会责任活动与企业绩效有着强烈而显著的正相关关系。卢奥（Luo，2013）以 1998～2008 年间 386 家供应商—客户对数的数据，总数 3518 个买卖双方的渠道关系进行研究，研究结果表明，只有当 CSR 互惠到位时，渠道绩效才会提高。这是渠道关系的基础，因为只有接受采取的行动才能激励交换伙伴继续并从关系中获益。只有当客户企业和供应商企业在 CSR 强度方面互补时，才能实现企业社会责任在增强渠道关系绩效方面的优势。相比之下，当 CSR 不是互惠时，供应链合作伙伴可能会感受到公平的关系，从而无法实现更高的渠道关系绩效。布赖恩等（Brine et al.，2014）认为企业社会责任的经济驱动因素借鉴企业社会责任的企业经验，即企业社会责任为企业提供了一种手段，使企业能够管理和影响其利益相关者的态度和看法，建立信任，为企业减少当前和未来成本提供机会，从而提高运营效率，这种被称为"开明的股东方法"的方法表明，如果企业决策者为了最大化长期的财务回报，就必须考虑一系列的社会和环境问题。康（2014）采用分位数回归方法考察企业社会责任活动对企业绩效的影响，一个重要的发现是，公司绩效对其参与企业社会责任活动的敏感度并不随公司绩效水平的分位数的变化而变化，企业社会责任活动的参与度与所有分位数的企业绩效呈显著正相关，承担因企业社会责任而产生的比相关成本更高的经济收益。格雷戈里（Gregory et al.，2014）的研究探讨了企业社会责任（CSR）对企业价值的影响，并通过分解为对预测盈利能力、长期增长和资本成本的影响来寻找该价值的来源。研究中借鉴资源基础理论和利益相关者理论的研究文献，着手解读企业社会责任战略如何影响现金流和资本成本，以比托宾 Q（Tobin's Q）的使用更为理论性强大的方式来测试 CSR 指标与企业价值之间关系，试图分离每个企业价值的影响。研究发现，企业社会责任表现为降低交易成本，发展利益相关者信任，并可将与主要利益相关者的交易关系转变为竞争优势，从而使公司摆脱不利的商业环境，企业将会获得更高估值的回报。哈桑等（Hasan et al.，2016）基于 1992~2009 年美国制造企业的综合纵向数据集，将企业生产力视为生产性无形资产的积累，并认为与更好的企业社会绩效相关的利益相关者参与有助于开发这种无形资产，研究认为，主要利益相关者的社会考虑对于具有较高自由现金和收入流量不确定性的公司更有价值。

（2）企业社会责任与绩效之间呈负相关。万斯（Vance，1975）和其他新古典经济学者研究了企业社会责任特征与财务表现之间存在消极联系的观点，他们认为，承担社会责任的企业处于竞争劣势，因为它们浪费资源并产生额外成本来维持该行为并坚持附加规定的要求，而它们的竞争对手则专注于业务和获取利润。弗里曼（Freeman，1984）提出了他著名的"企业唯一的责任就是增加利润"的主张，这种观点的扩展常常成为支持企业社会责任程度与企业价值之间负相关的理论背景。企业不可能做到满足每一个利益相关者的期望。平衡利益相关者的利益诉求对于企业维护内部均衡显得尤为重要，过多承担社会责任，必将影响企业利润分配，进而对股东的利益造成不利影响。普雷斯顿和奥班农（Preston and O'Bannon，1997）讨论了管理机会主义假说，并认为一些私人管理目标可能通过过度投资企业社会责任导致企业资源浪费。因此，CSR 是公司内部管理机构问题的表现。此外，普雷斯顿和奥班农（1997）通过他们的权衡假说认为，投资于社会和环境活动可能会减少公司的资源，从而产生竞争劣势并对公司的价值产生负面影响。舒勒（Schuler，2006）也认为即使企业社会责任可能会使社会中的一些利益相关者群体受益，对该企业的回报可能是负面的。例如，为了提供超过法律要求和社会期望的清洁空气，公司可以安装减污设备，尽管这样做的成本可能会超过任何私人收益。奇奇雷蒂（Ciciretti，2007）指出，大多数企业社会责任活动，如努力实现环境可持续性、加强公司治理、促进社区发展和建立良好的员工关系，都涉及从股东价值最大化转向利益关系更广泛的利益相关者集团，这增加了公司的成本。布拉默（Brammer，2008）选择伦敦证券交易所 537 家公司 1990～1999 年的数据为样本，以公司慈善捐赠程度的决定因素为基础进行估计，并将其用作分类的基础，根据实际捐赠与预测捐赠强度之间的差异对公司进行分组，探讨分类的财务绩效属性和企业社会绩效（CSP）与企业财务绩效（CFP）在企业社会绩效特定组成部分（企业慈善捐赠）背景下的关系。研究发现，拥有非常高或非常低 CSP 的企业比其他企业具有更高的财务业绩，短期内社会责任表现最好的企业财务绩效表现得异常差。马克尼等（Makni et al.，2009）选择 179 家加拿大企业作为样本，研究发现企业社会责任与代表企业绩效的总资产报酬率、净资产收益率及市场回报率等财务指标之间存在着显著的负相关性，进而得出企业履行社会责任会减少企业利润及降低股东财富的结论。费希尔·范登（Fisher-Vanden，2011）以美国碳密集型行业的公司数据为样本，研究旨在减少企业污染的自愿资本支出决策——环境责任投资（ERI），特别是与气候变化相关的投资，是否与此受托责任相抵触，造成了环境和财务绩效之间的固有冲突，即环境投资是会降低公司价值或实际上改善财务业绩的。研究发现，绿色投资对高增长企业的投资机会发出了负面信号，对于宣布加入气候变化领导者这一与气候变化有关计划的公司，企业经历了明显异常的负面股票收益，公司减少温室气体排放的承诺似乎与股东价值最大化相抵触。利马等（Lima et al.，2011）以新兴经济体中的巴西为研究对象，基于社会责任指数和企业财务数据，研究社会责任对于企业绩效的影响，发现社会责任破坏了巴西企业的财务绩效。埃洛伊达尼（Elouidani，2015）以 2007～2010 年卡萨布兰卡证券交易所上市的 20 家公司的面板数据为样本，分析企业社会责任（CSR）对由几项指标衡量的财务业绩的影响，研究发现 CSR 的供需矛盾导致在均衡状态下企业社会责任的利润和成本相互补偿，同时企业社会责任可能推动公司参与投资产生成本，从而降低盈利能力，对财务业绩有负面影响。韩等（Han et al.,2016）使用了 2008～2014 年间拥有布隆伯格环境社会治理（ESG）披露得分的 94 家韩国公司的数据为样本，以环境、社会和公司治理三个独立项得分作为 CRS 代理衡量指标，股本回报率（ROE）、市账率（MBR）和股票回报率衡量企业绩效，考察企业社会责任（CSR）与企业绩效之间的关系。没有发现任何统计学上显著的证据表明社会责任表现评分与企业绩效之间存在关联。诺雷等（Nollet et al.，2016）使用彭博环境社会治理（ESG）披露评分来涵盖标准普尔 500 强企业 2007～2011 年间的数据，这个数据考虑了线性和非线性关系。基于会计的（资产回报率和资本回报率）和基于市场的（超额股票回报）绩效指标来检验公司社会绩效（CSP）与公司财务绩效（CFP）之间的关系。线性模型的结果表明 CSP 与资本回报率之间存在显著的负相关关系。武吉西克（Vujicic，2016）从 2002 年开始的两年期间，以美国公司为样本通过股票收益形式来检验企业社会责任与财务业绩之间的相互作用。该研究使用一套分解的社会责任指标——社区和就业，并将结果与整体企业社会责任评分进行比较。分析的主要结果是，无论是总体评级还是单独检查指标，具有较高社会责任评分的公司倾向于实现较低的股票收益率。此外，无论是企业特征控制因素还是行业效应的增加都无法解释由于较高的企业社会责任评分导致收益下降。因此，研究得出的结论认为，商业战略中的企业社会责任支出事实上对公司的利润和股东价值具有破坏性。

（3）企业社会责任与绩效之间关系不确定。奥佩尔（Aupperle，1989）鉴于在企业社会责任领域进行研究的方法论问题，使用现有的最佳 CSR 数据库，同时试图以更全面和更精确的方式进行挖掘。研究发现：公司的企业社会责任定位只是影响其他许多因素的间接因素。因为公司的财务业绩部分取决于公司和业务战略的选择、组织结构和文化、奖励制度和员工士气、资源、能力、环境条件和制约因素，因此，社会责任导向可能无法清晰地表现出绩效效应。米塔尔等（Mittal et al.，2008）通过统计回归和相关分析来调查四年间道德承诺与财务绩效之间的关系，对已经成功实施企业社会责任举措的少数印度公司的研究也进行了分析，以调查印度公司参与社会责任倡议的程度和性质。研究结果表明，无论是披露的数量还是参与公司的数量，印度商业公司的 CSR 水平都在提高。企业社会责任与企业声誉之间存在正相关关系，但是没有证据表明，具有道德守则的公司会比没有守则的公司产生更高的经济附加值（EVA）和市场附加值（MVA），即企业社会责任与企业盈利能力之间的关系在印度尚未得到探索。苏罗卡（Surroca et al.，2010）使用由 Sustainalytics 责任投资服务平台提供的由来自 28 个国家的 599 家公司 2002～2004 年的数据组成的数据库，包括与员工、社区、供应商、客户和环境相关的，与利益相关者有关的绩效信息，使用一种二阶段估计策略考察了企业责任与财务绩效之间关系。结果表明，企业责任与财务绩效之间没有直接关系。瑟韦斯（Servaes，2013）使用 KLD Stats 数据库 1991～2005 年间的数据，关注作为关键利益相关者的消费者，并建议企业社会责任调整消费者行为进而因此影响企业价值的必要条件是消费者对企业 CSR 活动的认识。重新考虑企业社会责任和企业价值之间的关系，使用具有固定效应的模型来解决模型错误指定问题，研究企业社会责任是否能够并在什么条件下为企业增加价值。研究发现，没有证据表明企业社会责任与企业价值之间存在直接联系。在某些情况下，企业社会责任增强了企业的价值，但在另一些情况下，企业社会责任可能会破坏价值。弗拉默尔（Flammer，2013）对所有美国上市公司 1980～2009 年间公司新闻公告中有关环境的事件进行研究，提出环境企业社会责任是边际收益递减和保险型特征递减的资源，并认为企业社会责任与企业绩效存在非线性关系。还有部分学者研究发现企业社会责任与企业绩效之间呈倒"U"型关系，而并不是简单的线性关系。瑟韦斯（2013）则发现社会责任与企业绩效之间的关系还受到企业特点的影响，只有在声誉好的企业，社会责任才对企业绩效产生积极的作用；而对于声誉不佳的企业，则会产生相反的作用。奥邦（Oppong，2014）利用加纳投资促进中心提供的 2005 年加纳一百强企业的数据，构建相关矩阵，并进行单因素方差分析（ANOVA），检查企业社会责任与企业绩效指标之间的关系，分析结果显示，任何财务绩效指标与企业社会责任之间均无显著相关性。古（Koo，2016）以北美上市公司 2000～2013 年的数据为样本，采用了基于 Kinder、Lydenberg 和 Domini（KLD）数据库的数据进行 CSR 评估，资产回报率（ROA）、销售收益率（ROS）、托宾 Q 值等财务业绩的计算，考察了企业社会责任（CSR）与企业财务绩效之间的关系。结果表明，企业社会责任与企业财务绩效存在显著相关关系，但是研究并没有探索它们之间的因果关系的方向。

1.3.1.2 关于企业社会责任与企业效率的关系研究

贝吕（Belu，2009）以 1999～2003 年间观察到的瑞典 85 家银行的数据为依据，通过使用数据包络分析（DEA）方法和财务绩效指标（资产回报率、股本回报率和年度数据），将社会和环境（即可持续性）成果与国有上市公司进行排名（股票收益）作为投入，可持续性得分作为产出，采用计算出 DEA 指数衡量企业对可持续实践的承诺，企业社会责任作为对可持续发展的实践有利于提高企业效率。贝切蒂（Becchetti，2011）考察了一种绩效衡量标准（用距离有效边界的距离衡量的生产力），在随机边界方法中，该方法的特定性在于应用混合模型，在估计提取低效率措施的随机边界之前，允许子样本模型的内生识别。分析的结果显示企业社会责任作为产品质量信号的有效性、更高的效率工资、与利益相关者的交易成本最小化、与工人内在动机的更紧密联系以及来自有关消费者的更高支持可能会增加每个工人的销售量，提高企业效率。萨恩（Sun，2013）以 1998～2009 年美国化工企业为样本，使用数据包络分析（一种非参数方法）来衡量企业生产率，探讨了 t+1、t+2 和 t+3 年度中企业社会责任与企业生产率之间的关系，检验企业社会责任与美国化工行业未来产能之间的关系。回归分析的结果支持企业社会责任与未来企业生产力之间呈显著正向关系，这表明企业社会责任可以提高化工行业的生产率。拉克尔等（Larcker et al.，2013）基于资源异质性观点从企业社会资本的视角也认为，企业在战略网络中所处的位置决定企业在不完全竞争的市场环境中掌控资源的能力，企业通过履行社会责任占据结构洞网络的关键位置，拥有市场竞争中的信息资源和关系资源，降低企业信息收集成本，争取社会网络间的企业合作，通过内部学习和整合机制将关键资源转化为动态市场竞争能力进而影响企业财务治理效率。沙湾和哈桑（Shahwan & Hassan，2013）研究了五个绩效维度，其中包括财务绩效质量、效率、生产力、创新和形象维度，这五个维度适合现在运营工作的实际范围，它们有义务创造卓越的竞争力。而企业的社会责任可以成为持续竞争优势的资源或能力，因此，公司最高层的资源利用将以公司增加社会责任的能力结束，资源的最大使用需要管理能力来决定资源分配决策之前所需要的技术使用和投资，这对于公司重要的管理者来说是必要的。管理能力是某些公司资源的特殊输入之一，可以作为一种输入来分配，能最大化公司资源利用效率。季子等（Jizi et al.，2014）利用工具理论和良好管理理论基于利益相关者管理的视角得出，企业通过从事社会责任活动，可以产生良好的利益相关者反应和更好的支持行为，其作为满足利益相关者要求的管理工具在确保企业生存根基的同时也使企业拥有一种无形资产，从而更有效地利用内外部环境资源，而从长远来看，这种企业战略层面的伦理考虑和价值观使得企业考虑组织运营更广泛的环境，在了解和利用利益相关者期望的基础上实现企业社会责任与价值层面的公司治理相结合，在更广泛的利益相关者群体中定位企业的社会责任优先政策，可以建立企业形象，赢得利益相关者的信任和对企业发展的良好意愿，增强利益相关者的倡导行为，提高企业经营效率。贾玛利（Jamali et al.，2015）采用定量方法对 2009～2012 年印度尼西亚证券交易所上市的制造型企业样本进行了有目的的抽样，调查和分析公司治理和企业社会责任对财务绩效的直接影响及通过其效率产生的间接影响，研究结果表明，企业社会责任对财务绩效（ROA）具有正向影响，通过效率产生直接或间接影响。伊万诺维奇朱基（Ivanovicdjuki，2015）以2012年塞尔维亚184家企业数据为样本，通过访问上市公司经理获得的 CSR 数据，考察了公司效率与企业社会责任之间的关系，研究塞尔维亚最有效率的公司是否更加负责任地对待社会，以及如果更高水平的企业社会责任追溯地贡献于业务绩效的提升，旨在找出塞尔维亚公司在企业社会责任领域最有问题的领域，并提出改进措施，以提高企业效率。研究表明，企业履行对所有利益相关者的道德行为可以帮助它们建立声誉，由于良好的声誉，公司将对有利可图的客户、可靠的供应商和业务合作伙伴具有吸引力，从而有助于提高效率。杨（Yang，2015）基于松弛的测量数据包络分析来计算企业的运营效率，运用 Tobit 模型和阈值回归，采用修订的三阶段 DEA 来计算企业运营效率，着重关注公司和其竞争对手的企业社会责任（CSR）对其运营效率的影响。研究发现：长期的企业社会责任参与在企业效率中扮演着重要的角色。一家公司可能通过增加其自身的长期企业社会责任（CSR）管理来增强其短期企业社会责任合作的效果，并减少其竞争对手长期企业社会责任的效率。当竞争对手的长期企业社会责任参与度较高时，其短期企业社会责任管理会降低企业效率。然而，当竞争对手的长期企业社会责任参与度较低时，公司长期的企业社会责任参与将提高其效率。也就是说，企业可以从其长期的企业社会责任参与中获益，但却受到其竞争对手的长期企业社会责任参与的不利影响。柏拉图诺瓦等（Platonova et al.，2016）认为企业效率的本质是实现投入产出的最优配比，企业社会责任活动通过企业战略中的伦理考虑和价值观引导企业内部成员在共同的组织承诺和价值观下保持团结与稳定，同时降低投资方与企业之间信息不对称的逆向选择和道德风险，进而凭借企业负责任的经营带来企业效率的提升。

1.3.1.3　关于企业社会责任信息披露与绩效的关系研究

菲奥里（Fiori et al.，2007）调查三年期间企业社会责任自愿披露（可持续发展报告、环境报告或企业社会责任报告）对意大利上市公司财务业绩的影响，以分析它是否能以某种方式促进企业业绩的上涨，研究发现社会责任信息披露这种积极增量收益是对企业积极行为的潜在财务回报。米斯拉（2010）认为公司的生存和成功取决于管理者为其主要利益相关者创造足够的财富和增加满意度的能力，基于管理层对于关键利益相关者的有效管理，迎合与利益相关者密切相关的利益需求，通过作为价值驱动因素的杠杆作用提高绩效和减少因利益相关者对于企业不信任所徒增的成本，实现企业的可持续发展。达利瓦尔（Dhaliwal，2011）基于信号传递理论认为，上市公司筹资成本居高不下的背后，归根结底是资本市场上资金供给双方信息不对称所导致的风险评估差异。企业这种主动自愿的社会责任信息披露向外部利益相关者传递企业良好的形象，在坚定投资者投资信心的同时也给予投资者了解企业发展前景的机会，透明负责的信息汇报机制通过影响投资者的投资决策为企业提供稳定的融资渠道。卡比尔（Kabir，2014）以英国原油和天然气开采工业、金属矿石和制剂开采工业以及基本药物制品和药物制剂生产三个行业上市公司 2008～2012 年五年间的数据为样本，调查了企业社会责任（CSR）披露对英国上市公司长短期财务业绩的影响。实证结果表明，CSR 信息披露不会为短期内的企业带来经济利益，社会绩效较差的公司会产生企业社会绩效与企业财务绩效之间的负相关关系。就长期财务业绩而言，我们的大部分业绩现状表明公司没有显著的经济效益。杰哈（Jha，2015）基于利益相关者理论认为，企业社会责任信息披露对于企业价值的创造能力有影响，基于企业社会责任实践所构建的企业与利益相关者之间积极稳定的关系，企业与利益相关者之间的网络关系是企业履行社会责任信息披露的产物，这种社会网络关系资本能够为企业集聚控制社会竞争稀缺资源的能力，为企业创造持续竞争优势。切尼（Chen，2015）认为企业通常会通过发布 CSR 报告来展示企业社会责任的表现，这些描述基本上是企业与利益相关者之间的沟通工具以及将会在公司中获得收益、要求或既得利益的个人或团体的形式。过去的研究表明，实施与利益相关者相关的社会责任可以提高企业绩效。而企业如果想从社会责任活动中获得商业利益，管理层必须对与利益相关者的有效沟通有深入的了解。鉴于企业社会责任报告已经成为沟通的主要渠道，它也成为提高利益相关者对企业社会责任意识的工具。马利克（Malik，2016）以巴基斯坦上市制药公司案例研究为例，通过年度报告的内容分析获得 2005～2014 年 10 年的面板数据，考察企业社会责任披露对财务业绩的影响，研究发现当公司关注企业社会责任披露时，品牌资产受到乐观影响，促使销售额增加，市场份额增加，净收益增加，因此，CSRD 不直接影响财务绩效：先影响品牌资产，从而影响财务绩效。费尔南德斯·加戈等（Fernández-Gago et al.，2016）认为社会责任信息披露有助于最大限度地提高公司价值或资本市场可能会对公司进入和退出社会指数有所帮助。由于各种原因，企业社会责任活动可能会对绩效产生积极影响。企业社会责任防止出现新的威胁，因为它有助于控制社会和环境风险，社会责任行为减少了监管的威胁，避免了来自同一部门或行业协会的其他公司的压力，防止公众舆论和消费者协会的负面反应，避免成为焦点的活动家和非政府组织，并消除了被消费者抵制的可能性。可以预期，利益相关者主张导致现金流量变小，从而降低企业的市场风险。曼萨雷等（Mansaray et al.，2017）以六个非洲国家（南非、肯尼亚、尼日利亚、摩洛哥、埃及和毛里求斯）的六个行业 158 个上市公司 2005～2015 年的数据为样本，采用内容分析法来衡量 CSR 信息披露程度，基于会计的方法衡量公司的财务业绩，运用多元线性回归分析 CSR 信息披露对财务业绩的影响，研究发现：企业社会责任在这些行业短期内不会为企业带来经济利益，而 CSR 信息披露与一些企业的长期财务绩效之间存在正相关关系。刘（Liu，2017）以 2008 年以来列入重污染行业的中国企业为研究对象，对公司治理、社会责任信息披露与企业价值等关系进行了研究。研究发现重污染行业上市企业社会责任信息披露水平下降，社会责任信息披露不利于企业的短期利润，但可以提高其长期价值。即企业充分披露社会责任信息的目标是保护投资者利益，促进企业与社会之间的信息交流，消除信息不对称，提高企业的透明度，全面的社会责任信息披露使投资者能够充分有效地评估上市企业的业务状况和风险因素，并做出正确的判断。在这种情况下，可以增强资本市场的透明度和有效性。李等（Li et al.，2017）以 2011～2013 年在上海证券交易所上市的制造业上市公司的数据为样本，研究旨在证明企业社会责任是否与企业价值存在正相关或负相关，并从媒体关注角度具体说明相关机制。实证结果表明，企业社会责任绩效与公司价值呈正相关，媒体关注度对企业社会责任与公司价值有中介作用。

1.3.1.4　关于企业社会责任信息披露与投资效率的关系研究

企业社会责任（CSR）信息需求的增长引发了投资者使用各种各样的 CSR 披露项目的问题，这是一个由工具、道德和关系动机驱动的重要利益相关者群体。传统金融信息的价值相关性近几十年来有所下降，这主要是由于在创造价值过程中未报告的无形资源越来越重要。在这种背景下，投资者越来越意识到公司信息的重要性，而这些信息并没有直接反映在财务报表中，从而投资者提出了对非财务信息如环境和社会信息潜在价值相关性的考虑。比德尔（Biddle，2006）认为企业社会责任信息披露作为一种非财务信息为企业管理层和投资者提供有效的沟通渠道，可以缓解信息不对称，有利于契约的订立和契约签订成本的降低，而对外部融资的依赖则更会激励企业进行更高水平的自愿会计披露，更高质量的会计信息通过减少管理人员和外部资本供应商之间的信息不对称来提高投资效率。布兰科（Branco，2006）基于资源基础观点认为企业社会责任信息披露的主导观念意味着企业自愿将社会和环境问题纳入其运营和与利益相关方的互动中，以更大的自由投资于社会责任活动，通过有效控制和操纵企业的资源配置，发挥很难被模仿和替代的无形资源的重要性，持续不断地为企业获得实际资源和潜在资源。达利瓦尔（2011）研究了与企业社会责任（CSR）活动相关的自愿信息披露的潜在利益，发现社会责任信息披露降低了公司的股权资本成本，研究还发现上一年股权资本成本较高的企业倾向于在当年开始披露企业社会责任活动，发起具有较高社会责任业绩的企业随后会降低股本成本。奈斯等（Nath et al.，2013）的投资决策涉及对财富最大化的考虑，但通常这些决策受到伦理和个人价值考虑的强烈影响，个人之间不同的态度和价值观可能导致对决策所需的信息类型有独特的偏好。企业社会责任非金融信息在做出基于价值的投资决策时的决策有用性，表明投资者愿意为这些信息支付费用和/或愿意为提供该信息的公司支付更多费用。丹等（Dan et al.，2013）认为企业社会责任信息披露可以通过减少投资者和经理人与投资者之间的信息不对称、降低估计风险和参数不确定性、降低投资者分担的监督成本、提高投资者的认可度等多种机制帮助减少非多元化风险，增强投资者风险分担能力，使投资者表现出更大的交易意愿，产生更高的流动性，从而降低资本成本。卢等（Lu et al.，2014）的企业社会责任报告提供了关于企业当前和未来成本以及由于其运营所带来的好处的增量信息，通过相关的企业信息，投资者等资本提供者可以更好地评估企业绩效和监测企业对资源的使用情况，这些信息减少了信息不对称，抑制管理机会主义行为的产生，并加强了对管理人员投资决策的监控，可以帮助投资者发现糟糕的管理决策，投资者监督可以减少管理者滥用现金破坏价值项目的机会，从而更有效地利用现金，提高投资资金利用效率，对于信息质量较差的企业和外部监控较弱的企业而言更为明显。埃利奥特等（Elliott et al.，2014）认为企业社会责任报告通常以社区或全球努力（战略框架）为框架来制定战略。此外，用于描述报告中 CSR 表现的风格通常突出显示图片或文字（演示风格）。企业社会责任报告这两个突出的披露特征促使投资者在考虑公司及其企业社会责任工作时所采用的重点（相对较低或较高层次的重点）自然适合或不适合，进而影响投资者的投资意愿和企业投资效率。哈乔托等（2015）采用 1993~2009 年间美国国有企业作为样本研究了卖方分析师如何解读企业的企业社会责任活动，考察了全面、合法和规范的企业社会责任对分析师的盈利预测离差、股票收益波动性、股权资本成本和企业价值的不同影响。发现企业社会责任整体强度降低了分析师盈余预测的波动性、股票收益波动性和资本成本，提高了企业价值。库克等（Cook et al.，2015）考察了企业社会责任信息水平影响公司价值的两个重要渠道：投资效率和创新。研究发现：具有较高企业社会责任信息水平的企业不太可能投资负净现值项目（过度投资），也不太可能放弃正净现值项目（投资不足），因此企业投资效率更高。具体来说，企业社会责任信息评分较高的企业全面了解各利益相关方之间的相互依存关系，对企业社会责任信息的承诺将增强管理人员制定更有效投资决策的能力，可以提高认知灵活性、承担风险的意愿以及对复杂性的开放性，同时高水平的企业社会责任改善了信息环境和会计信息的质量，从而减少了管理者与股东之间的信息不对称进而更好地为股东创造价值。库伊等（Cui et al.，2016）广泛采用美国企业作为样本，在控制了各种企业特征之后，发现企业社会责任参与和信息不对称的代理问题之间存在负相关关系，企业社会责任参与度与声誉风险度量呈负相关，声誉风险度较低的预测值与较低的信息不对称度量呈正相关，这些结果支持以利益相关者理论为基础建立声誉的解释，认为企业社会责任参与是建立和维持企业声誉的手段，从而改善信息环境，降低企业的资本成本，提高投资效率。本勒姆利赫（Benlemlih，2016）以 1998~2012 年间代表 3000 多家个人公司的 21030 个美国公司年度观察值为样本，选取 KLD 评级数据从社区、多样性、员工关系、环境、产品特征、人权和公司治理六方面综合评价企业社会责任信息披露水平，以估计与预期最优投资的偏差（反映在投资模型的误差项中）来评估无效率的大小，调查了企业社会责任披露（CSRD）与企业效率之间的关系，研究依据过度投资的观点，具有极低的企业社会责任和极高的企业社会责任企业并不享有高水平的投资效率。一方面，低水平企业社会责任信息披露的公司无法管理环境和社会要求的复杂性，因此更有可能效率较低；另一方面，高水平的企业社会责任信息披露可能是由于管理者存在对企业社会责任过度投资的倾向，并使自己成为社会责任型管理者。高恩（Gong，2016）选取了上海证券交易所 2010~2013 年间上市公司作为样本，考察企业债券承包的企业债券披露与企业债券契约的关系，研究发现 CSR 披露可以为传统金融报告提供增量信息，用于评估与公司未来业绩相关的风险及其预期未来现金流的水平。因此，与没有企业社会责任披露的企业或较少的企业社会责任信息披露相比，具有高质量企业社会责任披露的企业可以显著降低投资者与企业之间的信息不对称程度，减少投资者的疑虑。另外，更多的披露增加了投资者对企业的认识，并扩大了企业的投资基础，这可能会改善风险分担并降低企业的融资成本。布朗·利伯德（Brown-

Liburd，2016）使用在线实验中的 113 位投资者的反馈，认为投资者将采用公平性的启发式，即企业社会责任披露项目——企业社会责任投资水平或企业社会责任保证——被用于表示公司对利益相关方的承诺，由此产生的公平感受影响企业社会责任披露项目对其投资决策的影响程度。研究结果认为当投资者将公司对其他利益相关者群体的看待视为一种启发式方法，以形成对公司未来将如何公平对待的看法时，投资者将投资于他们认为公平的公司，从而产生关系动机。未来对于向公司直接投资或通过资本市场购买股票以换取成为股东的权利并因此成为公司剩余索取权的投资者而言是重要的。因此，投资者预计未来持有和/或转售该股票的现金流量将会得到公司的公平对待。迈克尔斯（Michaels，2017）基于德国环境部发布的企业社会责任报告的企业名单选定 264 家企业，并收集了这 264 家公司 2013～2014 年度的企业社会责任披露（独立企业社会责任报告、综合企业报告或网站信息），并从公司网站和 GRI 报告数据库中检索报告，使用多变量回归分析并控制了其他一些可能会产生混杂效应的因素，考察了企业社会责任披露与信息不对称之间的关系，以及企业社会责任披露与资本成本之间的关系。研究表明，企业社会责任披露超出了满足各种利益相关者要求的目的，从管理会计的角度来看，企业社会责任信息披露为企业创造长期价值并对企业投资运营产生积极影响。布兰泽等（Branzei et al.，2018）认为投资者决定投资债券需要仔细考虑广泛的企业风险信息，这些信息越来越多地包含在企业社会责任数据中。本研究专注于投资者如何评估企业社会责任变化对公司未来风险分布的影响，探讨了投资者和分析师如何以及何时将企业社会责任及其潜在风险影响纳入他们关于风险的决策以及最终如何影响投资者要求的收益率。研究表明，强大的企业社会责任能够为潜在风险提供保险，企业可能会享受较低的资本成本，因为投资者认为企业的风险较低。

1.3.1.5　关于企业社会责任的中介效应研究

巴塔查里亚（Bhattacharya，2006）认为客户满意度在企业社会责任与企业市场价值（即托宾 Q 和股票收益）之间的关系中起了部分中介调节的作用。苏罗卡（2009）以来自 28 个国家的 599 家工业企业 2002～2004 年间的数据为样本，考察了企业责任与财务绩效之间关系中企业无形资源的影响。结果表明，企业责任与财务绩效之间没有直接的关系，仅仅是依赖企业无形资源的中介效应的间接关系。戈多·迪兹（Godos-Díez，2011）以机构管理方法为基础，对西班牙 149 位首席执行官的调查信息进行中介回归分析后，探讨首席执行官对企业社会责任（CSR）的重要性。这项探索性研究提出了经理人形象与企业社会责任实践之间存在关系，并且这种关系是由道德和社会责任感的角色中介调节的。高尔佩思（Galbreath，2012）认为公司社会责任（CSR）和公司业绩（FP）之间的直接测试被认为是虚假的，遵循这一论点，在理解 CSR-FP 关系时测试了一个中介模型。具体而言，有学者认为声誉和客户满意度能够在 CSR-FP 关系中发挥中介作用。根据 280 家澳大利亚公司的样本结果，调查结果表明 CSR 与 FP 相关。然而，这种影响是间接的，即企业社会责任与声誉和客户满意度都相关联。赛义德赫等（Sayedeh et al.，2015）认为企业社会责任（CSR）与企业绩效之间的直接关系已经由多个学者进行了检验，但是这种直接测试似乎是虚假和不精确的。他们将可持续竞争优势、声誉和客户满意度作为企业社会责任与企业绩效之间关系的三个可能的中介变量。来自 205 个伊朗制造业和消费品企业的调查结果显示，企业社会责任与企业绩效之间的联系是完全中介的关系。企业社会责任对公司绩效的正面影响是由于企业社会责任对竞争优势、声誉和客户满意度的积极影响。最后的结果表明，只有声誉和竞争优势才能在企业社会责任和公司绩效之间的关系中发挥中介作用。阿里坎等（Arikan et al.，2016）从强化多方利益相关者的视角，根据 2001 年以来美国国家杂志对公司进行的声誉排名，从服务业和制造业中挑选了 9 家公司，并对由客户、员工和投资者组成的多利益相关方样本进行了在线问卷调查，试图通过研究企业声誉在企业社会责任与客户、员工和投资者等关键利益相关方的各种结果之间关系的中介作用。结果表明，企业声誉在企业社会责任与组织承诺、员工满意度、投资者忠诚度、购买意愿和求职意向之间的关系中发挥中介作用；企业声誉在企业社会责任与顾客感知价值、顾客满意度、顾客忠诚度、顾客转换成本、顾客承诺、离职倾向、投资意向以及传播口碑的意图之间存在不完全中介作用。哈桑等（2016）将企业生产力视为生产性无形资产的积累，并假定利益相关者参与更好的企业社会绩效有助于发展这种无形资产。由于股东将生产效率提高到股票价格，生产率中介调节了企业社会责任和财务绩效之间的关系。基于 1992~2009 年间美国制造业企业的综合纵向数据，揭示了生产力是企业社会绩效与财务绩效之间关系的基础。迈赫拉利安等（Mehralian et al.，2016）使用结构方程模型对发送给伊朗制药公司的 933 份完成的问卷进行了结构方程模拟，研究企业社会责任与全面质量管理之间的关系如何影响平衡计分卡所衡量的组织绩效。研究发现，表明社会责任与将此职责纳入质量管理计划有着显著关联，质量管理对组织绩效具有显著和积极的影响，质量管理中介调节了社会责任与组织绩效之间的关系。阿拉姆吉尔（Alamgir，2017）

以 125 家企业为样本,通过对孟加拉国各行各业的管理人员进行问卷调查,收集潜在构成数据,使用 Smart Pls 2.0 软件进行了实证测试,试图调查企业社会责任对企业绩效的影响,还尝试确定企业形象对企业社会责任与企业绩效之间关系的中介作用。实证结果表明,企业社会责任可以通过建立良好的控制和监督机制来提高企业形象,从而提高企业整体绩效,这项研究的结果表明,企业形象在企业社会责任与企业绩效之间关系中发挥中介作用。阿盖曼(Agyemang,2017)收集阿克拉大都市区的 423 家中小企业的数据,旨在探讨企业社会责任对加纳中小企业财务绩效的影响,以资本获取和企业声誉作为中介变量。企业社会责任提升企业财务绩效的机制的证据为:具有改进的企业社会责任实践的中小企业能够更好地实现声誉提升,从而转化为改善财务绩效。赛义迪等(Saeidi et al.,2017)以伊朗的制造业和消费品行业中共 107 家中小企业为样本,基于 AMOS 路径建模的结构方程方法来测试公司的销售增长是否受 CSR 实施的积极和显著影响、企业社会责任与企业销售增长之间的关系是否由竞争优势中介调节两项研究假设。结果表明,企业的销售增长受到 CSR 实施的积极和显著影响,企业社会责任对销售额增长的正向影响是通过竞争优势来正向调节的,企业社会责任在通过增强竞争优势来间接促进企业的销售增长方面发挥着重要作用。

1.3.1.6 关于企业社会责任的调节效应研究

坎贝尔(Campbell,2007)认为各个国家的企业对社会负责的行为倾向各不相同,超越市场的制度往往需要确保公司对自身旁边的社会行为者的利益做出回应,特别是在当今全球经济日益增长的情况下。企业财务状况、经济健康状况和公司面临的竞争水平等基本经济因素都可能影响公司采取社会责任方式行事的程度。同时,经济条件与社会上负责任的企业行为之间的关系受到多种制度因素的影响,企业被嵌入影响其行为的广泛的政治和经济制度中。赛义德和阿尔沙德(Saeed and Arshad,2012)基于社会认同理论和资源基础观从战略管理角度提出了一个研究模型,通过建立社会和声誉资本形式的支持网络、关系和感知管理,将企业社会责任理解为资源创造活动。研究发现,声誉资本将调节外部企业社会责任活动与感知绩效之间的关系,社会资本会调节内部企业社会责任和公司财务绩效之间的关系。鲍伊(Bai,2015)借鉴利益相关者理论和制度理论,从中国企业社会责任的角度出发,采取多维度的企业社会责任视角,将营销能力作为企业社会责任与企业绩效之间的重要中介,并审视市场环境在调节企业社会责任对营销能力的影响方面的作用。实证研究的结果表明，营销能力完全中介了所有 CSR 活动对企业绩效的影响，竞争强度削弱了企业社会责任对营销能力的积极影响，市场动荡加强了企业社会责任对客户和营销能力的正向关系。朱（Zhu，2015）利用 2007~2012 年的 1789 家中国上市公司的数据，对企业社会责任与企业财务业绩之间的关系进行了实证研究，探讨了全球化对 CSR 与 CFP 关系的调节作用。研究发现，企业社会责任对中国企业的财务绩效有正向影响，中国企业的全球化可能会给其绩效带来一定的压力，但全球化确实有助于企业的社会责任工作被市场和投资者接受，从而带来更好的业绩。尼基利等（Nekhili et al.，2015）认为性别多样性作为公司治理的重要组成部分，可能会被利益相关方用来评估公司的社会承诺并过滤 CSR 信息的质量。他们以 2001~2010 年属于 SBF120 指数的法国上市公司为样本，调查了女性董事在企业社会责任报告与财务表现之间关系中的调节效应，以托宾 q 和资产收益率（ROA）衡量财务表现。研究结果表明，女性领导力不仅在于提高企业社会责任报告水平，而且还在于提高披露信息的可信度，使企业社会责任报告更具经济可行性。李伊和基姆（Lee and Kim，2017）以韩国职业教育与培训研究所的 164 家调查企业的面板数据为样本，运用企业社会责任的战略观点来强调企业社会责任的有效性以及解释企业社会责任与企业组织文化垂直契合的应变方法，通过实证检验组织文化对企业社会责任与企业绩效关系的影响。结果表明，一些组织文化调节了企业社会责任和财务产出之间的关系，组织文化可能在增强企业社会责任和企业绩效之间的积极关系方面发挥重要作用。拉赫曼等（Rahman et al.，2017）试图克服先前研究的测量局限性，并调查企业社会责任举措对市场营销绩效的影响。以 KLD 数据库中的 2541 个公司年度观测的数据集为样本，考察了 CSR 活动（尤其是企业社区和环境活动）与营销绩效（以市场份额衡量）之间的关系，揭示了二者之间存在积极的关系，研究的结果还表明，广告强度正向调节了 CSR 和市场份额之间的关系。欧文西等（Irwansyah et al.，2017）以印度尼西亚 68 家上市公司 2012~2015 年的企业社会责任报告的数据为依据，使用的分析工具是中度回归分析（MRA）和多元线性回归分析，研究企业社会责任信息披露（CSRD）和企业价值之间关系中的调节变量。研究表明，盈利能力较高的公司可以增加企业社会责任活动披露，所以盈利能力作为一个调节变量可以加强企业社会责任与企业价值之间的关系。贝尤西姆（Beusichem，2018）认为参与企业社会责任活动对企业来说可能是一项昂贵的投资，并不能保证它会带来更好的企业绩效，在这种关系中缺少具有调节作用的元素。以荷兰上市公司为样本进行了普通最小二乘（OLS）回归分析，调查了所有权和董事会结构等公司治理变量在企业社会责任对企业绩效影响中的调节作用。研究发现，良好的公司治理可以防止组织从事非法行为或短期行为，鼓励它们投资企业社会责任活动，从而积极影响企业绩效。

1.3.2 国内研究现状

1.3.2.1 关于企业社会责任与绩效的关系研究

（1）企业社会责任与绩效之间正相关。温素彬（2008）基于利益相关者视角，按照资本不同形态利益相关者模型，以 46 家上市公司 2003～2007 年的面板数据为依据，研究了企业社会责任与财务绩效之间的关系。研究表明：企业履行社会责任对其长期财务绩效具有正向影响作用。宋建波等（2012）以卡罗尔（Carroll）提出的经济责任、法律责任、伦理责任和自愿责任四大类社会责任为基础，基于沪深两市 638 家中国制造业上市公司的财务报告，得出企业承担社会责任会对企业绩效产生积极的影响。杨伯坚（2012）采用上海国家会计学院编制的上市公司社会责任指数作为社会责任指标，在回归方程中引入董事会规模、独立董事比例等公司治理变量后，得出公司履行社会责任能够提高企业业绩和成长性的结论。李姝等（2013）立足于企业如何通过降低权益成本提高企业绩效，以此探讨上市公司披露社会责任报告的动机，认为企业披露社会责任信息，对于企业战略来说是一个质的改变，企业实实在在地将社会责任付诸行动，这无疑会使得这类公司在市场中获得投资者的青睐，从而获得投资资金上的优先权，其权益资本成本也就越低，企业绩效得以提高。王琦（2013）基于生命周期理论，选取我国沪深两市制造业 801 家上市公司 2010～2011 年的数据为依据，运用 Dickinson 现金流组合法综合从经营现金流、投资现金流、筹资现金流三方面进行生命周期划分，分别进行回归分析，研究发现成熟期的企业社会责任与财务绩效正相关。尹开国等（2014）从企业社会责任外生假设角度，重点关注企业社会责任与企业绩效关联性的经验研究中的外生性问题，认为当期企业社会责任对当期企业绩效具有显著正向影响。肖海林（2014）选择上海和深圳证券交易所的 224 家上市公司 2003～2012 年的数据为样本，用财务指数法衡量企业社会责任，基于公司治理的视角研究企业社会责任和企业绩效的关系。研究发现：在与公司治理的交互作用下，企业社会责任与企业绩效总体呈正相关关系。李雍雅（2014）立足于房地产业规模不断扩大的背景下，选取 2012～2013 年公布社会责任指数的在沪深交易所及香港联交所上市的 22 家房地产公司为样本，通过从股东、债权人、员工、消费者、自然环境、政府五个维度回归分析研究了房地产企业社会责任指数与其财务绩效之间的关系，发现房地产企业履行企业社会责任能够对企业的经营成果产生积极的作用。魏丽玲（2016）基于中国食品安全问题突出的背景，以 2013～2015 年食品饮料制造业沪深 A 股 86 家上市公司为样本，通过理论与实证分析探索食品饮料制造企业的社会责任与财务绩效之间的实质性关系，实证研究结论表明，从总体而言，食品饮料制造企业社会责任与财务绩效间存在显著的正相关关系。王能等（2018）基于经济新常态背景下选取 2010～2016 年中国 A 股上市公司为研究对象，采用和讯网上市公司企业社会责任专业测评评分衡量企业社会责任，从信号传递机制、交易实现机制和价值创造机制等企业社会责任的经济效应机理入手，发现企业履行社会责任可以显著提升公司绩效。

（2）企业社会责任与绩效之间负相关。李建升（2011）基于 28 家浙江纺织企业的调查数据，研究了企业社会责任与企业财务绩效的关系，研究发现：前期企业社会责任和后期企业财务绩效之间、同期企业社会责任和企业财务绩效之间呈负相关趋势。李伟（2012）从利益相关者理论出发，运用交通运输行业 64 家上市公司 2009 年的数据和可持续增长模型，采用因子分析计算财务绩效综合得分，在此基础上探究可持续发展视角的社会责任与财务绩效之间的关系，研究表明在不考虑可持续增长情况下，企业社会责任与财务绩效指标之间呈现负相关的关系。万寿义（2013）基于利益群体对社会责任的关注进一步提高的背景，以 382 家沪深 300 指数上市公司 2008～2009 年的经验证据为样本，从总体和分行业两个角度研究了企业社会责任成本与公司价值，研究发现环保支出和欠款未偿付率两项社会责任成本与公司价值呈显著负相关。李国平等（2014）回顾了国外学术界关于企业社会责任与财务绩效关系研究的主要理论、研究方法与实证结论，提出了代理成本、内部控制人、资源的占用等企业社会责任会降低企业财务绩效的机制。刘玉焕（2014）在系统梳理了近 40 年来企业社会责任与企业财务绩效关系的文献综述与理论框架之后，基于交替换位假说从履行社会责任带给企业成本增加和利润减少的视角发现，企业履行社会责任占用了分配给股东的资源，不利于企业财务绩效的提升。陈莞等（2017）以深交所创业板的高新技术企业 2012～2014 年的数据作为研究样本，采用指数法从股东、债权人、员工、顾客、政府和供应商六个利益相关者视角分别计算社会责任履行状况，分析企业社会责任与创新绩效之间的关系，研究发现企业履行对员工的人力层面社会责任、对政府的社会层面社会责任与创新财务绩效负相关。

（3）企业社会责任与绩效之间关系不确定。李建升（2007）认为基础条件、制度条件、信息条件、内部条件四个前提条件制约了企业责任行为的经济效果，导致企业社会责任对企业财务绩效的影响并不确定。杨汉明（2011）基于可持续增长视角，以 2007 年和 2008 年在 A 股市场披露社会责任信息的上市公司为对象，研究发现，在全部样本和非国有控股企业样本的检验中，企业业绩与社会责任之间负相关，国有控股企业的社会责任与企业业绩正相关。吴晓云等（2011）基于理论研究和实证研究两个分析框架，归纳出内涵不明、方法缺陷、模型缺陷三个导致企业社会责任与财务绩效关系不确定的原因。郝秀清等（2011）将社会资本理论引入企业社会责任，基于 348 个企业管理者的问卷调查，从法律责任、自觉责任、内部责任、环境责任和宏观责任五个维度分别评价企业社会表现，并应用多变量结构方程模型（SEM）研究企业的社会表现与企业经营绩效的关系，研究发现企业社会表现对短期财务绩效和长期财务绩效及非财务绩效均没有直接影响。杨伯坚（2012）以 2008 年度深沪上市公司为研究样本，采用上海国家会计学院编制的上市公司社会责任指数，在回归方程中引入公司治理变量考察基于公司治理的视角企业履行社会责任对其业绩的影响，研究发现缺乏健全的治理结构的企业履行社会责任不能提升公司业绩。朱乃平等（2014）选择以电子信息技术业和医药制造业为代表的高新技术企业 2009～2011 年的数据为研究样本，通过利用《财富》杂志中社会责任各版块权重计算企业社会责任发展指数得分来衡量企业社会责任，基于两阶段投资决策模型，研究社会责任承担与企业长短期财务绩效的关系，研究表明企业积极承担社会责任能够直接促进企业的长期财务绩效提高，但对短期财务绩效没有显著影响。窦鑫丰（2015）以我国沪深两市 955 家上市公司 2009～2013 年面板数据为研究对象，采用内容分析法对企业社会责任的七个方面进行综合评分，采用总资产息税前利润率衡量企业财务绩效；实证部分采用固定效应分析方法，分析企业社会责任对财务绩效的影响。结果表明，我国上市公司的企业社会责任对财务绩效的积极作用不明显，企业社会责任对财务绩效的影响存在着显著的滞后效应，呈现倒 U 型趋势。于洪彦等（2015）以 2010 年润灵环球发布企业社会责任评价报告的 438 家企业为样本，从社会资本调节作用的视角研究企业社会责任与企业绩效的关系，发现企业社会责任与企业绩效之间呈现倒 U 型的关系。杨皖苏（2016）以 2012 年发布的中国 500 强且在沪深上市的企业为大型企业样本，以中小板上市企业为中小型企业样本，选取各企业 2010～2012 年会计年报数据，运用结构化方程模型和多元回归分析方法，分别实证检验了大型企业、中小型企业承担社会责任对企业短期财务绩效和长期财务绩效的影响。大型企业的社会责任与长期财务绩效正相关，中小型企业的社会责任与长期财务绩效负相关。嵇国平等（2016）在回顾社会责任相关机理基础上，基于利益相关者和竞争战略理论，以沪深主板和中小企业板 188 家上市公司 2009～2013 年的平衡面板数据为依据，采用内容分析法和平均权重法计算社会责任，实证检验了企业社会责任对企业财务绩效的影响。研究结果表明：企业履行社会责任与企业财务绩效之间呈"U"型关系。张振刚等（2016）基于企业与政府的资源交换视角，以社会交换理论为理论基础，对珠三角地区 218 家中大规模企业 2010～2013 年的量化数据进行分析，结果表明：慈善捐赠作为企业社会责任的最高表现形式对创新绩效具有显著的倒"U"型曲线预测效果。卢正文（2017）以沪深两市 2350 家上市公司为研究样本，从股东负责、遵守法律法规和员工责任等基本企业社会责任和利益相关者对慈善捐赠动机认知的视角，研究慈善捐赠对企业绩效的作用机制，慈善捐赠与企业绩效的关系随企业履行基本社会责任状况的不同而产生差异化的结果，二者之间关系存在不确定性。

1.3.2.2　关于企业社会责任与企业效率的关系研究

苏蕊芯等（2010）从成本—收益的角度出发，以 2008 年深交所 684 家上市公司为样本，采用 DEA 方法对上市公司的企业效率进行整体评价，同时采用内容分析法从社区、客户、雇员、股东、供应商、政府六个类别对上市公司履行社会责任程度进行衡量，联立方程模型探究企业社会责任与企业效率关联性，结果表明上市公司积极参与社会责任实践有助于企业效率的提升。苏冬蔚（2011）从新制度经济学的视角，以 2009 年度发布社会责任报告的 350 家非金融类上市公司为样本进行研究，研究表明企业社会责任是企业基于自身逐利活动与社会整体利益之间的矛盾，兼顾利益相关者的合理需求而对企业逐利行为进行非正式约束的一种必然的制度选择，能够引导企业通过不断权衡社会资本收益和社会责任成本之间的边际收益，实现企业资源的最优配置。曹亚勇（2013）结合我国新兴加转轨的制度背景，以沪深两市 2009～2011 年 A 股 1226 家上市公司为研究样本，采用理查森（Richardson，2006）投资期望模型实证检验政府控制、社会责任对公司投资效率的影响。研究发现上市公司履行社会责任可以完善公司治理、满足利益相关者的不同愿景、实现效率与公平的统一，能够抑制地方政府干预非效率投资现象的产生。谢赤（2013）选取2009~2011年沪深两市发布企业社会责任报告的上市公司作为研究样本，基于随机前沿分析模型度量企业非效率投资，研究企业社会责任与非效率投资之间的关系。结果表明，企业履行社会责任可以赢得更多投资者的信赖和支持，降低企业的非效率投资。丁一兵（2015）以中国社会科学院公布的2010~2013年的中国大型国有以及民营企业和2011~2014年美国《企业责任杂志》公布的美国大型企业为样本，基于 DEA-Tobit 两步法，运用社会责任（CSR）的行为选择过程模型研究中美大型企业社会责任对其企业效率的影响机制。研究发现：美国企业当年履行社会责任对企业效率有正面影响，而在中国则是上上期履行企业社会责任对本年的企业效率有正面影响。雷辉（2016）从 Wind 数据库选取制造业与信息传输、软件和信息技术服务业两个行业2009~2014年沪深两市 A 股上市公司年度数据，基于战略、投资、资源的角度将企业社会责任活动当作企业的一种资源进行投资，利用 Maxdea 软件测得企业社会责任的综合效率，构建企业社会责任生产前沿面模型。研究表明：企业履行社会责任实现了企业与利益相关者的共同发展，提高了企业资源使用的效率。宋丽娟（2016）选择2008~2012年的中国上市公司作为样本，基于效率效应与信誉效应分析企业社会责任对企业价值影响的微观作用机理，运用随机前沿分析（SFA）对企业的效率值进行估算，检验企业社会责任对企业效率的影响。研究表明：企业社会责任能够在内部建立起共同的组织承诺和价值观，从而带来组织的团结与稳定，同时向外部利益相关者提供更多的非财务信息，降低信息不对称的风险，进而提升企业的效率。刘岚（2016）以2011~2014年度沪深 A 股非金融类上市公司为研究对象，采用每股社会责任贡献值衡量企业社会责任履行水平，基于企业社会责任的治理效应和采用 OLS 方法对样本进行回归分析探究企业社会责任与非效率投资的关系。结果发现，滞后期的企业社会责任可以显著降低非效率投资。王垒等（2017）以2010~2014年我国创业板189家上市公司数据为研究样本，研究表明，企业履行社会责任得到各利益相关者的支持，从而可以使企业与各利益相关者保持长期合作关系，因此企业社会责任与企业经营效率正相关。

1.3.2.3　关于企业社会责任信息披露与绩效的关系研究

邹相煜（2008）选取2005年之前深市的412家 A 股上市公司为研究样本，用托宾 Q 值衡量公司价值，结合利益相关者理论从人力资源、政府、投资者、社会福利事业和环境保护五方面衡量企业社会责任，研究发现企业对政府的责任与公司价值呈显著正相关。施平（2010）以沪深两市 2008～2009 年发布企业社会责任报告的 678 家上市公司的数据为样本，研究企业社会责任报告与企业价值的关系。结果表明，企业社会责任报告的发布与企业超额累计收益率之间存在显著的正向关系。张淑惠等（2011）选取中国沪市 2005～2009 年之间的 647 家上市公司的数据为样本，构建了企业环境信息披露和企业价值关联的基本理论模型，采用面板数据的固定效应模型进行实证检验。结果显示，提高环境信息披露质量能够致使预期现金流增加，提升企业价值。曹亚勇等（2012）基于信息不对称理论认为，企业社会责任信息的披露通过减少企业和投资者之间的信息不对称，降低投资者的逆向选择风险，使得企业以最快的速度、最小的成本选择最好的投资项目。何贤杰等（2012）认为企业社会责任信息披露有助于树立企业良好的社会声誉，营造有利的外部融资环境，伴随着信息披露质量的提高，企业所面临的融资约束随之降低。刘茂平（2012）基于 CSR 报告（2009～2011 年）的经验证据，分析企业社会责任信息披露质量与企业经济绩效的关系。研究发现：企业社会责任信息披露质量与企业经济绩效呈正相关关系。李姝等（2013）认为作为应对投资者针对企业日益变化的期望，企业通过社会责任信息披露向投资者传递信息需求，投资者基于对企业的青睐而降低对于企业预期回报的风险评估，进而降低对于投资回报的要求，企业权益成本随即减少。许楠（2014）选择沪深两市 2012 年发布社会责任报告的 A 股 531 家上市公司为研究对象，研究企业社会责任信息披露对企业绩效的影响。研究结果表明：企业社会责任信息披露对企业绩效产生显著的正面影响。张建勇等（2014）认为以企业社会责任信息披露为代表的一系列企业社会活动不仅仅是企业出于社会压力的利他行为，也是出于自身经济利益考虑旨在通过媒体效益提升企业社会形象的商业行为。企业所披露的社会责任信息在吸引媒体关注的同时也借助大众媒体信息中介的作用将企业信息传递给信息需求者，降低企业与投资者之间的信息不对称，为投资者提供决策信息支持，有利于缓解企业外部融资约束和降低资本成本。常凯（2015）基于中国重污染行业 142 家上市公司 2008～2011 年的数据，检验环境信息披露与财务绩效的相关性。研究结果表明：上市公司通过环境信息披露向利益相关者传递环境责任的履行信息，消除利益相关者对重污染行业上市企业环境绩效的误解和担心，改善上市企业的盈利能力和财务业绩。李韵婷（2016）基于沪深两市 41 家农业上市公司 2004～2013 年的面板数据，以指标计量法衡量社会责任信息披露情况，建立变截距固定效应模型考察社会责任信息披露对农业上市公司成长绩效的影响。研究发现：农业上市公司的社会责任信息披露能给企业带来特殊资源、战略资源、异质性资源，能显著提高其成长绩效。黄艺翔（2016）以 2009 ~ 2013 年 A 股上市公司为样本，通过构建 CSR 信息披露水平的影响因素模型来探究企业在社会责任报告中进行印象管理带来的市场反应，研究发现：财务业绩是影响上市公司对社会责任报告进行印象管理的重要原因。杨宏林（2016）以 2013 年发布了企业社会责任报告的 209 家中国上市企业的数据为样本，从企业社会责任活动的整体性维度和内容性维度两个视角研究企业社会责任信息与企业绩效的关系。研究发现：企业社会责任中的整体性信息披露与企业绩效呈显著正相关。

1.3.2.4　关于企业社会责任信息披露与投资效率的关系研究

毛洪涛（2009）在归纳与评析的基础上提出了年报内容分析、专业机构数据库、声誉指标、问卷调查四种企业社会责任信息披露水平衡量方法，从国家宏观、企业微观、利益相关者层面提出企业社会责任信息披露的影响因素，并认为企业社会责任信息披露具有降低资本成本、减少信息不对称、增加决策价值的经济后果。孟晓俊等（2010）基于信息不对称视角分析企业社会责任信息披露的动机，认为社会责任信息的自愿性等特质使其扮演着不同于财务信息披露的角色，增加信息透明度，降低企业系统性风险和投资要求的风险回报，减少估计误差，从而降低资本成本。程新生等（2012）以深沪两市 2005 ~ 2009 年间除金融行业外所有上市公司作为研究样本，使用理查森（Richardson，2006）的公司投资期望模型计算投资效率，从上市公司自愿披露的非财务信息视角探讨其能否以及如何影响投资效率，非财务信息能够在很大程度上缓解信息不对称，可以通过降低道德风险、缓解逆向选择以及有效发挥资本市场功能三种内在机制来提高投资效率。孙岩（2012）采用 2 × 2 被试间实验设计的方法，以国内某重点大学管理学院的 MBA 学生为实验对象，研究了公司社会责任报告中的社会责任信息披露清晰性与个体投资者投资决策的关系，较清晰的社会责任信息披露会使投资者获取决策所需的非财务信息，进而对公司的社会责任履行情况和股票价值做出较高评价，增加投资者对公司的信任感，并提高对公司投资的可能性。管亚梅（2013）基于信息不对称理论，以 2010 ~ 2011 年 A 股上市公司为样本，建立现金—现金敏感性模型，考察了企业社会责任信息披露表现缓解融资约束的能力。研究结果表明：企业披露社会责任信息可以使企业不确定性风险降低，缓解融资约束。王霞等（2014）以 2009 ~

2011 年自愿披露社会责任报告的 444 家上市公司为研究样本，采用润灵环球（RKS）社会责任报告的评分结果衡量企业社会责任信息披露水平，研究结果表明：企业社会责任信息披露能够向投资者提供更加透明的信息，有利于投资者做出投资决策和提高监管效率。肖红军等（2015）采用中国上市企业蓝皮书的社会责任信息披露得分衡量企业社会责任信息披露质量，认为企业披露社会责任信息释放"优质"信号可增加市场有效性，满足利益相关方对信息的需求，提高投资者对企业经营状况做出评价的精准度，进而降低投资者要求的最低风险溢价，相应地降低企业的资本成本。倪恒旺等（2015）以 2009 ~ 2013 年非金融类上市公司的强制性社会责任报告为依据，研究发现媒体在社会责任信息披露和融资约束中发挥的信息中介作用，媒体对于信息披露的关注和报道加深外部利益相关者对企业的了解，提高投资者获取信息的多元化程度，在此基础上对公司价值做出合理判断，改善企业融资的信息环境，为企业投资提供融资便利。钱明等（2016）基于产权异质性的视角以 2010 ~ 2014 年RKS 评级数据库中的上市公司为样本，采用 C_ Score 模型来考察社会责任信息披露与会计稳健性的关系以及二者共同对于企业融资约束的作用机制，研究发现：企业通过披露社会责任信息来塑造企业透明的信息机制，发挥一部分会计稳健性的作用，有助于缓解企业管理层与投资人之间的代理冲突，抑制管理层夸大经营业绩或者盲目选择负的净现值项目进行投资以谋求个人私利的机会主义行为。王建玲等（2016）使用 2010 ~ 2013 年中国 A 股上市公司的数据，以和讯网的上市公司社会责任报告质量总评分衡量企业社会责任信息披露质量，从静态和动态测度的视角实证检验社会责任报告与债务资本成本的关系。研究结果表明：上市公司发布社会责任报告有助于满足投资者的社会责任偏好，提高企业声誉，这种代表企业低风险的重要表征信号能够降低债务资本成本。车培荣（2016）立足于信息披露程度和信息质量在资源配置中越来越重要的背景，选取深交所和上交所 2013 ~ 2014 年连续两年公布社会责任报告的437 家 A 股上市公司为样本，探究社会责任信息披露对企业权益资本成本和债务资本成本的影响，研究发现社会责任信息披露能够减少企业未来的不确定性，降低投资风险，进而降低企业的债务资本成本。黄荷暑（2017）基于中介效应的检验，以 2008 ~ 2013 年沪深两市披露社会责任报告的 A 股上市公司为研究对象，深入考察了企业社会责任信息披露对投资行为的影响。结果发现，企业社会责任信息披露通过降低信息不对称程度、利益相关者治理、债务融资治理效应三个途径来抑制过度投资，提升了企业投资效率。

1.3.2.5 关于企业社会责任的中介效应研究

陶文杰（2012）选定发布 2009 年 CSR 报告的我国 A 股上市公司作为研究对象，探究中国情境下企业社会责任信息披露、媒体关注度与企业财务绩效的相互关系。研究发现：媒体关注度在社会责任信息披露和企业财务绩效的交互关系中存在完全中介作用。张振刚等（2012）通过对广州市及其周边地区的银行业知识型员工进行随机抽样调查，运用结构方程建模，探讨了企业社会责任、员工工作满意度与组织情感承诺三者之间的影响关系。研究结果显示：员工责任对员工工作满意度有显著的正向影响，并通过组织情感承诺起到部分中介作用；顾客责任对员工工作满意度有显著的正向影响，并通过组织情感承诺起到完全中介作用。王艳婷（2013）以天津市津南区两个典型企业为调查对象，运用 SPSS 20 与 AMOS 20 软件对 305 份问卷调查结果做统计分析，对模型进行了检验。结果显示：企业履行社会责任会增强企业员工认同与参与社会行动，进而可以提升企业价值。霍彬（2014）采用问卷调查，通过对 194 个样本企业调查研究，采用探索性因子分析和层次回归分析等统计分析，发现企业经济责任、法律责任、慈善责任和员工责任对公司声誉和企业绩效具有显著的正向影响，公司声誉在经济责任和法律责任对企业绩效的影响中具有完全中介作用；在慈善责任和员工责任对企业绩效影响中具有部分中介作用。陈煦江（2014）基于利益相关者理论，采用 2009~2012 年"中国 100 强企业社会责任发展指数"，检验了我国国有和民营上市公司的社会责任对财务绩效的影响。研究发现：市场责任在法律责任或环境责任正向影响会计绩效的关系中具有完全的中介效应，且在法律责任或环境责任正向影响市场绩效的关系中具有部分中介效应。余伟萍（2015）基于丑闻责任的利他性归因的中介作用，运用实验法研究发生丑闻后企业社会责任行为对品牌形象的影响。通过实验研究发现：品牌丑闻事件发生后，企业的社会责任行为对其品牌形象有着显著的修复作用，丑闻责任与企业社会责任行为的交互作用对丑闻品牌形象的影响受利他性归因的部分中介作用。黄珺（2015）以 2010~2012 年中小企业板和创业板上市公司为样本，引入技术创新这一中间变量，实证检验了企业社会责任对企业价值的作用路径。研究结果表明：企业履行社会责任有利于提高技术创新水平，从而提升企业价值，技术创新在社会责任对企业价值的作用中发挥中介效应；技术创新的中介效应在不同行业之间存在显著差异。郑思晗等（2015）利用对浙江民营企业进行问卷调查得到的数据，研究了企业社会责任对企业绩效的影响以及组织学习和客户感知在其中的中介作用。结果表明：履行企业社会责任对企业绩效有正向影响；组织学习和客户感知均在企业社会责任对企业绩效的正向影响中起完全中介作用。周兵等（2016）利用2009～2014年我国沪深两市A股上市公司的平衡面板数据，基于中介效应探究了企业社会责任如何影响企业价值。结果表明：企业承担社会责任可以推进企业价值的改善，同时，企业承担社会责任可以显著地提高企业自由现金流水平，而企业自由现金流的提升进一步增强了对提升企业价值的抑制作用，进而间接地抑制了企业价值的提升，即企业自由现金流在企业社会责任对企业价值的影响机制中发挥部分中介效应的作用。贾兴平等（2016）以2011～2013年CASS-CSR研究中心发布百强企业榜单上市公司为研究样本，采用"外部压力—企业行为—市场反应"的研究范式，研究利益相关者压力、企业社会责任及企业价值三者之间的关系，并进行了实证分析。研究表明：企业社会责任在利益相关者压力与企业价值的关系中起到中介作用。利益相关者压力激发企业对资源及合法性的需求，会促使企业积极履行社会责任，而企业履行社会责任又将有助于企业价值的提高。

1.3.2.6　关于企业社会责任的调节效应研究

王端旭（2011）利用中国A股上市公司2002～2008年慈善捐赠的面板数据，就利益相关者满足程度对慈善捐赠影响企业价值的调节作用，进行了理论分析和实证检验。研究发现：慈善捐赠价值效应以利益相关者满足程度为条件，即利益相关者满足程度越高时，慈善捐赠提升企业价值的效果才会越明显。周立新（2012）利用浙江和重庆两地351家家族企业调查数据，在将家族企业社会责任区分为内部人责任、外部人责任和公共责任的基础上，实证检验了家族企业社会责任与企业绩效关系及内部能力和外部关系的调节效应。结果显示：高内部能力家族企业内部人责任对绩效的影响更大；具有丰富外部关系家族企业外部人责任对绩效的影响更大。徐二明（2013）结合中国转型经济下特殊的制度环境，从制度理论合法性视角探讨企业社会责任与财务绩效之间的关系，认为企业所在区域的市场发展水平与企业所有权性质对企业社会责任与财务绩效的关系能够产生调节作用。结果表明：企业所在地区的市场发展程度越高，企业社会责任对财务绩效的正向影响越强；与国家所有企业相比，民营企业的社会责任对财务绩效的正向影响更强。黄珺（2014）以2009～2011年披露了社会责任报告的A股上市公司为样本，分析并检验了企业社会责任信息披露对政治背景与银行信贷关系的影响。研究表明：政治关联会增强企业社会责任信息披露对政府控制贷款效应的调节作用，政府控制会削弱企业社会责任信息披露对政治关联贷款效应的调节作用。樊骅（2014）从利益相关者角度出发，在将企业的利益相关者划分为规制、组织和社会团体的基础上，基于媒体与社会团体责任的调节作用，以沪深股市的 100 家上市公司为对象，研究企业对不同利益相关者的责任之间的交互作用对企业市场价值的影响。结果表明：企业对媒体利益相关者的责任有助于企业提升其市场价值。傅鸿震等（2014）以 2012 年电器机械及器材制造业的深沪上市公司为样本，运用内容分析法及层次回归分析法，检验商务模式对企业社会责任与企业绩效关系的调节作用。研究表明：商务模式在企业社会责任与企业绩效关系中起到调节作用，商务模式的共享性正向调节企业社会责任与企业绩效关系。于洪彦等（2015）以 2010 年中国上市公司中发布了企业社会责任报告的公司作为企业的研究对象，研究企业社会责任与企业绩效关系中企业社会资本的调节作用。研究结果发现：企业横向联系对企业社会责任与企业绩效的关系起到了倒 U 型的调节作用。李韵婷（2016）基于行业情境的调节作用，以沪深两市 41 家农业上市公司连续 10 年的面板数据为样本，建立变截距固定效应模型考察社会责任信息披露对农业上市公司成长绩效的影响。研究发现：农业上市公司的社会责任信息披露能显著提高其成长绩效，行业情境会使得处于同一产业内不同行业上市公司的社会责任信息披露效用具有显著差异。王军等（2016）从中国的制度环境出发，以 2008～2012 年沪深两市 A 股市场 446 家民营上市公司为研究样本，基于政治关联性与市场化程度调节效应的分析，检验慈善捐赠与财务绩效的关系如何受到政治关联性与市场化程度双重调节效应的影响。研究发现：慈善捐赠与财务绩效之间的关系取决于企业的政治关联性及所属地区的市场化程度。在市场化程度高的地区，有政治关联性的民营企业进行慈善捐赠获得的绩效回报也更多。卢正文（2017）从利益相关者对慈善捐赠动机认知的视角出发，以沪深两市 2350 家上市公司为研究样本，通过对企业慈善动机被利益相关者认知的过程分析，探讨企业基本社会责任调节慈善捐赠与企业绩效关系的作用机制。研究表明：企业基本社会责任履行状况影响利益相关者对企业慈善行为动机的判断，慈善捐赠与企业绩效的关系随企业履行基本社会责任状况的不同而产生差异化的结果；基本社会责任履行状况的调节效应对处于竞争激烈行业的企业更加显著。靳小翠（2018）以我国 2007～2014 年沪市 A 股非金融类上市公司为研究样本，考察了企业社会责任对社会资本的影响，同时考察了市场竞争和法律制度在这种影响中的调节作用。通过研究发现：企业承担社会责任有助于社会资本的积累；相对于垄断行业的企业而言，处在竞争性行业中的企业社会责任对社会资本的积极影响更显著；在法律制度越完善的地区，企业社会责任对社会资本的积极影响也越显著。

第 2 章

理论基础

2.1　企业社会责任理论

2.1.1　企业社会责任的概述

2.1.1.1　社会责任概念的出现

企业社会责任的概念历史悠久，有可能追溯几个世纪以来商业社会对社会关注的证据。但是，关于社会责任的正式文字主要是 20 世纪的产物，特别是在过去的 60 年。此外，虽然在全世界（主要是发达国家）都有可能看到企业社会责任思想的脚印，但正式著作在美国已经最为明显，那里积累了相当规模的文献。被誉为"企业社会责任研究之父"的霍华德·鲍文（Howard R. Bowen，1953）发表了《商人的社会责任》，该书的出版被认为标志着企业社会责任这一主题的现代文学时代的开始。鲍文（1953）的著作源于这样的信念：几百家最大的企业是权力和决策制定的重要中心，这些企业的行为在许多方面触及公民的生活。在鲍文提出的许多问题中，有一个特别需要注意的是，他质疑："合理预期商人可能承担什么样的社会责任？"鲍文（1953）提出了商人社会责任的初步定义：它指的是商人追求这些政策的义务、决定，以及遵循我们社会的目标和价值观所需的行动方针。鲍文引用了《财富》杂志的一项调查，其中该杂志的编辑认为企业社会责任或管理者的"社会意识"意味着商人对其行为的后果负责，这在他们的利润和损失报表（Bowen，1953）中体现。鲍文认为，社会责任不是灵丹妙药，但它包含一个指导未来业务的重要事实。由于他的早期和开创性的工作，霍华德·鲍文被称为"企业社会责任之父"。鲍文（1953）的著作和定义代表了 20 世纪 50 年代最著名的文献。为了进一步证明商业人士在这段时间和更早的时候采用和实践企业社会责任的程度，我们引用希尔德（Heald，1970）的《企业社会责任：公司和社区》。尽管希尔德并没有简明地阐述社会责任的定义，但他在 20 世纪的前半部分对企业社会责任的理论和实践提供了一个有趣而激烈的讨论。

2.1.1.2　社会责任概念的正式化

如果在 20 世纪 50 年代以及之前的文献中没有充分证明企业社会责任的定义，那么 20 世纪 60 年代的十年标志着企业正式化或更准确地说明企业社会责任意味着什么。在此期间，定义 CSR 的第一批也是最著名的学者之一是凯斯·戴维斯（Keith Davis，1960），后来他在其商业和社会教科书、后期修订和文章中广泛地撰写了关于该主题的文章。戴维斯（1960）在一篇文章中提出了他对社会责任的定义，认为它指的是"商人的决定和采取的行动至少部分超出了公司的直接经济或技术利益"。戴维斯（1960）认为社会责任是一个模糊的想法，但应该从管理的角度来看待。此外，他断言，一些长期、复杂的推理过程可以证明一些对社会负责任的商业决策是合理的，因为它有很好的机会为公司带来长期的经济收益，从而为其对社会负责的前景付出代价。这是非常有趣的，因为这个观点在 20 世纪 70 年代末和 80 年代被普遍接受。戴维斯因其对社会责任与商业权利之间关系的看法而闻名。他提出了现在著名的"责任铁律"，认为商人的社会责任需要与他们的社会权利相称。他进一步认为，如果社会责任和权利相对平等，那么企业社会责任的回避会导致社会权利的逐渐侵蚀。戴维斯对企业社会责任早期定义的贡献如此重大，以至于他的地位仅次于作为企业社会责任之父的鲍文。弗雷德里克（Frederick，1960）也是社会责任早期定义的有影响力的贡献者，他认为，社会责任意味着商人应该监督经济体系的运作，以满足公众的期望。这意味着经济中生产资料应该以提高社会经济总福利的方式来生产和分配。他的文章的最后分析中认为社会责任意味着公共对待社会的经济和人力资源的态度，以及愿意看到这些资源被用于广泛的社会目的，而不仅仅是为了私人和企业的狭隘限制利益。19 世纪 60 年代，社会责任定义的另一个主要贡献者是约瑟夫·W. 麦克奎尔（Joseph W. McGuire，1963），在他的著作《商业与社会》一书中，他指出："社会责任理念假设公司不仅承担经济和法律义务，还承担超出这些义务的社会责任"。麦克奎尔（1963）的定义比之前的定义更精确，因为他将企业社会责任定义为超越经济和法律的义务。尽管他没有澄清究竟哪些义务在他的定义中，但后来他阐述到，在整个社会中，公司必须对政治、社区福利、教育、员工的幸福感兴趣。因此，企业必须公正地行事，作为一个适当的公民。该说法也暗示了商业道德和企业公民的概念。在凯斯·戴维斯和罗伯特·布洛斯特姆（Robert Blomstrom，1966）商业与环境教科书的第一版中将社会责任定义为一个人有义务考虑他的决定和行为对整个社会系统的影响。商人在考虑可能受到商业行为影响的其他人的需求和兴趣时，应用社会责任。如果这样做，他们看起来超出了他们公司狭隘的经济和技术利益。值得注意的是，即使在 20 世纪 60 年代中期，"商人"一词仍在使用。凯斯·戴维斯在 1967 年重新审视了企业社会责任的概念，当时他试图理解社会责任难题。在一篇关于商人令社会出现什么问题的文章中，他补充了他早先的定义。他断言："社会责任的实质来源于对人的行为的伦理后果的关注，因为它们可能会影响他人的利益"（戴维斯，1967）。他提出了社会责任如何超越人与人之间接触的有限应用：社会责任通过强调机构行为及其对整个社会系统的影响向前迈进了一大步。因此，社会责任拓宽了人们对整个社会系统的看法。在一本名为《企业社会责任》的书中，研究这一主题的最重要的思想家克拉伦斯·C. 沃尔顿（Clarence C. Walton，1967）在一本关于商业公司和商人在现代社会中作用的系列丛书中谈到了企业社会责任的许多方面。在这本重要的书中，他展示了许多不同的社会责任类型或模型，包括他对社会责任的基本定义：社会责任的新概念承认公司和社会之间的亲密关系，并意识到高层管理人员必须记住这些关系，因为公司和相关团体追求各自的目标（沃尔顿，1967）。沃尔顿强调，公司社会责任的基本要素包括一定程度的自愿主义，而不是强制，某些其他志愿组织与公司的间接联系，以及接受成本所涉及的问题可能无法衡量任何直接可衡量的经济回报。在哈罗德·约翰逊（Harold Johnson，1971）的《当代社会商业：框架和问题》一书中，作者提出了各种 CSR 定义或观点，然后进行批评和分析。约翰逊首先提出了他所谓的"传统智慧"，他将企业社会责任定义为：一个对社会负责的公司是管理人员平衡多重利益的公司。一个负责任的企业并不仅仅为股东争取更大的利润，还要考虑到员工、供应商、经销商、当地社区和国家。值得注意的是，约翰逊（1971）暗示，在这种方法中，企业的社会责任是通过详细阐述社会经济目标以及追求规定商业角色的社会规范。或者更简单地说，企业存在于一个社会文化体系中，这个体系通过规范和商业角色来概述特定情况下的特殊方式，并详细阐述商业事务的规定方式。约翰逊（1971）

提出了第二种企业社会责任的观点：企业实施社会计划为其组织增加利润。在这个观点中，社会责任被视为长期利润最大化。约翰逊（1971）又提出了第三种社会责任观，他称之为"效用最大化"。他认为：第三种社会责任方法假定该企业的主要动机是效用最大化。企业寻求多个目标，而不是仅仅获得最大利润。然后他提出了以下定义：对社会负责的企业家或管理者是具有第二类效用函数的人，这样他不仅对自己的幸福感有兴趣，还对企业中的其他成员感兴趣。最后，约翰逊（1971）解释了第四种观点，他称之为"社会责任的词典化视图"。在这个定义中，企业的目标与消费者的目标一样，即按重要性为每个目标排列评估目标。这些目标水平受各种因素影响，但最重要的是该公司过去实现这些目标的经验以及类似企业的过往业绩。约翰逊说，词典效用理论表明强烈的利润驱动型企业可能参与社会责任行为。一旦它们达到它们的利润目标，它们的行为就好像社会责任是一个重要的目标——尽管它不是。约翰逊总结了四种定义，虽然它们有时可能看起来矛盾，但它们实质上是观察同一现实的互补方式。

2.1.1.3 企业社会责任概念的里程碑

经济发展委员会（CED）在 1971 年出版的《商业公司社会责任》一书中对企业社会责任概念做出了具有里程碑意义的贡献。经济发展委员会通过观察"公众同意的商业功能及其基本目的是为社会的需求建设性地服务于社会满意"，从而进入了这个话题。经济发展委员会指出，企业与社会之间的社会契约正在发生重大变化：企业被要求承担更广泛的社会责任，并为更广泛的人类价值服务。实际上，商业企业被要求为美国人的生活质量贡献更多的东西，而不仅仅是提供大量的商品和服务。尽管企业为社会服务，但其未来将取决于管理层对公众不断变化期望的反应质量。经济发展委员会通过三个同心圆来定义社会责任：内部环节包括对经济的职能—产品、就业和经济增长的高效执行的明确基本职责；中间环节包括以改变社会价值观和优先事项的敏感意识来履行这一经济职能的责任，例如，在环境保护方面、与雇员的雇用和关系、对信息的更加严格的期望、公平的待遇以及免受伤害的保护；外部环节概述了企业应该承担的新兴和仍然无定形的责任，以更广泛地参与积极改善社会环境。20世纪 70 年代，另一位重要的企业社会责任作家——斯坦纳在他的教科书《商业与社会》（1971）的第一版中，就这个问题写了大量的文章。斯坦纳倾向于采用戴维斯和弗雷德里克对企业社会责任的定义，但他确实表达了他对这个问题的看法：企业从根本上来说仍然是一个经济制度，但是，它有责任帮助社会实现其基本目标，因此承担社会责任。公司规模越大，这些责任就越大，但是所有公司都可以无偿地承担一部分费用，而且往往是短期利润和长期利润。社会责任的假设更多的是一种态度，管理者接近他的决策任务，而不是决策经济学的重大转变。与老的、狭隘的、不受限制的短期私利相比，这是一种哲学，从长远观点看待企业的社会利益和开明的自我利益（斯坦纳，1971）。虽然斯坦纳（1971）没有详细阐述企业社会责任的定义，但他阐述了 CSR 可能被解释和应用的含义和情况。例如，他讨论了应用企业社会责任的具体领域，并提出了确定企业社会责任的模型，还提出了确定企业社会责任的标准。

2.1.1.4　企业社会责任动机的争论

关于企业社会责任动机的重大争论发生在 1972 年。这一辩论由美国企业研究所发起，涉及经济学教授曼尼（Manne）和沃利奇（Wallich）。辩论在他们的书中被总结为"现代公司与社会责任"（Manne and Wallich，1972）。在辩论中，曼尼反对企业社会责任，他认为企业社会责任的定义应从三个要素入手：第一，公司社会责任的支出或行动给公司带来的边际回报低于其他支出的边际回报；第二，基于公司社会责任的行为必须是自愿的；第三，公司社会责任的行为必须是公司的行为，而不是个人行为。曼尼补充说，即使有了这样一个定义，实际上，如果不是不可能区分的纯粹商业支出，那么这种纯粹的商业支出只是为了公众的利益与真正的慈善事业意图。他强调了一个观点，即更多的当代学者已经注意到，商业支出可能有多重而不是单一的动机，因此这不是判断社会责任的富有成效的标准。而沃利奇教授将 CSR 定义为一个宽泛的术语：承担责任是指公司至少在某种程度上是自由代理人的一种条件。如果上述任何社会目标是由法律强加给公司的，那么公司在实施时就不承担责任。他写道，企业社会责任的实施涉及三个基本要素：目标设定、是否实现目标的决定以及这些目标的融资。沃利奇指出了企业社会责任可能具有防御能力的情况，但他赞成股东对公司的指示，让公司对股东的利益负责。在 1973 年，凯斯·戴维斯再次参与了他的里程碑式文章中的讨论，调查了商业承担社会责任的情况。在文章的引言中，他引用了两位著名的经济学家和他们对这个问题的不同看法。首先，他引用了弗里德曼（Friedman，1962）的观点，弗里德曼著名的反对意见大多数人都很熟悉。弗里德曼（1962）认为，很少的趋势可能会彻底破坏我们自由社会的基础，就像企业官员接受社会责任而不是作为给他们的股东尽可能多的钱。然而，弗里德曼（1973）反驳了凯斯·戴维斯的观点，并引用了另一位杰出的经济学家萨缪尔森（Samuelson，1973）的话，他认为

"现在一个大公司不仅可能承担社会责任，它最好还是试着去做。"除了这些观察，戴维斯（1973）对企业社会责任进行了定义：为了讨论的目的，企业社会责任是指企业考虑并回应超出公司狭隘的经济、技术和法律要求的问题。公司有义务在其决策过程中评估其决策对外部社会系统的影响，其方式将实现社会收益以及公司寻求的传统经济收益，这意味着社会责任始于法律终结的地方。如果一个企业只是遵守法律的最低要求，那么企业就不会承担社会责任，因为这是任何优秀公民都会做的。然后戴维斯（1973）介绍并讨论了迄今为止都反对企业对社会负责的论点。显然，戴维斯对企业社会责任采用了一个限制性的定义，因为在他的后一种说法中，似乎排除了法律服从作为企业公民的一部分，而不是社会责任。

关于公司的责任有两种主要的思想流派。根据股东的观点来看，企业的唯一责任是在法律边界内最大限度地追求其利润。莱维特（Levitt, 1958）及其追随者反对更广泛的公司社会责任定义，他们认为追求社会目标会削弱公司的主要目标，增加成本，并降低经济效率、竞争力和盈利能力。根据弗里德曼的说法，股东价值是最大化的唯一价值。如果管理者想要为改善社会而努力，他们应该自费担任私人，而不是作为其委托人的代理人和委托人的代价。另外，利益相关者的观点对社会承担更广泛的商业责任。弗里曼（1984）的利益相关者理论认为，公司由拥有或主张公司及其活动的所有权，权利和利益的利益相关者组成。在此框架下，任何可能影响业务目标的人以及任何可能受其影响的人都被视为利益相关者，公司的业务活动可能会直接或间接影响包括股东、员工、客户、供应商、当地社区、自然环境、政府和全社会在内的许多利益相关者的福利。每个利益相关者团体都对公司抱有期望，公司对这些期望的反应对其当前和未来的成功至关重要。人们普遍认为，企业活动对社会和公民以及包括环境在内的所有利益相关者的影响是相当可观的，不仅影响现在，而且影响未来，因此，必须根据利益相关者理论对社会责任公司进行管理。对社会负责的公司必须考虑其行为对可能直接或间接受公司影响的所有实体的影响，社会责任行为包括广泛的活动，如公平对待客户、员工和业务合作伙伴；支持社会事业；保护和改善自然环境等。学术界和从业者一直在努力建立 30 多年来被普遍接受的概念定义。

企业社会责任研究出现了三条基本路线，但并不相互排斥，其特征分别是：（1）利益相关者的驱动。企业社会责任被视为是对政府、非政府组织和消费者游说团体等主要外部利益相关者关于公司运营方面的具体要求的回应，或者是对减轻贫困、减少全球变暖等广义社会问题的回应（Jenkins，2005；Walsh，2005）。（2）绩效驱动：强调外部期望与公司具体 CSR 行动之间的联系，侧重于衡量此类行为的有效性（Wood，1991）以及确定哪些活动可能最适合提供必要的绩效。例如，学者们试图加强企业社会责任与企业战略之间的联系（Porter，2002），评估企业社会责任对盈利能力的影响（Opel，1985）或选择企业社会责任实施模式（Husted，2003）。对于利益相关方和业绩驱动型方法而言，用卡罗尔的话来说："企业期望做什么或做什么将被认为是一个优秀的企业法人？"（Carroll，1998）。（3）激励驱动：研究企业社会责任参与的外在原因，如提高企业声誉（Fombrun，2005）、抢占法律制裁（Parker，2002）、响应非政府组织的行动（Spar and La Mure，2003）、风险管理（Fombrun，2000；Husted，2005）、产生顾客忠诚（Bhattacharya，2004）或者建立在哲学概念上的内在理论，如合约理论（Donaldson，1994）、亚里士多德的美德伦理学（Solomon，1993）以及康德的职业道德（Bowie，1999）等来推进其义务和责任的特定概念的产生。

2.1.1.5 企业社会责任概念的实践层面

伊尔斯和沃尔顿（Eells and Walton 1974）对企业社会责任运动进行了广泛的讨论，并提供了当时学术界和实践者关注这个话题的各种方式。在一本 1975 年出版的纽约大学关键问题讲座系列报告中，经济学教授朱尔斯·贝克曼（Jules Backman，1975）为企业社会责任的定义演变做出了贡献。贝克曼（Beckman，1975）认为社会责任像社会会计、社会指标和社会审计一样，这些术语都涵盖了社会表现的不同方面。在指出这些术语目前是普遍的而不是精确的时候，他定义了社会责任：社会责任通常指的是除了那些处理经济表现（例如利润）的业务外，企业应给予关注的目标或动机。贝克曼之后确定了一些企业社会责任的例子：少数群体的就业、减少污染、更多参与改善社区的方案、改善医疗保健、改善工业健康和安全——这些和旨在提高生活质量的其他方案都包含在广泛的社会责任保护伞中。20 世纪 70 年代中期有学者发表了两个关于企业社会责任早期研究的例子。首先，鲍曼和海勒（Bowman and Haire，1975）进行了一项研究，努力了解企业社会责任，并确定公司参与企业社会责任的程度。虽然他们从未真正定义过本书所讨论的 CSR 意义，但研究人员选择通过在他们研究的公司年度报告中测量致力于社会责任的文章比例来实施 CSR。虽然没有提供正式的企业社会责任定义，但他们阐述了代表企业社会责任的各种主题，而不是严格意义上的"商业"主题。他们使用的主题通常是年度报告中的分部，这些分目标中的一部分是企业责任、社会行动、公共服务、企业公民、公共责任和社会响应。20 世纪 70 年代中期的第二项研究由福尔摩斯（Holmes，1976）进行，她试图收集"管理层对企业社会责任的看法"。她的陈述解决了那个时期普遍被认为是 CSR 所关注的问题。例如，对企业的营利责任、遵守法规、帮助解决社会问题以及对这些活动的利润的短期和长期影响。戈登·菲奇（Gordon Fitch，1976）从解决社会问题的角度定义了企业社会责任。他表示：企业社会责任被定义为解决企业全部或部分因各原因造成的社会问题的认真尝试。菲奇从解决问题的角度看待企业社会责任，首先，必须确定和界定一个社会问题，然后，从一系列社会问题中决定先解决哪些人的社会问题。包括在这个过程中区分社会问题和非社会问题，然后确定解决社会问题的方法。

2.1.1.6 社会责任信息披露层面的概念

艾博特和蒙森（Abbott and Monsen，1979）试图在涉及财富 500 强公司年度报告的内容分析研究报告中披露更多关于 CSR 的含义。他们的文章提出了企业"社会参与披露"（SID）量表，旨在揭示企业 CSR 的度量。艾博特和蒙森从衡量企业社会责任自我报告披露中获得了关于社会参与主题的内容，这些主题是从财富 500 强公司年度报告的内容分析中获得的。这些数据的编纂是由厄恩斯特（Ernst，1979）和当时的八大会计师事务所完成的。厄恩斯特已经制定了一份年度未发表摘要报告，报告这些公司的年度报告是否表明了特定社会参与活动。目前尚不清楚会计师事务所如何制定构成"社会责任披露"的清单，但是该清单涵盖六大类领域：环境、平等机会、人员、社区参与、产品和其他。艾博特和蒙森研究的目的不是为了明确定义企业社会责任，而是为了使用一套现有数据来获得有关衡量企业社会责任的一些想法。

2.1.1.7 企业社会责任的相关模型

泽尼塞克（Zenisek，1979）对迄今为止的企业社会责任概念化、缺乏经验或理论支持而表示担心，然后他开始根据"商业道德"两个组成部分之间的"契合"概念提出一个定义。在回顾了伊尔斯（Eales，1956）的社会责任连续体和沃尔顿（Walton，1967）连续性的社会责任之后，泽尼塞克认为这些概念化缺乏经验研究的基础，这是一个中心关注。泽尼塞克着手开发更详尽的企业社会责任连续体模型，在四个时间段追踪企业社会责任，并以他的文章总结了一个社会责任模式，试图强调"商业伦理"（既有意识形态又有操作层面）和社会需求/期望。泽尼塞克认为，他的新模型观察 CSR 的关键组成部分，将有助于未来的测量和研究。1979 年，卡罗尔（Carroll）提出了一个四部分的企业社会责任定义，嵌入在 CSP 的概念模型中。他的基本观点是，管理者或公司要参与 CSP，他们需要：（a）对企业社会责任的基本定义；（b）理解、列举存在社会责任的问题；（c）对这些问题的反应原则的说明。这里的讨论局限于基本的企业社会责任定义。在提出建议之时，卡罗尔注意到以前的定义暗示企业有责任赚取利润、遵守法律并"超越"这些活动。此外，卡罗尔认为完整的定义必须包含企业对社会的全面责任。此外，还需要澄清有关企业社会责任的组成部分，这些组成部分超出了盈利和遵守法律的范围。因此，卡罗尔提出了以下定义："企业的社会责任包含社会的经济、法律、道德和自由裁量期望在特定时间点有组织。"企业社会责任四部分定义的经济组成部分表明，社会期望企业生产商品和服务并将其出售以获得利润，这就是资本主义经济体系如何设计和运作。正如社会期望企业为其效率和效益赚取利润（作为激励和奖励），社会期望企业遵守法律。法律代表了业务预期运作的基本"游戏规则"。社会期望企业在社会法律制度所规定的框架内履行其经济使命。因此，法律责任是定义的第二部分。道德责任代表了社会期望企业遵循的各种行为和道德准则这些扩展到超出法律要求的行为和做法。最后，有自由裁量责任。这些代表了企业假定的自愿角色，但社会并没有像伦理责任那样提供明确的期望。这些留给个人经理人和公司来判断和选择；然而，业务执行这些的期望依然存在。这种期望是由社会规范驱动的，具体的活动是由企业参与社会角色的愿望来指导的，这些角色没有法律规定或法律规定的要求，并且不符合道德意义上的企业，但却越来越具有战略性。达尔顿和科齐尔（Dalton and Cozier，1982）提出了一个 2×2 矩阵的模型，其中一个轴是"非法"和"合法"，另一个轴是"不负责任"和"负责任"。然后他们假定有四个单元格描绘社会责任"四面"。毫不奇怪，他们认为"法律责任"单元是企业遵循的适当企业社会责任战略。里卡德·斯特兰德（Rich Strand，1983）提出了一个组织适应社会环境的系统范式，试图说明与组织环境模型相关的社会责任、社会反应等相关概念。虽然他没有提供新的或独特的企业社会责任定义，但他的模型值得注意，因为它代表了另一个不断努力将 CSR 这样的概念与其他类似概念以及组织——环境接口联系在一起的研究。1983 年，卡罗尔进一步阐述了于 1979年对企业社会责任的四部分定义：在他看来，企业社会责任涉及企业的经营，使其具有经济效益、守法、道德和社会支持。对社会负责，就意味着盈利能力和对法律的服从是讨论公司道德的首要条件，以及它通过金钱、时间和才能的贡献来支持其社会存在的程度。因此，CSR 由四部分组成：经济、法律、道德和自愿或慈善。应该指出的是，卡罗尔将自由裁量组成部分重新定位为涉及自愿主义和/或慈善事业，因为这似乎是自由裁量活动的最佳范例。在 20 世纪 80 年代追求"超越"企业社会责任的一个很好的例子是越来越多的人接受企业社会绩效（CSP）这个概念，认为它是一个更全面的理论，企业社会责任可以被归类或包含在内。在 20 世纪 70 年代曾看到早期提到 CSP（Carroll，1977；1979；Preston，1978；Sethi，1975），但 CSP 模型的想法仍然引起人们的兴趣。因此，沃蒂克（Wartick，1985）和科克伦（Cochran，1985）提出了他们的"企业社会绩效模型的演变"，该模型扩展了卡罗尔（1979）介绍过的责任、回应和社会问题的三维整合。沃蒂克和科克伦的主要贡献之一是将卡罗尔的三个方面——企业社会责任、企业社会响应和社会问题——改写为原则、流程和政策的框架。他们认为，卡罗尔的企业社会责任定义包含了社会责任的道德成分，应该被视为原则，社会反应应该被视为过程，而社会问题管理应该被视为政策。伍德（Wood，1991）将企业社会责任重新表述为三个原则。首先，他采用卡罗尔的四个领域（经济、法律、道德和自由裁量）阐述了企业社会责任的原则，并确定了它们如何与社会合法性（机构层面）、公共责任（组织层面）和管理层酌情权（个人水平）的企业社会责任原则。其次，他确定了企业社会响应的过程，这超出了卡罗尔对沃蒂克和科克伦（1985）制定的政策的回应类别（反应型、防御型、宽松型、主动型）的阐述，并强调了环境评估、利益相关者管理和问题管理。最后，他采用了沃蒂克和科克伦（Wartick and Cochran，1985）的政策，并在一个新的关注主题——公司行为结果下重新组织它们。总之，伍德（1991）的模型比卡罗尔（1979）和沃蒂克（1985）的早期版本综合得多。1991 年，卡罗尔重新审视了伍德的四部分企业社会责任定义，提出企业社会责任金字塔，将经济类别描述为基础（所有其他人所依赖的基础），然后通过法律、道德和慈善类别向上建立。他明确表示，企业不应该以顺序的方式来实现这些目标，而是要随时满足这些要求。还应该看到，金字塔更多的是对企业社会责任的图形描述，而不是试图给四部分定义增加新的含义。企业社会责任应该努力赢利、遵守法律、遵守职业道德，成为一个优秀的企业公民。

2.1.1.8　企业社会责任概念的重构

琼斯（Jones，1980）以有趣的视角进入了 CSR 讨论。首先，他定义了企业社会责任：企业社会责任是这样一种观念，即公司除了股东以外，并且除法律和工会合同规定的之外，对社会中的组成团体有义务。这个定义的两个方面是至关重要的。首先，义务必须是自愿采用的，受法律或工会合同强制力影响的行为不是自愿的。其次，这项义务是一项宽泛的义务，超越了传统责任，将股东延伸到其他社会团体，如客户、员工、供应商和邻近社区。琼斯（1980）列举了关于企业社会责任各种支持和反对的论点，从而总结了对 CSR 的辩论。琼斯在文章中的主要贡献之一是他强调企业社会责任是一个过程，认为对于什么构成对社会负责的行为达成共识非常困难，他假设企业社会责任不应被视为一组结果，而是一个过程。将企业社会责任视为一个过程就是被人们称为修订或重新定义的概念。在讨论实施企业社会责任的过程中，他阐述了企业如何参与企业社会责任决策的过程，以构成企业社会责任行为。尽管彼得·德鲁克（Peter Drucker，1954）早些时候撰写过关于企业社会责任的文章，但有趣的是，他在 1984 年自己提出了一个"新意义"的企业社会责任。德鲁克显然只是读了企业社会责任的定义，排除了企业盈利的重要性，因为他提出了"新"的概念，即盈利能力和责任是兼容的概念。在德鲁克看来，新事物不仅仅是盈利能力和责任的兼容性，还是企业应该将其社会责任转化为商业机会的观点。德鲁克明确表达了这一观点：企业适当的社会责任是驯服龙，即将社会问题转化为经济机会和经济利益，转化为生产能力、人才、高薪工作以及财富（Drucker，1984）。

2.1.1.9 企业社会责任的早期实证研究

科克伦和伍德（Cochrane and Wood，1984）的研究表明，对企业社会责任日益增长的兴趣以及与财务表现之间是否有任何关系是一个很好的研究例子。作为他们实证研究的背景，必须指出，学者们对企业社会责任是否也是有利可图的公司有兴趣。如果可以证明它们是，那么这将成为支持企业社会责任运动的一个额外的论据。科克伦和伍德调查了过去各种社会表现和财务绩效的运作方式，并决定使用声誉指数来衡量它们的 CSR。他们使用的声誉指数是莫斯科维茨指数，由 CSR 现场观察员莫斯科维茨和作家开发。莫斯科维茨在 20 世纪 70 年代初制定了声誉指数，将企业归类为杰出、荣誉及最差。奥佩尔、卡罗尔和哈特菲尔德（Hatfield et al.，1985）发表了另一个试图理解企业社会责任与盈利能力关系的实证研究。这一特定研究的独特之处在于，它是第一个使用理论文献中定义的企业社会责任结构作为衡量企业社会责任的研究之一。奥佩尔等（Opel et al.，1985）的研究确认了社会责任序列中的四个组成部分的优先顺序：经济、法律、道德和酌情决定。在研究的后半部分，奥佩尔等划分了四个定义的组成部分，将之前称之为"关注公司经济表现"的"经济"与"法律、道德和自由裁量权"分开，将其标记为对社会的关注。从本质上来说，并不是每个人都将经济责任视为社会责任的一部分，而是将其视为企业为自己所做的事情。他们进一步指出：组织的社会导向可以通过与经济相比对三个非经济组成部分的重要性进行适当评估。爱泼斯坦（Epstein，1987）提出了企业社会责任的定义，以追求社会责任、反应能力和商业道德。他指出，这三个概念处理的是密切相关的，甚至是重叠的主题和关注点。他对企业社会责任的定义如下：企业社会责任主要涉及组织决策的结果，涉及具体问题或问题（根据某些规范标准）对相关企业利益相关者有益而非不利影响。企业行为产品的规范性和正确性一直是企业社会责任的主要焦点。除了定义企业社会责任之外，爱泼斯坦（1987）还定义了企业社会责任感和商业道德，然后将其整合到他所谓的"企业社会政策过程"中。他补充说：企业社会政策过程的核心是企业内部制度化的企业道德。

2.1.1.10 进入 20 世纪以来的企业社会责任概念

作为一般性声明，应该看到，在20世纪90年代，对CSR定义的独特贡献很少。更重要的是，企业社会责任概念成为其他相关概念和主题的基点、构建基石或出发点，其中许多概念和主题都包含企业社会责任思想，并且与其相容。在20世纪90年代，CSP、利益相关者理论、商业道德理论和企业公民是主要议题。继1992年在巴西里约热内卢举行的联合国地球环境与发展首脑会议之后，企业社会责任的理念在全球获得了新的动力去作为一个重要的倡导者，世界可持续发展工商理事会将企业社会责任概括地定义为"企业遵守道德规范并为经济发展做出贡献的持续承诺，同时改善企业的质量。霍尔姆和瓦茨（Holme and Watts，1993）在分析商业社会对企业社会责任的不同解释时强调，企业社会责任不再被视为代表非生产性成本或资源负担，而是日益成为增强企业声誉和信誉的手段。因此，他们将CSR理解为代表竞争激烈的商业世界的人性化和全球化。"换句话说，它构成了企业致力于可持续经济发展的承诺。戴维斯（Davis，1993）将企业社会责任定义为企业考虑并回应超出企业狭隘的经济、技术和法律要求的问题，以实现社会和环境效益以及企业寻求的传统经济收益。对于安吉利迪斯和易卜拉欣（Angelidies and Ibrahim，1993）而言，CSR是旨在满足社会需求的企业行为。布朗（Brown and Dacin，1997）和达钦采用了更广泛的社会视角，并将企业社会责任定义为企业在应对所有企业利益相关者时对企业社会责任的响应性的地位和活动。恩德勒（Enderle and Tavis，1998）和塔维斯认为企业社会责任是公司社会参与的政策和实践，超出了其为整个社会的利益而承担的法律义务。莫尔等（Mohr et al.，2001）提出另一个潜在的定义：企业社会责任是公司致力于最大限度地减少或消除任何有害影响，并最大限度地发挥其对社会的长期有益影响。世界可持续发展工商理事会将企业社会责任定义为为促进可持续经济发展做出的商业承诺，与员工及其家属、当地社区和整个社会合作改善其生活质量（WBCSD，1999）。这个定义将企业社会责任视为可持续发展的一种手段，改善人们的生活质量和实现经济增长。经济合作与发展组织（OECD，2001）将企业社会责任理解为"企业对可持续发展的贡献"。它特别强调，企业行为不仅要确保股东回报 \ 员工工资 \ 消费者产品和服务，还要考虑到社会和环境问题以及价值观。显然，这意味着从纯粹的股东利益最大化和公司价值转向更广泛的概念，这个概念涵盖了多个利益相关者的关注点和价值观，因此涉及各种相互冲突的目标。世界银行称，企业社会责任是一个描述公司对其所有运营和活动中的所有利益相关者负责的义务的术语。社会责任公司必须在做出决策时考虑其对社区和环境的影响范围，同时平衡利益相关方的需求以及获得经济利益的需要。欧盟委员会（European Commission，2001）对其的定义为，企业社会责任是一个"公司自愿决定为更好的社会和更清洁的环境做出贡献"的计划，它将企业社会责任作为战略投资整合到其核心业务战略、管理手段和运营中，可以将企业社会责任作为社会和环境目标的一部分，并将其视为一种选择。在加拿大企业实施指南中，企业社会责任被解释为企业将社会、环境和经济问题以透明和负责任的方式融入其价值观、文化、决策、战略和运营中，从而建立企业内部更好的实践，创造财富，改善社会。此外，强调企业在社会工作和财富创造中的关键作用，企业社会责任作为一种中央管理问题被提及。企业社会责任新闻专线服务（2003）也给出了类似的定义，其中 CSR 被定义为整合业务运营和价值观，所有利益相关者，包括客户、员工、投资者和环境的利益都反映在公司的政策和行动中。根据奥弗里（Ofori，2005）和阿博耶·奥奇瑞（Aboagye-Otchere，2005）的观点，企业社会责任的概念是公司在其业务运营中对社会和环境问题的关注，以及它们与利益相关者在自愿基础上的互动。木恩（Moon，2007）对 CSR 的定义根据潜在的战略目的（例如合法性、对外部性的责任、竞争优势），实质性内容（例如经济、法律、道德、酌情决定）以及由组织确定责任和评估利益相关者的政策所针对的实践或围绕哪些原则或价值观开发的实践。

达尔斯鲁德（Dahlsrud，2008）在文献回顾收集的基础上，通过社会责任定义的内容分析来确定 CSR 的五个维度，将 Google 的所有关于环境、社会、经济、利益相关者、自愿维度等特定维度定义的频率计数加起来计算每个维度的相对用法，以话语社会构建企业社会责任的定义。综合分析后认为 CSR 定义描述一种现象，但未能就如何管理这一现象中的挑战提出任何指导。因此，企业面临的挑战并不在于定义 CSR，而是要了解企业社会责任如何在特定环境中构建社会，以及在制定业务战略时如何考虑 CSR。巴苏和帕拉佐（Basu and Palazzo，2008）从过程视角分析了 CSR 的要素构成，并把 CSR 的要素构成分为以下三个层面：认知（cognitive）层面，表明企业思考的是与其利益相关者和更加广泛的世界之间的组织关系，以及与关键关系方开展具体活动的理性认知；释义（linguistic）层面，表明企业如何解释其参与这些具体活动的动机，以及如何与利益相关者分享这些动机；行为（conative）层面，表明企业所采取的行为方式，以及向利益相关者做出的承诺和展示的战略一致性或不一致性。CSR 是这三个层面的综合体。因此，企业社会责任可以定义为：一个组织内的管理者思考和讨论企业与利益相关者的关系、与公共利益相关的角色以及它们在履行和实现这些方面的行为倾向。马腾和木恩（Matten and Moon，2008）从国家的政治体系等方面对企业社会责任行为进行了分析，他们认为国家的政治因素起到了重要的影响作用。他们还认为企业社会责任的核心是反映了企业成功的社会责任和社会后果。因此，企业社会责任在经验上由可明确阐述和传达的公司政策和实践组成，这些政策和实践反映了一些更广泛的社会商业的商业责任。希尔（Heal，2008）认为，了解竞争性市场的优势和劣势意味着企业社会责任计划的作用。他的重点是市场不完美的两个重要来源：外部性和分配公平。前者通常被定义为私人和社会边际成本与收益之间的偏差，最终导致稀缺资源和社会福利损失的低效分配。后者是社会价值判断的一个问题，可以通过政治过程来表达，并且定义了哪些效率只能被确定的参考。他指出公司和社会之间几乎所有的冲突都可以追溯到这两个来源之一：私人成本和社会成本与利益之间的差异，或者对公平的看法不同。因此，在这里，CSR 被定义为减少行动计划的外部化成本和避免分配冲突。这显然为从福利经济学理论角度上研究企业行为和企业社会责任提供了理由。欧盟委员会（EC，2010）将企业社会责任定义为一种概念，企业将社会和环境问题纳入其业务运营中，并在自愿的基础上与利益相关方进行互动。这个定义表明，商业运作和社会关切被放在一起。安彭萨（Amponsah，2011）和达蒂·巴哈（Dartey-Baah，2011）将企业社会责任定义为一个组织自愿采取有可能阻碍公司目标实现的社会因素的战略决策。在他们看来，企业社会责任的概念往往侧重于外部环境，忽视员工在企业经营中的内部环境。

2.1.2　企业社会责任理论的内容

企业社会责任理论认为企业社会责任（CSR，也称为企业良心、企业公民责任或负责任的企业），是一种融入商业模式的企业自我管理形式。企业社会责任政策作为一种自我监管机制起作用，企业监督并确保其积极遵守法律精神、道德标准以及国家或国际准则。自 20 世纪 60 年代以来，企业社会责任已经引起企业和利益相关者对其好处及其利益的关注。不同的学者根据他们对这个概念的看法对企业社会责任进行了不同的定义。从企业社会责任的破坏性影响中得知，企业不仅注重利润，还注重其经营活动对整个社会和环境的影响。因此，企业社会责任是指组织应该对其行为如何影响社会和环境负责的道德原则。1979 年，卡罗尔提出了一个在企业社会责任概念模型中嵌入的四部分企业社会责任定义。在这个模型中，卡罗尔区分了四种类型的企业社会责任：经济、法律、道德和自由裁量。卡罗尔（Carroll，1979）所划定的第一类是一种经济性的责任，例如为所有者和股东提供投资回报、为工人创造就业机会和公平报酬、发现新资源、创新以及创造新产品和服务。从这个角度来看，企业是社会中的基本经济单位，其所有其他角色都是基于这个基本假设。法律责任是定义的第二部分，包含对法律遵从性的期望以及游戏规则。从这个角度来看，社会期望企业在法律要求的框架内履行其经济使命。但是，虽然法规可能会成功强迫公司回应问题，但很难确保公平使用它们（Pratima，2002）。此外，法规本质上是被动的，企业很少有机会积极主动。因此，法律规定了可持续行为的界限，但它们既没有界定道德，也没有立法道德。实质上，道德责任通过创造企业可以遵循的道德标准来克服法律的局限性（Solomon，1994）。它将商业描绘为道德，做正确、公平、公正的事情。因此，道德责任包含的活动并不一定要编入法律，但仍然是社会成员期望的业务，如尊重人、避免社会伤害和预防社会伤害。第四个责任类型是企业在决定方面具有最广泛的自由裁量权和选择范围，旨在回馈社会的具体活动或慈善捐赠。这种责任的根源在于相信商业和社会以有机的方式交织在一起（Frederick，1994）。此类活动的例子可能包括慈善捐款、为吸毒者开展内部培训计划或试图增加识字率。这种类型的责任是最具争议性的，因为它的范围很广泛，其影响可能与商业公司的经济和营利导向相冲突。1991 年，卡罗尔重新审视了他对企业社会责任的四部分定义，并在金字塔结构中组织了多重企业社会责任的概念。在这个金字塔中，经济责任是基本的基础，自由裁量权或意志力是顶点。这种重新审视的概念化意味着，这四项责任是具有整体性的，例如，想要道德的公司必须在经济和法律上负责。从这个角度来看，经济和法律责任是社会需要的，道德责任是社会期望的，而慈善事业则是社会需要的，而且这些责任中的每一项都是企业社会责任的一部分。

根据加里加和梅尔（Garriga and Mele，2004）的研究可知，社会责任理论和相关方法可以分为四类：工具理论、政治理论、综合理论和伦理理论。工具理论认为，公司是创造财富的工具，这是它唯一的社会责任，只考虑企业与社会之间相互作用的经济方面。所以，任何假定的社会活动如果与财富创造一致，就会被接受，因此，工具理论将企业社会责任理解为仅仅意味着利润的终结。弗里德曼被认为是这种方法的代表，因为他认为"企业对社会的唯一责任就是在法律框架和国家的道德习惯中向股东实现利润最大化"（Friedman，1970）。政治理论则强调了公司的社会权利，特别是他们与社会的关系以及他们在与这种权利相关的政治领域的责任。也就是说，企业与社会之间的互动与联系，企业的权利与地位及其固有的责任。公司宪政和企业公民是政治理论下可以确定的两个主要理论。企业公民这个术语在 20 世纪 90 年代末和 21 世纪初期的商业和学术工作中更为普遍（Andriof and Mcintosh，2001）。根据戴维斯（1976）的观点可知，社会权利的责任等式必须通过企业和管理者的职能角色来理解，在这个观点中，戴维斯放弃了对企业全面负责的观念，因为他抛弃了自由市场这种根本没有企业责任的意识形态。因此，他的理论被称为"公司宪政"（Garrige and Mele，2004）。"企业公民"一直暗含着对社区的归属感，因此解释了为什么企业需要考虑其运营所在的社区（加里加和梅尔，2004）。综合理论认为企业应该整合社会需求的理论。他们通常认为，商业依赖于社会的连续性和增长，甚至是商业本身的存在。根据加里加和梅尔（Garrige and Mele，2004）的观点可知，这组理论着眼于企业如何整合社会需求。加里加和梅尔认为，商业依赖于社会的存在、连续性和增长。社会需求通常被认为是社会与企业互动的方式，并赋予其一定的合法性和声望。因此，企业管理层应该考虑到社会需求，并将其整合，使企业按照社会价值观进行运作。基本上，这个群体的理论着重于检测、扫描和回应社会需求，以达到社会合法性、更大的社会接受度和威望。伦理理论认为，企业与社会之间的关系被嵌入了伦理价值观中。这从道德的角度构建企业社会责任的愿景，因此，企业应该承担社会责任，作为高于任何其他考虑的道德义务。

2.2 利益相关者理论

企业可以被理解为与活动有着利害关系的一组关系中的一组关系构成业务。业务是关于客户、供应商、员工、金融家（股东、债券持有人、银行等）、社区和经理如何相互作用并创造价值。皮尔希等（Pirsch et al.，2007）将企业社会责任的兴起归因于利益相关者理论，这表明组织的生存和成功被其利益相关者利益所实现的经济（如利润最大化）和非经济（如企业社会绩效）目标所认可。

2.2.1 利益相关者的含义

爱德华·弗里曼（1984）在现在的经典文本《战略管理：利益相关者方法》中将利益相关方定义为"能够影响一个组织目标的实现，或者受到一个组织实现其目标过程影响的所有个体和群体"。利益相关者理论的核心观点是：任何一个企业都有许多利益相关者，他们对公司进行了专用性投资并承担由此所带来的风险，企业的生存和发展取决于它能否有效处理与各种利益相关者的关系。为了保证企业持续发展，应将其剩余索取权和剩余控制权在主要利益相关者中进行分配，不同分配方式会产生不同的绩效水平（Freeman·R. Edward，1984）。对伊登和阿克曼（Eden and Ackermann，1998）来说，利益相关者只能是有能力直接影响组织未来的人或团体，如果缺乏这种力量，他们不是利益相关者。或者更密切地说，如庖斯特等（Post et al.，2002）指出利益相关者是为公司的财富创造和活动做出贡献的个人，因此不仅是公司的受益人，也是公司经济活动影响下的风险承担者。考虑到利益相关者方法是企业战略不可或缺的一部分，实际的观点是企业的长期成功，即企业的可持续发展与员工、客户、投资者和社区等利益相关者密切相关。公司通过社会战略可以增强外部利益相关者的社会效益或减少公司的社会问题，从而引导公司实现长期可持续的业务战略。利益相关者通常被分为主要和次要利益相关者。克拉克森（Clarkson，1995）将主要利益相关者群体定义为没有持续参与的公司不能持续经营，它们是与公司高度相互依存的索赔人，并且是领导内部变革的主要代理人。主要群体包括股东与投资者、雇员、客户和供应商，以及定义为公共利益相关者团体，提供基础设施和市场的政府和社区，必须遵守其法律和法规，并且可能要缴纳税款和完成义务。次要群体被定义为那些影响或受公司影响的人，他们间接影响公司绩效，但他们没有从事与公司的交易，并且对其生存不是必不可少的。如政府、竞争对手、消费者倡导者、特殊利益集团和媒体，并且是引领外部变革的主要因素。

2.2.2 利益相关者理论的介绍

自 1984 年，爱德华·弗里曼（Edward Freeman）创立了利益相关者理论，旨在为企业界提供标准原则，并将道德价值观融入企业活动中，提供道德或伦理原则来指导管理层的行为成功地进行商业运作。在过去的 30 年中，追求公司目标很容易被意想不到的团体或个人的行为所破坏，这些由变化和相互关联驱动的挑战表明，管理者和学者需要重新思考企业责任概念化的传统方式，因此越来越多的学者和从业者一直在试验有助于我们理解当今商业挑战复杂性的概念和模型。其中，"利益相关者理论"或"利益相关者思想"已成为理解和纠正三个相互关联的商业问题的新叙述——理解价值如何创造和交易的问题、伦理和资本主义之间的联系问题、帮助管理者思考管理问题（Bidhan et al.，2010）。

利益相关者理论认为，如果我们采用一个分析单位来描述一个企业与能够影响或受其影响的组织和个人之间的关系，那么我们就有更好的机会来有效地处理这三个问题。首先，从利益相关者的角度来看，企业可以被理解为在构成企业活动中有着利害关系的一组关系中的一组关系。它涉及客户、供应商、员工、金融家（股东、债券持有人、银行等）、社区和管理人员如何相互作用、共同创造和交换价值。了解一个企业就是要知道这些关系是如何工作和随时间变化的。执行者的工作是管理和塑造这些关系，以便为利益相关者创造尽可能多的价值，并管理这种价值的分配。在利益相关者利益冲突的地方，管理层必须找到一种重新思考问题的方式，以便解决广泛利益相关者群体的需求，并且在这种情况下，可以为每个人创造更多价值（Harrison et al.，2010）。利益相关者关系的有效管理有助于企业在资本主义制度下生存和发展，但它也是一种道德努力，因为它涉及价值观、选择以及潜在的危害和益处问题。利益相关者理论的关键部分是关于过程和程序正义——利益相关者在资源分配方面应该有发言权，这种参与会影响他们如何看待资源分配，而且他们的参与也可以为价值创造创造新的机会。因此，这个理论是经济和道德的结合，使企业能够长期发展和实现自己的目标。利益相关者理论肯定了企业的持续存在需要利益相关者的支持，必须征求他们的批准，并调整公司的活动以获得批准，利益相关者越强大，公司就必须适应越多。而社会责任信息披露被视为公司与利益相关者之间对话的一部分，企业社会责任相关披露增强了企业吸引资源、提升业绩和发展竞争优势的能力，同时满足了利益相关者的需求。企业社会责任披露也有能力确定公司的声誉，增加"经营许可"和提高业务可持续性，并提高财务业绩。

从企业角度来说，一些利益相关者，如员工和客户对企业生存至关重要（Lozano，2005），因为他们为企业提供了必要的资源（Five and Salancik，1978）。这种推理通常被称为工具利益相关者理论，并且为组织被指导和控制的方式应该考虑利益相关者关注的问题提供了一个基本理论基础。工具利益相关者理论认为，企业只需要关注那些能够影响公司价值的利益相关者（Donaldson and Preston，1995；Mitchell et al，1997；Jensen，2001）。从工具角度来看，利益相关者治理需要向强大的利益相关者发出声音，以确保他们对企业成功的贡献。这一思路通常从战略上概念化利益相关者对话，并围绕组织的需求（例如风险管理或实现机会）进行定位（Ulrich，2008）。关于利益相关者理论还有另外两种观点：描述性和规范性观点（Donaldson and Preston，1995；Garriga and Mele，2004；Lozano，2005；Ulrich，2008）。描述性的利益相关者方法可以识别和分类组织的不同组成部分，而不需要就其声称的权利合法性给出任何价值陈述（Lozano，2005）。规范性的利益相关者理论进一步发展，并且由于受到企业行为影响的任何个人的道德权利，利益相关者声称具有内在价值。规范性利益相关者理论的核心问题考虑了参与者的权利和义务，以及如何实现不同利益相关者之间的不平衡关注（Lozano，2005；Fontrodona，2006；Sison，2008；Ulrich，2008）。从规范的角度来看，利益相关者需要纳入公司治理，以尊重其道德权利。为了正义，利益相关者的对话不是战略性的，而是公开和审议的，接近哈贝马斯（Habermas）的理想言论境界（Habermas，1984；Waddock，2000）。不论工具性还是规范性观点，利益相关者参与公司决策都与提高竞争力的效率有关（Turnbull，1994；1997），并应该减少冲突（Rothman，2001）。利益相关者治理有可能将"不信任的对手变为关键朋友"（Account Ability and Utopies，2007）。

2.2.3　利益相关者理论与企业社会责任

企业社会责任（CSR）正在成为商业和学术界的核心问题，包括管理、社会学和沟通领域。它将利益相关方和社区关注与企业、政府和社会之间不断变化的关系联系起来。企业社会责任的概念始于 20 世纪初，源于詹金斯（Jenkins，2005）和斯默思韦特（Smurthwaite，2008）的社会要求。公众呼吁公司的权利和影响力为社会目的而被自愿行使，而不是仅仅为了获利。因此，慈善原则被认为是现代企业新角色的基础，并且管理权已经成为现代企业社会责任概念的基础（庖斯特等，2003）。近年来，非政府组织、社区、政府、媒体和其他机构力量对企业有很大的影响，满足这些团体的要求被认为是负责任的企业行为。今天，一些公司正在通过与利益相关方的广泛对话建立对话来应对这些社会需求。机构层面的公司就如何确定企业利益相关者关系的最佳实践（Bendheim et al.，1998）、利益相关者对管理者的显著性（Agle，1999）等问题进行了对话、利益相关者网络结构关系的影响（Rowley，1997）以及管理者如何成功地平衡各利益相关者群体的竞争需求（Ogden，1999）。利益相关者理论指明了公司对其利益相关者进行适当对待并与企业社会责任挂钩的程度（Öberseder，2013）。

乌尔曼（Ullmann，1985）在他的研究中也指出了利益相关者理论与企业社会责任活动之间的联系。他证明了公司的社会和经济表现之间的联系有三个属性：利益相关者权利、公司的战略姿态以及公司过去和现在的经济表现。这清楚地表明利益相关者理论的一般文献认为，该公司的决定仅仅是其利益相关者群体的反映。这些属性中的每一个都有助于预测公司在企业社会责任实施方面的水平。第一个属性——利益相关者权利表明利益相关者越关键，他们要求被考虑的可能性越高。第二个属性——战略姿态表明了公司对社会问题的反应（主动或被动）的性质。第三个属性——直接影响公司实施企业社会责任的能力。因此，利益相关者理论清楚地激励企业扩大其目标，包括除利润最大化之外的其他目标。迪根（Deegan，2000）提出，利益相关者理论具有道德方面和管理方面的内容。道德方面认为，所有利益相关者都有权获得组织公平对待，并且管理者必须管理组织以获得所有利益相关者的利益。管理方面声称，利益相关者影响公司管理的权利是利益相关者对组织所需资源的控制程度的函数。奥伯塞德等（Oberseder et al. 2013）认为，利益相关者理论与企业社会责任之间的联系说明了它以适当的方式处理利益相关者的程度。因此，利益相关者理论指出了公司对谁负责，它也迫使管理者确保公司在其社会系统内平衡所有利益相关者的利益。

2.2.4　利益相关者与企业财务绩效

正在进行的社会责任辩论关注的焦点之一是组织是否因经济原因追求利益相关者的利益，或者仅仅因为这样做有内在价值（Donaldson and Preston，1995）。在"利益相关者的定位是否重要？利益相关者管理模式与公司财务业绩之间的关系"中，肖恩·伯曼（Shawn Berman，1995）、安德鲁·威克斯（Andrew Wicks，1995）、苏雷什·科萨（Suresh Kotha，1996）和托马斯·琼斯（Thomas Jones，1996）围绕两个相互竞争的观点开发了可测试模型。他们称之为战略利益相关者管理的第一种模式，反映了一种工具性方法，表明对利益相关者的关注是出于它可以提高财务绩效的动机。对于他们的第二个模型，他们称之为固有利益相关者承诺，取决于假设：企业具有规范（道德）承诺来推进利益相关者利益，而且这种承诺制定了公司战略并影响了财务绩效。米切尔（Mitchell，1997）提出了一个理论模型，该理论模型推进了利益相关者对管理者有重要意义的观点，这些管理者认为利益相关者拥有三种属性：权利、合法性和权威性。

利益相关者理论中的另一个关键问题是管理者是否能够成功地平衡各利益相关者群体的竞争需求。斯图尔特·奥格登和罗伯特·沃森（Stuart Ogden and Robert Watson，1999）考察了英国水务公司在公司绩效和利益相关者上的管理：平衡股东和英国私有水行业的客户利益。他们使用关于客户服务水平的政府信息以及公司会计和市场表现数据来检查这个问题，他们发现，由于需要支付改善客户服务的相关成本，短期内客户服务水平的提高对盈利能力有负面影响。但是，客户服务水平的提高与市场价值的增加有关，这反映了投资者确定高水平客户服务带来的长期收益能力。

关于企业是否应该参与社会责任行为的辩论持续激烈。传统的经济学观点表明管理者应该做出使公司股东财富最大化的决策（Freeman，1962）。管理人员通过做出决策来最大限度地提高公司未来现金流量的现值（Copeland、Murrin、Koller，1994）。如果社会责任活动与这些经济目标不一致，传统的财务逻辑就表明应该避免这些活动。事实上，那些参与这种活动的公司，特别是当社会责任活动成本极大时，可能会出现各种形式的市场分歧，包括获得低成本资本的机会有限，高级管理人员的接替和接管（Jensen and Meckling，

1976)。从另一个角度来看，一些企业和社会学者争辩说公司对社会的责任不仅仅是最大化股东的财富（Swanson，1999；Whetten and Godfrey，2001）。这些学者认为，如此狭隘的焦点可能会导致管理层忽视其他重要的利益相关者，包括雇员、供应商、客户和整个社会，有时候这些其他利益相关者的利益应该取代公司权益的利益（Clarkson，1995；Donaldson and Preston，1995；Freeman，1984；Mitchell，Agle，Wood，1997；Paine，2002；Wood and Jones，1995)。解决这一冲突的一种方法是观察至少某些形式的社会责任行为可能实际上改善了公司未来现金流的现值，因此可能与公司股东的财富最大化利益一致。例如，社会责任行为可以使企业在其产品市场上区分其产品（McWilliams and Siegel，2001；Waddock and Graves，1997），可以使企业避免成本高昂的政府罚款（Belkaoui，1976；Brag-don and Marlin，1972；Freedman and Stagliano，1991；Shane and Spicer，1983；Spicer，1978），可以降低公司面临的风险（Godfrey，2004）。所有这些对社会负责的行为都可以提高公司未来现金流的现值，因此与最大化公司股权持有者的财富一致。但是，从更广泛的理论视角来看，可以发现社会责任活动如何增加公司未来现金流量的现值的全部努力都是问题所在。毕竟，许多商业和社会学者的基本观点是，公司股东的利益有时需要设置在有利于公司其他利益相关者的利益上（Banfield，1985；Carroll，1995；Wind-sor，2001）。也就是说，根据社会责任理论家的观点，即使这些活动降低了公司产生的现金流量的现值，公司有时也应该参与有利于员工、供应商、客户和整个社会的活动（Mitchell et al，1997；Paine，2002；Wood and Jones，1995)。

2.3 合法性理论

2.3.1 合法性的含义

自从帕森斯（Parsons，1960）和琼斯（1960）、韦伯（Weber，1978）开展了相关的研究工作以来，合法性概念已经在社会科学领域占据了关键地位。代表性研究可分为制度学派（Di Maggio and Powell 1983；1991；Scott and Meyer，1983；Zucker，1987）和战略学派（Ashforth and Gibbs，1990；Dorian and

Pfeffer，1975；Salancik & Pfeffer，1978）。关于组织合法性的文献倾向于确定获得和维持合法性的三种可选形式，但分类因作者而异（Bitektine，2011）。道林（Dowling，1975）和菲弗（Pfeffer，1975）将社会合法性定义为组织符合当时社会规范和价值的程度。他们描述了成为合法组织的三种方式：首先，组织可以调整其产出、目标和操作方法，以符合盛行的合法性定义。其次，组织可以尝试通过沟通来改变社会合法性的定义，使其符合组织当前的实践、产出和价值观。最后，组织可以尝试再次通过沟通，与具有强大社会合法性基础的符号、价值观或机构相识。萨奇曼（Suchman，1995）将机构学校和战略学校的讨论结合起来，提供了一种平等和公平的合成合法性概念与以下三个维度。第一种是基于组织最直接利益方计算利益的务实合理性。第二种是道德合法性，它代表了社会组织及其活动的积极规范性评估。主要的评估标准包括确定进行特定活动是否具有社会相关性。第三个是认知合法性，这与已经被认为是理所当然的事件有关。务实合法性源于人们认为组织对自己有益的看法。因此它是一种交换合法性，它满足了自利者的需要，通过解决利益相关者的期望，公司可以获得实用的合法性。利益相关方管理文献已广泛承认这一事实。一些学者如塞维哲（Savage，1991）建议优先考虑强有力的利益相关者，但其他学者警告管理人员不要忽略更弱势的利益相关者群体对长期公司合法性的重要性。认知合法性是"仅仅根据一些被认可的文化解释接受组织的必要或不可避免的"。由于认知合法性主要在潜意识层次上运作，因此组织直接和策略性地影响和操纵感知是困难的。道德合法性被描述为对组织及其活动的积极的规范性评估。根据萨奇曼（1995）的说法可知，一家道德合法的公司的成绩，根据社会认可的程序进行的工作，以及表现良好并具有魅力领袖的能力来评判。道德上合法的公司通过它的成就（相应的合法性）、它的工作与社会接受的程度（程序合法性）、它的表现良好的能力（结构合法性）以及具有魅力的领导者（个人合法性）来展现。帕拉佐（Palazzo，2006）通过认为道德合法性来源于对组织的产出、程序、结构和领导者的有意识的道德判断，对萨奇曼（Suchman，1995）的概念进行了完善。他们认为，道德合法性是通过反映使用和考虑证明公司的行为、实践、结构和结果的理由而在社会上形成的。科佩尔（Koppell，2008）认为道德合法性是"合法性"个词的真正含义，因为"认知和实用合法性"仅仅意味着一个权威机构被承认和接受。这一权威是否值得其地位或强加它不是"认知和实用合法性"的标准。卡斯特略和洛桑（Castello and Lozane，2011）对于组织的合法性进行了一次系统性的分析。然而，这项研究分析了可持续发展报告，将合法性定义为创造一种积极的、有益的、道德的、可理解的、必要的或其他可接受的行为的感觉（Vaara and Tien-ari, 2008），或通过合法性来源，使用替代概念，如可信度或重点分析对合法性的挑战。关于组织合法性的最新文献采用了两种方法：战略合法性和制度合法性。战略方法将合法性描述为组织从它们的文化环境中提取的运作资源，并将其用于追求其目标。战略合法性研究者将合法化的过程视为工具性的、计算出来的，并且经常是对立性的（即管理者与三方成员之间的冲突）。相反，机构研究人员认为合法性与组织机构环境中的一系列本构信念是一致的。根据这种观点，来自公众意见、教育系统、专业、意识形态、认证和认可机构的体制规范，作为组织的社会契约的不成文规则必须坚持，符合这些制度规范的组织表现出文化忠诚并获得合法性。由于全球化的条件，这些合法性形式越来越感受到压力。社会更大的个性化以及地方层面利益相关者压力的重要性正在推动社会对一般道德规范的共识，从而影响机构合法性。开展企业社会责任项目或慈善捐赠以及将其作为战略活动的框架已不足以让利益相关者获得合法性。企业开始通过其 CSR 活动寻找第三种合法性形式：道德合法性。要满足道德合法性，不仅要接近来自公民社会的新的、显著的利益相关者，还要遵守消费者、政府和股东之间新的可持续性期望。

2.3.2 合法性理论的内容

合法性理论指出，一个组织可以通过从环境中获得合法性来维持其生存，当它接受社会上认为理所当然的规范和价值观并形成自己的制度主义时，公司可以向各利益相关方传达信息以调整人们对公司的期望（Ashforth and Gibbs, 1990）。根据政治经济传统，合法性理论认为组织的生存依赖于其在社会可接受的方式下的行为。合法性的核心是组织和社会成员之间存在的社会契约概念（Johnson and Holub, 2003）。社会允许组织在被认为满足社会需求和社会福利的情况下进行运作。合法性的各种定义围绕着合法性取决于与社会文化价值观一致性的观点（Brinkerhoff, 2005）。合法性理论为社会责任披露提供了更全面的视角，它表明公司所做的每一项操作必须与社会的价值观和规范一致，合法性关注的是组织的价值体系是否与社会的价值体系一致，组织的目标是否要达到社会期望。根据合法性理论的观点可知，合法性是一种普遍的认识或假设，当一个实体的价值体系与该实体参与的较大社会体系的价值体系一致时存在的一种条件或状态，即一个实体的行为在规范、价值观、信仰和定义的某种社会结构体系中是可取的和适当的。合法性理论与利益相关者理论密切相关，该理论表明，组织总是试图确保它们在各自社会的规定范围内运作。简单地说，合法性理论背后的概念是，组织和它所在的社会之间存在着一种"社会契约"。林德布卢姆（Lindblom，1994）认为，合法性不一定只是一个组织从社会获得合法性的温和过程。她建议组织可以采用四种广泛的合法化策略来应对不同的合法性威胁。首先，一个组织可以设法教育利益相关者关于改善其绩效的意图。其次，组织可能试图改变对"相关公众"的看法，而不改变组织的实际表现。再其次，组织可以尝试将注意力转移到关注的问题上。最后，组织可以尝试操纵外部对其绩效的期望。林德布卢姆（1994）得出结论认为，合法性可以被视为承担公司社会行为的关键原因，也可以被看作为宣传或影响而采取的行动。戴维斯对林德布卢姆（1994）提出的观点进行了反驳。他建议，企业不会利用其权利来合法化其活动，相反，为了能够负责任地使用企业，社会赋予企业权利。因此，如果企业不做出反应，它们往往会失去这些权利。格雷等（Gray et al.，1995）指出，企业通常试图在它们经营的更广泛的社会和政治环境中使合作关系合法化，并且在没有这种合法性的情况下，它们将无法生存，无论它们的经济表现如何。萨奇曼（Suchman，1995）回顾了关于合法性管理的先前文献，包括资源依赖理论的战略传统和制度传统，确定了三种类型的组织合法性：务实的、道德的和认知的。此外，获得、维护和修复合法性被确定为合法性管理的三大挑战。萨奇曼（Suchman，1995）提出，合法性管理严重依赖于沟通，因此，要理解合法性理论必须检查某些形式的公司沟通。合法性理论解释了公司在不断变化的外部环境中运作，并试图说服它们的行为符合社会的限制和规范。合法性理论侧重于公司和社区之间的互动（Ulman，1982；Ghozali and Chariri，2007）。公司的合法性可以被看作是给社区带来的东西，以及某些需要或从社区中寻求公司的东西。因此，合法性是公司收益或潜在的来源，并可能影响公司继续业务活动的能力。合法性理论明确地认识到，企业同意进行社会活动以获得社会对公司目标的接受，从而确保公司的生存。合法性理论倡导者声称，为履行其社会责任，企业通过管理提供企业社会责任信息作为其与社会对话的一部分（Gray et al.，1995）。即使一个公司遵守社会期望，如果它不能令人信服地证明进行了遵守规定的披露（Newson and Digan，2002），其合法性可能会受到威胁。因此，管理者需要通过披露符合社会期望的信息来证明它们遵守社会契约。莫伊拉（Moir，2001）得出的结论认为，组织内部的企业社会责任实践可能与社会契约理论联合起来，然后利用利益相关者理论进行分析，以提高公司的声誉或合法性。

2.3.3 合法性理论与企业社会责任

在当今社会意识环境下，消费者、雇员、投资者、当地社区、政府、非营利组织和媒体等利益相关者期望公司承担社会责任（Peloza and Shang，2011）。换句话说，制度规范和公司意识到其对各利益相关者的影响，并尊重企业与社会之间的"社会契约"。对公司的企业社会责任的评价不是基于短期内为股东创造价值的好处，而是基于它是否满足不同利益相关者的需求，并且通过长期获得社会中的社会权利来实现可持续生存（Ahn，2016）。公司的企业社会责任行动包括各种有助于实现长期经济，社会和环境幸福的战略和运营实践。通过企业社会责任行动，公司制定和维护其制度环境中的社会文化规范并获得合法性（Palazzo and Scherer，2006）。反过来说，合法性推动企业社会责任的业务成果，作为愿意为利益相关者提供支持的公司已经取得合法性（Luo and Bhattacharya，2006）。合法性对于公司的生存和发展至关重要（Scott，1987；Suchman，1995）。企业社会责任（CSR）成为企业获得合法性的途径之一，因为企业社会责任行动可能会帮助它们建立声誉资本（Du and Vieira，2012；Panwar et al.，2012），也可以帮助它们建立符合其制度环境的社会文化规范（Du and Vieira，2012；Palazzo and Scherer，2006）。通过企业社会责任获得合法性的公司可以发展消费者信任和赞助（Du et al.，2011，2007），增强它们对现有和潜在雇员的吸引力（Greening and Turban，2000），并提高它们对投资者的吸引力（Hill et al.，2007；Maignan and Ferrell，2004；Sen et al.，2006）。合法性管理严重依赖组织与其各利益相关方之间充满意义的行为（如 CSR 行动）的交流。对战略合法性的研究表明，在边际上，管理层可以明显区分公司从其 CSR 行动中获得合法性的好处的程度（Du，2012）。企业社会责任的合法性依赖于一些变量，包括公司过去的企业社会责任表现，企业社会责任沟通战略的有效性以及所属的行业领域。除了这些公司可以操纵的变量之外，合法性还可能受到公司质量缺陷以外因素的影响。因此，企业社会责任的合法性可能来自企业在更大文化中的嵌入，因为正是这种较大的文化形成了社会对企业社会责任行为真诚和可信赖的认知（Sen and Bhattacharya，2001；Peloza and Shang，2011）。

2.4 委托代理理论

2.4.1 委托代理理论的含义

委托代理理论侧重于由于委托人和代理人之间的利益冲突而产生的控制问题，并以旨在纠正这些冲突的最优合同形式对控制进行概念化。根据延森（Jensen，1976）和梅克林（Meckling，1976）的研究可知，代理关系是一个或多个人（委托人）聘请另一个人（代理人）代表他们执行某种服务的合同，涉及委托某些决策代理人的权利。委托代理理论（Fama and Jensen，1983；Jensen and Meckling，1976；Ross，1973）处理人类行为的动机，是将主体（商品或服务的"买方"和代理人服务）利益通过使用机构进行控制（即激励或监督）。委托代理理论基于委托人（股东）与管理层（代理人）之间的关系，这两方是分开的，双方的利益最大是不可能的。它存在利益冲突，其原因是双方分离。麦金托什和奎特隆（Macintosh and Quattrone，2010）也描述了委托代理理论的基础，即公司所有者和管理者之间的分离。股东扮演委托人将研究和决策委托给管理者或所谓执行工作的代理人的角色。该理论解释了双方的不同偏好、他们的目标和目标彼此区别以及他们对风险的态度。委托人和代理人都被推定在他们的研究中行事合理，主要是出于自身利益的动机。考虑到代理人效用最大化，结果对于委托人的利益来说不是最好的。发生的这些所谓的代理问题需要解决，这会导致代理成本，这些代理成本可以作为激励或制裁来调整代理商的自身利益，从而使它们与股东利益更相关（Roberts，2005）。

2.4.2 委托代理理论的内容

随着企业向全球市场扩张，代理商依靠代理商（例如，加盟商、销售人员、广告代理商），营销经理越来越难以协调和管理这些关系。代理问题（Christen et al.，2006）来自交易各方目标和风险偏好的差异以及分工导致的信息不对称（Mc Carthy and Puffer，2008）。委托代理理论最初是从经济框架发展而来的，其重点是确定主体和代理人可能存在相互冲突的目标，然后描述限制代理人自利行为的治理机制，委托代理理论适用于反映主要委托人和代理人基本结构的关系（Eisenhardt，1989）。委托代理理论认为代理人会倾向于追求自身利益而不是利益主体，所以当情况出现时允许机会主义就需要利益一致，无论这种情况是以推卸责任的形式或者更积极的消极行为形式。基利（Keeley，1980）描述了委托代理关系，即对委托人而言成本最低是一种在信息完整的情况下形成的情况，其中代理人花费的努力是已知的（Demski and Feltham，1978；Eisenhardt，1985）。委托代理关系基于高级别的信任和严格的保密性。代理人与委托人之间的关系涉及明确的责任，"提高他人的利益"。正如在所有的代理关系中，代理人有必要的义务为其委托人的利益服务于他或她的所有事务。在这种情况下，委托人不承担风险，因此合同基于代理人的努力，因为委托人可以轻松验证代理人是否在推卸责任。当信息不对称时，代理人拥有比委托人更多的关于代理人特征或代理人行为的信息（Zajac and West-phal，1994），代理人有机会在他或她自己行动中获取利益。信息不对称性允许代理人向主事人歪曲他或她的能力（即逆向选择）和/或推脱（即道德风险）。在信息不对称的情况下，使用第二好的解决方案，即基于获得信息（即监测）的合同或基于绩效结果（即激励对齐）的合同。关于监督合同，阿尔奇安和德姆塞茨（Alchian and Demsetz，1972）认为减轻推卸责任的一种方法是让某人专门作为监视器来检查团队成员的输入绩效。法玛（Fama，1980）指出，如果没有监督，代理人的机会主义行为就会变得更加合理。监测研究认为监测时存在更高的性能表明监测可以减少代理机构的运作。

委托代理理论的广泛使用可以归因于模型对人、组织和信息的现实假设的吸引力（Eisenhardt，1989）。如果一方依赖另一方代表委托人采取某些行动，并特别关注确定最有效的合同以管理关系，则代理关系是存在的。代理问题产生于分工导致的信息不对称，以及交换各方的目标冲突和风险偏好差异（Jensen and Meckling，1976）。委托人被认为是风险中立的，而代理人则是风险规避者。代理理论提出了三大类假设：人类、组织和信息。人类被认为是冒险厌恶和追求自我利益的，因此可能会表现机会主义。我们承认，自我利益和机会主义不是同构的。然而，自我利益可以在某些条件下表现为机会主义（Gomez-Mejia et al.，2005；Jensen，1994）。某些代理人可能会因追求"自负的利益而牺牲委托人的利益"（Wright et al.，2001）。另外，理性的自我利益被认为不一定排除与委托人目标一致的概念（Gomez-Mejia et al.，2005），因为委托人的目标可能符合代理人的利益。在这里，我们假设代理人自身寻求利益的行为可能会违反委托人的目标（导致目标冲突）并增加委托人的成本。有限理性也是代理理论的人为假设。虽然个人认为在做出最佳选择时是理性的，但他们被不完善的信息和能力束缚。在组织上，假定委托人和代理人之间存在部分目标冲突（自我利益和不同风险认知）和信息不对称。通过监测费用的支出，信息被假定为可购买商品。信息不对称的问题出现在委托代理关系中，是因为作为间接的日常控制功能的代理人对其操作有详细的了解，而委托人既没有这种知识的存取权，也没有解释信息的能力，即使访问是完美的（Doherty and Quinn，1999）。委托代理理论提供了治理机制的处方（即监测和补偿计划），试图解决代理关系中可能发生的两个问题。第一个问题是由于目标冲突和委托人无法验证代理是否行为适当而产生的代理问题。第二个问题是当委托人和代理人对风险态度不同时产生的风险分担问题。假定每一方都是效用最大化者，为了符合自身利益，代理人可能并不总是为了委托人的最佳利益而行事，因为代理人和委托人的目标可能不完全相同或完全相容。为了保障他/她的兴趣，委托代理理论指出，委托人可以通过投资监控系统来减少信息不对称，从而限制代理人推卸的机会，或者可以构建关系以最大限度地实现目标之间的一致性（Jensen and Meckling，1976）。委托代理理论确定了两种代理问题的治理机制：基于行为的报酬（增加监督）和基于结果的报酬（Anderson and Oliver，1987；Celly and Frazier，1996；Lo et al.，2011）。

委托代理理论基于投资视角认为企业投资决策的有效性可能会因外部融资中的摩擦而受到损害，金融市场摩擦的一个重要来源涉及代理问题。作为代理理论的一个重要开端，即假设在公司决策者做出决策，而决策者不是风险承运人，他们不承担投资资本的风险。所以，这个问题是决策者不了解公司时的动机。随着业务管理理论的分离，其结果就是关注业主如何推动公司管理层为风险承担者（股东）带来最大回报，即使管理层的业务目标不是业主。企业无法获得尽可能多的资本或者较低成本，因为外部投资者对管理者为自己的私人利益采取行动的动机保持警惕。在所有权与经营权相分离的现代企业，由于风险态度和经营目标的不同，股东与经理之间存在着代理冲突，这种冲突往往体现在企业的投资活动上，在企业投资决策中，代理问题被解释为代理人可以将产出转移成他的私人利益的问题。伯勒和米恩斯（Berle and Means，1932）指出，这种所有权与控制权的分离意味着企业的目标不能简单地被认为是在经营企业的所有者经营者或企业家的传统经济框架中实现利润最大化，而应该被视为自利型经理人的条款，可能会与企业所有者的利益相冲突。因此，在企业背景下的代理理论认为,管理者自利行为可以更好地表征企业内部决策的动机,而不是传统经济分析中假设的动机。管理者个人计算行为的动机是他们个人的看法,除非在大公司实施适当的治理结构以保护股东利益,否则作为代理人的管理者可能会从自身利益最大化的动机出发,管理人员不会采取行动实现最大化股东回报,而最直接的表现是企业过度投资。

2.4.3 委托代理理论与企业社会责任

委托代理理论有许多表现形式。延森和梅克林(Jensen and Meckling,1972)的创新是坚持认为组织应该被看作是一系列与相关权利相关的隐含和显性合同。相比之下,阿尔奇安和德姆塞茨(Archie and Demsetz,1972)关注的是"团队生产过程"以及在此范围内的搭便车和监控问题。法玛(1980)研究了管理型劳动力市场对制约和引导个人执行机会主义的潜力。这些不同的组织关系性质模型是围绕着唐纳森(Donaldson,1990)将之描述为"兴趣、动机和合规理论"的几个简单假设而构建的。与新古典经济学一样,分析的基本单位被认为是关注最大化或至少满足其效用的个人;典型的设想是在工作和休闲之间进行权衡。假定的自主性和利己主义动机的这种组合在代理关系中产生了问题;委托人与以服务其利益的被用代理人的人之间的关系。委托人和代理人的不同利益背后是代理冲突,尽管学者们对代理问题进行了透彻的讨论,但外部投资者和管理者之间现代公司的利益冲突仍在不断增加(Jensen,1993)。近年来,安然、世界通讯社、阿霍德和帕玛拉特等案例中的会计和道德丑闻导致公司代理问题重新成为国际商业中一个非常突出的问题,这可以强有力地指出内部和外部监督过程在管理机构问题方面的发展(Luo,2005;Eppstein and Hanson,2006)。公司治理可能被解释为对代理问题的反应,与所有者和管理者之间的分离有关。而加强管控公司治理的努力集中在董事会、管理者和审计师的机制,控制和风险,以及与薪酬、管理和员工行为有关的道德方面,包括举报人和投诉条款。公司治理确保没有任何人有"无拘无束"的决定权,对这些内部控制添加一系列外部控制,而规则和标准越来越严格,社会对企业和管理行为的期望也越来越高。社会社区试图从各种角度影响公司的正常运营,包括它们的目标、透明度和行为准则。这种影响是通过立法、监管、压力团体、政治接触等多种手段发挥出来的。在这样一个复杂的环境中,企业通过改进其工作机制来做出反应是很自然的。更有效的公司治理降低了管理层的自身利益和保护利益相关者的利益,但贝尔特拉蒂的研究假设公司治理能够管理多个利益相关者的利益，并解决了股东与非投资利益相关者之间的利益冲突（Beltratti，2005）。

从某种意义上说，这种委托代理理论的发展意味着公司治理概念相当广泛的拓展，该概念开始涵盖传统上被视为企业社会责任（CSR）一部分的一些方面。实质上，企业社会责任是企业努力的延伸，旨在促进有效的公司治理，确保企业的可持续性、健全的业务实践，促进问责制的建立和透明度的提高。企业社会责任是一个难以捉摸的概念，正如 1973 年已经提到的那样，当时有人说"这个术语是一个辉煌的术语；它对每个人都意味着某种东西，但并不总是相同的东西"（Carroll，1999）；这种特殊性似乎与许多利益相关者参与一系列不同的、往往与其相互矛盾的要求有关（Mike Williams and Siegel，2001）。尽管如此，企业社会责任至少涵盖了企业对道德、社会和环境影响的自愿关注（Whetten et al.，2002）。戴利等（Daily et al.，2003）在《公司治理：数十年的对话和数据》一文中将公司治理概念定义为"确定组织资源的广泛使用以及解决组织中无数参与者之间的冲突"。这一定义与几十年来的治理研究形成了鲜明的对比，研究人员主要关注在组织所有权和控制权分离的环境中对管理层自身利益的控制。CSR 的崛起对公司治理具有重要的影响，如需要增加对环境信息披露的边界变化和社会问题中已经出现的来自公众和股东的担忧的考虑，在最广泛的意义上，公司治理涉及控股的经济和社会目标之间以及个人和群体的目标之间的平衡，公司治理是公司与利益相关者之间的关系，这种关系决定和控制公司战略方向和绩效（Cadbury，2006）。作为对此的反映，麦克·威廉姆斯等（Mc Williams et al.，2006）将企业社会责任定义为"公司超越合规范围并参与自愿行动，这些行为看起来会促进某些社会利益，超出公司利益和法律规定。"在这样一个宽泛的定义下，公司治理也将包括企业社会责任的问题，包括这些方面的公司对于文化和环境的往来。基于委托代理关系的公司治理定义了公司管理层、董事会、股东和利益相关者之间的一系列关系。

冲突解决假说认为，如果管理者使用有效的治理和监督机制与企业社会责任参与相结合来解决利益相关者之间的冲突，那么企业价值可通过减少利益冲突与企业社会责任参与和有效治理机制正相关，因为没有明确的监督机制来防止企业过度投资各种 CSR 活动，所以我们假设在企业社会责任投资的检查和平衡中，应该建立所有内部和外部治理机制中有效的监督机制。然而这里可能隐藏了一个悖论：管理者以牺牲利润最大化为代价来履行企业社会责任，从不尊重他们与企业所有者签订的合同的角度来看，会表现出不道德的态度，除非社会责任行为是由股东自己决定的。因此，由于代理问题和不完全契约的存在，破坏了股东领导的基本思想，就可以使降低利益的企业社会责任更加合理。在这个扩大的框架中观察企业社会责任对于正确评估实际案例至关重要。如果将利润最大化作为企业的基本目标，那么可能很难找到企业社会责任的真实例子，并说明管理者追求企业社会责任是合理的。在这种情况下，事实上任何对社会负责的行动都将被视为是对利益相关者的需求做出的回应，这意味着管理人员会选择减少利润。然而，在企业作为利益相关者利益最大化者的更普遍的视角下，管理者可能试图调和股东和其他利益相关者的目标，采取与对盈利和福利都有利的双赢相适应的行动。在这种情况下，找到一些可以提高利润并同时惠及其他股东的项目可能是完全合理的。

2.5　信息不对称理论

2.5.1　信息不对称的含义

信息不对称是指参与双方对信息掌握的程度不一致，即在不同的交易情况市场中的一些参与者比其他人拥有更多的信息或信息处理技能，信息不对称又分为事前不对称和事后不对称，前者被称为逆向选择，后者被称为道德风险。市场微观结构衡量信息不对称的目的是为了捕捉更大范围的代理人（知情交易者）和市场其他人（不知情交易者）之间的逆向选择。换句话说，企业管理者构成了市场中知情交易者的基础，而这些交易者又构成了市场中所有交易者的一个子集。因此，信息不对称的市场微观结构衡量指标是金融市场对企业内部人员所持有的信息优势的看法和由此产生的逆向选择成本的（不完美的）指标，而这些成本最终会影响发行信息敏感型证券的成本。信息不对称的概念首先在乔治·阿克尔洛夫（George A. Akerlof，1970）的论文《柠檬市场：质量不确定性和市场机制》中首次被引入。在论文中，阿克尔洛夫以汽车市场为例研究了不对称信息，假设只有四种汽车，有新车和二手车，有好车和坏车（在美国被称为"柠檬"）。一辆新车可能是一辆好车或一个柠檬，当然二手车也是如此。在这个市场中的个人购买新车时不知道他们购买的车是好的还是柠檬的。他的基本论点是，在许多市场中，买方使用一些市场统计来衡量一类商品的价值。因此，买方可以看到整个市场的平均水平，而卖方对特定商品有更深入的了解。阿克尔洛夫认为，这种信息不对称使得卖方有动力销售低于平均市场质量的商品，市场上商品的平均质量将随着市场规模的缩小而降低。社会和私人收益的这种差异可以通过许多不同的市场制度来缓解。当购买汽车时，有一个概率是它是一辆好车，还有一个概率是它有可能是一个柠檬。对于新车和旧车都是如此。阿克尔洛夫指出，在这种模式中，坏车会赶走好车，但在汽车模型中能注意到这种情况是由于信息不对称造成的。对于大多数汽车交易的将是"柠檬"，好车可能不会交易，这些"坏"车倾向于驱散好车（在很多情况下）（George A. Akerlof, 1995）。

2.5.2　信息不对称理论的内容

不对称信息问题描述了一些代理人比其他人拥有更多信息的情况。在全球环境下，企业内部人士是代理人的一个很好的例子，他们拥有比外部人更多且有价值的信息。其原因包括更好地了解其公司和更广泛的信息以及更复杂的信息来判断和评估其公司的基本价值。逆向选择是信息经济学中最著名的现象之一，指在一个知情方拥有与其（非知情）贸易伙伴有关的信息的交易情况下，知情方可能发现仅从不知情方观点来看相对不利的信息状态进行交易是有利的，卖家和买家都是以合理信息为条件的理性为前提，柠檬市场中坏车可能会驱赶好车的针对产品质量的逆向选择就会出现。诸多学者将这一理论运用到企业的投资行为研究中。道德风险模型指出，公司管理层是股东的代理人，这种关系充满了利益冲突，拥有私有信息优势的公司管理层的机会主义行为泛滥，管理者可能会提出"好"和"坏"的商业行为；但如果股东不能区分这两者，管理者会试图声称他们"坏"的行为真的是"好"的行为。股东通常会在平均水平上合理地评估所有行为，因此"坏"的行为将被高估，而"好"的行为被低估。当投资者对公司的价值有不同的了解时，信息不对称就会存在，而拥有卓越信息的投资者可以牺牲其他投资者的利益来交易。管理者通过选择有利于维持他们地位的投资项目，投资于不经济项目来浪费现金流牟取私利，营造"私人帝国"，造成过度投资（Martínez, 2017）。而信息是一种有价值且受到高度赞赏的市场资源，更频繁的披露将导致投资者理性地预期公司会遵循经常传播信息的事前政策，信息透明度是一种减少各方之间信息不对称的机制。显然，企业信息披露对于有效资本市场的运作至关重要，如果股东对这些业务行为有更多的了解，他们会更准确地评估企业所提供的替代方案，这种披露政策将降低私人信息搜索活动的预期收益。相反的是，缺乏信息披露可以激励一些参与者获得私人信息，从而增加信息不对称。

买卖双方之间的营销关系往往以信息不对称为特征，因为供应商拥有比买方更多的关于交换对象（例如产品或服务）的信息。在阿克尔洛夫（George A. Akerlof, 1970）的术语中，很多产品和服务都具有"经验"属性，只有购买后才能确定其质量。例如，汽车维修服务的买家在试图确定特定交易中提供的真实质量水平时通常会面临相当多的歧义。客户无法准确评估质量可能会被供应商利用。存在两个潜在的问题。首先，不具备提供某种质量水平所需技能的供应商可能通过提出虚假质量声明来歪曲自己（Eisenhard, 1989）。客户无法确定供应商的固有技能就代表了"逆向选择"问题。其次，在一些市场上，道德风险问题（Holmstrom, 1979）也可能存在，因为供应商很容易影响每笔交易的质量水平（Rao et al., 1997）。逆向选择和道德风险问题既代表顾客，又不能轻易评估交换对象，以及那些策略以质量为基础但供应品质低劣的供应商。现存的文献已经确定了这些问题的一些可能的解决方案。一般来说，反向选择问题通过旨在揭示当事人关于其固有特征的私人信息的信号来解决。在这种情况下，信号也可以采取资格认证程序的形式，为合适的供应商提供通过自我选择将关系展现出来的真实技能的机会。道德风险问题是通过补偿系统和文化价值观来管理的，这可以减少后续作弊的可能性。

2.5.3　信息不对称与社会责任信息披露

代理关系在委托人代表代理人工作时产生，当双方有不同的目标时，如果委托人难以验证代理人的行为就会出现问题。股东（委托人）和管理者（代理人）之间的代理问题非常普遍（Jensen and Mickling, 1976），因为这两个条件的存在，即管理人员可能会执行不可由委托人观察到的业务行为，从而获得可用于自利行为以欺骗股东的信息优势。换句话说，管理人员可以利用他们的私人信息并利用投资者的资金来获得收益和收入，例如通过购买补贴，过度支付报酬或从投资者的角度考虑投资决策（Healy and Palepu, 2001）。根据希利和帕利普（Healy Palepu, 2001）的研究，信息差异导致了"杠杆"问题的产生（阿克尔洛夫，1970），即破坏管理者与股东之间的激励。管理者可能会提出"好"和"坏"的商业行为；但如果股东不能区分这两者，管理者会试图声称他们"坏"的行为真的是"好"的行为。股东通常会在平均水平上合理地对所有行为进行估价，因此"坏"的行为将被高估，"好"的行为被低估。

透明度是一种减少各方之间信息不对称的机制。显然，如果股东更了解这些业务行为，他们会更准确地评估企业所提供的替代方案。

市场参与者和利益相关者之间微观结构研究中最令人关心的问题之一是信息不对称的问题，公司提供更多信息披露应满足利益相关方的需求。很显然，当一些投资者比其他人对资本市场效率的影响更大时，切姆马努尔和富尔吉耶里（Chemmanur and Fulghieri，1999）认为，为了降低信息生产成本，预计信息不对称程度高的公司更有可能选择私募，而不是公开发行。从信息经济学的角度来看，财务报告由于信息不对称和公司代理问题而出现（Healy and Palepu，2001；Ng，1978）。公司的财务披露可以被分解为规范的财务披露（财务报表、特设新闻和其他监管披露）和自愿披露（可持续发展报告、电话会议、管理预测、新闻稿等）。这些披露有助于缓解内部人（经理人）和外部人（投资者）之间的信息不对称分布，从而促进上述市场经济中的有效资源配置（Healy and Palepu，2001）。此外，财务报告有助于促进签约（Watts and Zimmerman，1990），而这些报告的主要功能是衡量公司的业绩和价值。例如，会计措施是管理补偿合同的关键要素（Jensen and Murphy，1990）。尽管财务报告有利于合同，并且肯定可以缓解管理者与投资者之间的信息不对称问题，但它仍不能解决代理冲突问题。审计师、监管机构、标准制定者或财务分析师等中介机构的作用是保证公司信息披露的公信力，并验证公司经理选择的财务报告方法是否符合报告标准。外部审计师作为中间人的角色是验证管理披露的可信度（Healy and Palepu，2001）。通过验证管理层选择符合标准范围的可接受的会计方法可以减轻代理问题（Ng，1978；Watts and Zimmerman，1983）。企业社会责任（CSR）已成为关键的商业行为，其披露现已成为全球商业环境中最重要的报告问题之一（Kpmg and Unep，2010）。值得注意的是，全球越来越多的监管机构开始强制要求企业发布企业社会责任报告。由于社会、环境和治理问题的严重性，企业社会责任披露任务，特别是在新兴经济体中受到了相当的关注。科尔米耶（Cormier，2011）和达利瓦尔等（Dalival et al.，2012）的研究是首例专门研究企业社会责任披露对信息不对称的影响的研究，前者提出社会信息披露与环境信息披露相互替代，以减少股票市场的不对称；后者发现发布独立的企业社会责任报告与较低的分析师预测误差相关，并且这种关系受金融透明度和利益相关者导向的控制。基姆等（Kim et al.，2014）也研究了企业社会责任是否减轻了股票价格崩溃的风险，即定义为返回分布的条件偏度，它反映了风险的不对称性。他们的发现支持企业社会责任对风险的减轻效应，对社会负责的公司致力于高标准的透明度并且不许囤积坏消息，它们会有更低的事故风险。由于 CSR 活动的信息透明度是整个信息环境的一个子集，我们预计增强的 CSR 披露将至少部分地减少信息不对称。管理者更高层次的企业社会责任披露提供了额外的非金融信息，增强了信息的透明度，并减少了企业与其股东之间的信息不对称。玛特·内兹·费列罗等（MartɪˈnezˈFerrero et al.，2016）表明，企业社会责任信息披露与信息不对称获取之间存在双向关系；换句话说，更大程度的信息不对称与更高级别的自愿信息披露相关联，这可能会减弱代理问题，特别是在对社会负责任的强烈承诺的环境中。此外，信息不对称和代理冲突也可能导致披露（Healy and Palepu，2001）。当信息不对称性增加时，管理人员更有动力披露私人信息，这使股东能够更好地理解所做投资或预期投资的经济风险（Eliot and Jacobson，1994），并防止市场将信息解释为未公开的坏消息（Dye，1986；Jung，1988）。

2.6 政府干预理论

2.6.1 政府干预的含义

政府干预亦称宏观调控（macro-economic control），是政府对国民经济的总体管理，是一个国家政府特别是中央政府的经济职能。它是国家在经济运行中，为了促进市场发育、规范市场运行，对社会经济总体的调节与控制。宏观调控的过程是国家依据市场经济的一系列规律，为实现定观（总量）平衡，保持经济持续、稳定、协调增长，而对货币收支总量、财政收支总量、外汇收支总量和主要物资供求的调节与控制。运用调节手段和调节机制，实现资源的优化配置，为微观经济运行提供良性的宏观环境，使市场经济得到正常运行和均衡发展的过程。政府干预方式主要有税收、补贴、缓冲库存、污染许可证、公共服务、质量和数量控制（配额）、竞争政策、产权控制、价格稳定、行政手段等。格林沃尔德和斯蒂格利茨（Greenwald and Stiglitz，1986）以较复杂的数学模型证明，当市场不完备、信息不完全、竞争不完全时，市场机制不会自己达到帕累托最优，这就是格林沃德—斯蒂格利茨定理。该定理的深刻含义在于，由它所定义的市场失灵是以现实中普遍存在的不完全信息、不完全竞争、不完备市场为基础，因此市场失灵不再局限于外部性、公共产品等狭隘范围，而是无处不在的，市场失灵的普遍性必然要求政府干预的普遍性。为了弥补市场失灵，政府干预应该遍布各个经济部门和领域，而不仅仅是制定法规、再分配和提供公共品。

2.6.2 政府干预理论的内容

在市场经济体制下，"信息不对称"是切切实实存在的，它的普遍性使市场呈现出很多的弊端乃至造成市场失灵。为了弥补这一缺陷，政府对市场经济的干预在一定程度上是必然的。政府干预于市场经济中是无处不在的，而政府在纠正市场失灵方面具有明显的相对优势。目前政府干预理论主要包括两种假说，即"扶持之手"和"掠夺之手"。根据"扶持之手"的理论可知，市场失灵需要以追求社会福利最大化为目标的仁慈型政府，而国有资本特殊的政企关系使之顺理成章地承担政府调控经济、提供普遍服务的部分政治诉求。作为交换，政府补贴、税收优惠、贷款担保等资源偏向国企，资源特权和垄断地位必将对公司未来发展的方向和前景产生影响，这大大推动了企业的经济发展（刘剑民，2017）。而"掠夺之手"的理论则认为，政府有一种"掠夺之手"，为了政客和官僚的利益而勒索公司。尽管政府历来承担改善人口生活条件的全部责任，但公共治理的需要、官员实现利益的需要等社会和官员个人需求超过了政府实现这些需求的能力，政府有动机通过介入国有企业的经营，以实现财务、社会和政治目标（Soliman et al.，2013）。表现在如下两方面：一是地方政府承担了很多的诸如就业、税收等社会发展压力，为了缓解这种压力，政府对当地企业的经济活动进行干预以确保增加就业和税收最大化。在这种干预下，国有企业的产权属性所有权赋予国家通过银行贷款、资本市场、财政补贴税收优惠、政府订单、投资并购等渠道来影响企业资源配置，在直接干预企业的并购、投资及经营行为的同时，也保护它们免受市场竞争和市场约束。二是国有企业高层管理人员通常由各级政府任命，他们通过遵守政府议程来实现特定的社会和财政目标，而不是为所有股东创造最大价值。

20 世纪 30 年代初世界出现空前的经济危机，使得传统的经济理论对此束手无策。这时凯恩斯（Keynes）的《就业、利息和货币通论》顺时应势出版。此书的出版标志着宏观经济学的产生，也使得政府干预经济理论由配角变成了主角。根据干预主义的观点可知，强有力的行为者的过度行为会在总体经济活动中产生不稳定的波动。政府必须直接干预经济以抵消这种不稳定。在经济衰退时期，支出低于与充分就业时相一致的支出；因此，政府应该花费额外的金额来弥补不足。另外，在经济衰退时期，银行贷款达不到与充分就业时相一致的贷款。因此，政府（财政部和中央银行）应该出借以补偿差额。

2.7 制度理论

2.7.1 制度的含义

制度是一种社会结构，被定义为正式规则和被批准的文化框架、认知图式和常规化的再生产过程，并且假设组织有遵守该逻辑的动力，即行为受到文化框架、图式和惯例的约束和支持。制度可以被定义为行为预期，如果违反，可以被制裁。制度可被区分为两种广泛的类型，即基础和推导制度。基础制度代表社会层面普遍接受的规范和价值观，例如人权或职业道德。它们主要是在潜意识层面上坚持的，因为个人已经内化了各自的规范和价值观，并且甚至不能设想替代方案。基础制度被认为是理所当然的，难以通过有目的的设计来改变。从基础机构推导出推导制度来调节具体的社会问题。它们包括法律、合同、组织和组织规则和程序。因此，推导制度比基础制度更有意识地进行有意识的设计（Bresser，2003）。制度是历史斗争的结果、普遍的理解和游戏规则（Thelen，1999）。要理解一个特定的制度，仅仅看其当前的经济功能甚至其意义是不够的。回顾历史的起源，制度往往受到争论、冲突和妥协的影响。因此，制度反映了特定时间点的特定权力关系。但是，一旦建立起来，制度可以独自承担生命。制度往往通过界定权利和责任来沉淀权力关系，从而塑造社会参与者的身份，并且长期持久（Jackson，2010）。

2.7.2 制度理论的内容

制度理论关注组织如何在特定环境中寻求合法性并试图与这些环境同构（Doh and Guay，2006）。更具体地说，制度设置包括正式制度（即宪法和法律）和非正式制度（即个人的行为规范和心理模式），以及为促进集体利益及其制定为非正式或正式规则而形成的组织或实践（North，1991；1994）。这意味着体制压力不仅可能来自固定的政府法规或法律，也可能来自非政府组织（NGO）等社会机构或更广泛的各种利益相关者群体。制度理论认为，研究各类组织行为时有必要从组织与环境关系的角度去发现和解释各类组织现象，在关注环境时不能只考虑技术环境，还必须考虑制度环境，即组织只有将其所处环境中的规范和惯例有效体现在自身形式、结构、内容和活动中，才能获得其存在的意义。制度理论的核心研究问题是制度环境与企业社会战略、企业绩效的关系，关于中国企业的相关研究侧重于探讨中国各地区制度环境对企业履行社会责任和绩效的影响。制度理论引入经济学所催生出的新制度经济学派，指出企业参与社会责任是因为受到来自外界环境所施加的制度压力。即制度环境通过一定的机制向企业施加压力，驱使企业采取具有社会责任的行为，从而约束企业的行为规范，使得企业的行为满足社会预期。道格拉斯·诺斯（Douglass North，1990）将制度描述为限制人类行为的游戏规则，现在已成为被普遍接受的定义。诺斯等人特别强调了非正式社会规范的重要作用。他们预测，像所有游戏规则一样，社会规范应该影响个人和国家享有的经济繁荣。例如，它们应该对经济和政治发展产生重大影响。事实上，大量的证据表明，社会规范规定合作或值得信赖的行为对于社会是否可以克服阻碍签订合同和集体行动的障碍会产生重大影响，否则这些障碍会阻碍其发展。社会规范规定了一组人们认为适当或不适当或正确或不正确的行为（Coleman，1990）。规范及其伴随的潜在奖励（对于遵守）或惩罚（对于违规）不是决定理性行为者的唯一决定因素，而是影响个人在行使选择权时考虑到的成本和收益（Coleman，1987）。规范没有任何法律或其他形式的基础，有时甚至可能与法律相冲突（Coleman，1990），以这种方式定义的规范可以适用于具有一系列收益结构的各种社会环境。

2.7.3 制度理论与企业社会责任

不同地区和国家对企业社会责任的理解取决于企业的制度框架（Doh and Guay，2006；Deakin and Whittaker，2007）。这不仅涉及法律、商业协会、民间社会团体或工会等正式机构，而且更重要的是涉及非正式机构，如宗教规范、习俗或部落传统。作为一套管理实践，企业社会责任已经在全球蔓延，远远超出了其在美国和英国的起源发展。鉴于涉及不同的政治体制和历史遗产，企业社会责任在不同的制度环境下具有非常不同的含义。企业社会责任这种自由主义的概念是自愿的并且从属于股东利益，这反映了美国和英国的制度构成。

威廉姆森（Williamson，1985）对企业的经典交易成本分析基于这样的假设：个人以及他们所经营的企业很可能会以机会主义的方式行事，如自私的方式和诡诈的手段。因此，它们并不完全值得信赖。坎贝尔（Campbell，2007）通过探索一系列可能对社会负责的企业行为可能发生的制度条件来填补这一理论空白。对一些人来说，企业以社会责任方式行事的想法看起来似乎很有意思。如果企业存在的理由是尽最大可能实现利润和股东价值最大化，那么企业将尽一切努力实现这一目标，即使还包括企业以对社会不负责任的方式行事。另外，通过比较政治经济学的大量文献发现，在竞争条件下，公司所有权、控制权与直接生产者、消费者和其他人的分离创造了各种结构公司以牺牲他人利益为代价谋取利益的激励机制和机会，在集体或公共产品上搭便车（而不是贡献），在某些情况下通过贬低产品质量和安全等方式破坏社会福利，从事有毒倾销等，都是为了追求短期利润或股价，除非有机构来缓解这种行为，此时应该从事某种形式的负责任行为的想法已经成为一种合理的期望。企业社会责任部门的推广，与可持续发展有关的股票市场指数的扩散，品牌推广活动的扩散，甚至是 ISO 的企业社会责任标准都体现了企业社会责任的制度化。企业社会责任作为自愿活动领域的政治建构有助于解释股东价值和社会责任的矛盾今天如何在制度上得到调和。企业社会责任的采用与个体企业的商业案例和市场逻辑密切相关，相对于企业社会责任的道德或关系要求，工具性动机更强烈地塑造了企业社会责任（Aguilera et al.，2007）。因此，企业社会责任已成为更广泛的"开明的"股东价值观。

不同的社会行为体在利润、非营利和公共部门中遇到，界定和影响其所运作的制度环境中的制度规范、价值观和规章，只有当这些行为者接受社会责任行为的共享定义时，我们才能说制度化已经发生。制度为企业社会责任的实施和评估提供了合适性和手段的逻辑，它们促进和保持有序的行为，为社会提供稳定。这些制度性决定因素影响企业社会责任的应用和实践，并促进或调节企业社会责任议程。韦德拉和斯科特（Wedraw and Scott，2001）提出三个制度要素：监管、规范和认知，以说明制度如何界定对社会负责的企业行为的性质和程度。制度理论以其漫长而多样的传统社会科学，为了解制度环境对企业社会责任行为的影响提供了有用的理论透视（Campbell，2007）。监管要素包括规范、制裁和法规，这些规则倾向于规定社会可接受的企业行为。国家制定了严格的规章制度作为企业社会责任吸收的强制性机制，而行业制定了其成员自愿遵守的"软性"规则。规范要素是定义"游戏规则"的价值观和社会规范，即在这里做什么是正确的，规范性框架为公认的企业行为设定了标准并鼓励符合标准。为了保持社会相关性，企业成为社会化的角色期望（扮演良好的企业公民）。规范性价值观由各种社会媒体，包括媒体、机构投资者、非政府组织、教育和专业协会以及社会运动组织制定，这些行为者为合法的组织实践设定了标准，他们基于现有的规范框架验证 CSR，向公司施加压力以符合社会规范，并鼓励和影响被视为对社会负责的某些结构、实践或程序的采用（Doh and Guay，2006；Marten and Moon，2008）。认知要素包括文化价值观、意识形态和身份认同，认知框架包含关于什么构成负责任的企业行为的普遍或共同信念。管理者解释认知模式，并创建社会责任行为的共同定义，而符合既定认知框架的企业在其运作的制度环境中表现出文化上可接受的行为（Kostova and Zaheer，1999）。同行压力是促进社会责任行为的另一种有效手段。企业社会责任的同构可能会发生，因为组织模仿公司领导者的最佳实践，不论其行业如何（Marten and Moon，2008）。同构也可能来自公司施加的压力，通过行业标准和行为准则。

制度理论倡导者认为组织受其运营机构环境影响很大，因此，财务绩效和竞争等经济学解释不足以充分解释组织的 CSR 行为（Marquis et al.，2007）。制度环境考虑了制度（即文化、规制和社会规范），这些制度影响并受到行为者在治理体系中的相互作用的影响。制度化的理念不是将企业社会责任纯粹视为自愿行动的领域，而是将企业社会责任明确地置于以不同模式为特征的更广泛的经济治理领域，包括市场、国家监管和其他方面。虽然企业社会责任衡量标准通常以市场为工具（例如公平贸易、生态品牌等），但经济体制理论也将社会融入更广泛的社会网络、商业协会和政治规则领域（Bramer et al.，2012）。企业社会责任本身已经成为先进工业经济中当代企业景观的强烈制度化特征。企业的社会责任更加强烈地依赖于法律，或与工会进行有约束力的谈判。在这里，企业自愿和明确的企业社会责任措施的范围可能会受到限制。这种观点广泛地提出企业社会责任和制度化的社会团结可能会成为彼此不完全替代品（Jackson and Apostola-kou，2010）。然而，另一种概念化则表明情况正好相反。如果机构赋权于利益相关者，公司可能面临更大的关系压力，采取企业社会责任措施来合法化他们的活动（Aguilera et al.，2007；Campbell，2007）。例如，强大的工会可能会利用它们的影响力来迫使公司在整个供应链中采用更好的劳工标准，或者采用支持工作场所多样性的计划。在这里，企业社会责任是更广泛的制度镜像的反映，而企业社会责任由制度化利益相关者参与或福利提供形成的方式可能强烈依赖于这些制度化的具体方式。库斯（Koos，2012）对企业社会责任的比较分析提出了两项创新：首先，分析国家的制度特征，认识社团主义、国家主义和福利制度对企业参与企业社会责任的可能显著重要性；其次，关注企业社会责任中的小企业而不是大公司。这种方法可以分析制度如何影响企业的多层次企业社会责任，并允许调查不同机构之间在塑造企业社会责任模式方面的相互作用。库斯的分析表明，公司的公民参与模式可以被理解为制度镜像和替代体系，取决于特定国家内部制度互补性的性质。

事实上，全球范围内新的企业社会责任相关制度的出现，正在形成公司的做法和政策，涵盖跨国公司和本地公司（Waddock，2008）。根据格佩特等（Geppert et al.，2006）对跨国公司如何参与跨国制度的分类，我们可以将企业社会责任置于三个层次的治理之中，最显而易见的是企业社会责任在跨国或全球制度本身的作用。在这里，我们提到私人、半私人和公共法规、标准或自我承诺，这些在 CSR 议程上相当有影响力。诸如联合国全球契约（Rasche and Kell，2010）和国际标准组织等机构在 2010 年发布的 ISO26000（Henriques，2010）是一些突出的例子。这些框架旨在通过创建 CSR 的规范、规则和标准化程序，在全球范围内实现企业社会责任的制度化。由于跨国监管机构缺乏国家法律的直接力量，因此许多跨国监管机构试图通过协商框架来建立规则，通过这些框架公司参与自我管理。换句话说，这些框架试图将 CSR 的特定要素制度化，可以说是企业社会责任在商业中制度化的同构压力的最强力来源之一。坎贝尔（Campbell，2007）认为，企业社会责任的基本理念是企业和社会交织在一起而不是独立的实体。因此，社会对适当的商业行为和结果有一定的期望。如果企业与工会、员工、社区团体、投资者和其他利益相关者进行制度化对话，企业将更有可能以对社会负责的方式行事。

尽管可以披露有关企业社会责任的各种选择（Irene，2011），但大多数公司都选择通过企业社会责任或者可持续发展报告来实现。尽管大多数国家的企业社会责任披露并非强制性要求，但近年来可持续发展报告的出版量大幅增加（KPMG，2011）。研究指出了这种增长背后的几个原因，尤其是公司对追求合法性的利益相关者责任（Crowther，2000）、奖励公司期望他们的社会/环境友好行为、减少信息不对称（Bushman，2004）以及来自其环境的各种压力（Young and Marais，2012）。在任何一种情况下（被动或主动的企业社会责任举措），企业都受到内部和外部参与者的压力，参与企业社会责任行动以满足对业务及其社会责任的迅速变化的期望。企业社会责任（CSR）通常被视为对可能受到公司实践不利影响的利益相关者的压力的战略回应，或者企业作为企业预先采取或至少减轻这些压力并提高企业声誉和价值的积极尝试。根据以前的经验证据可知，大多数外部压力来自于行业（Sweeney and Coughlan，2008）和机构（Cheney and Bouvain，2009；Prado、Gallego、García，2009；Michelon，2015）在企业社会责任披露实践中的参与程度。它在理论上符合制度理论，确认组织适应其结构和政策与制度规范以在市场中生存。促使企业参与 CSR 的主要动机为工具性（自我利益驱动）、关系性（关注群体之间的关系成员）和道德性（关心道德标准和道德原则）。以多种需求理论为框架，可以同时考虑以工具、关系和道德为基础的动机，各种行为者可能会采取行动，对企业施加压力（Aguilera et al.，2007）。

2.8　社会资本理论

2.8.1　社会资本理论

在政治学、社会学和人类学文献中，社会资本通常指的是人们通过其获取权利和资源的规范、网络和组织，并通过它们进行决策和制定政策。经济学家增加了关于社会资本对经济增长贡献的焦点研究。在微观经济层面，这主要通过社会资本改善市场运作的方式来看待。在宏观经济层面，法律框架和政府在生产组织中的角色被视为影响宏观经济的表现。雅可布（Jacobs，1961）将社会资本定义为"邻里网络"。布尔迪厄（Bourdieu，1985）将社会资本定义为与拥有或多或少互相认识或承认的制度化关系的持久网络相关的实际或潜在资源的总和。科尔曼（Coleman，1990）从功能的视角认为社会资本是由其功能定义的。它不是一个单一的实体，而是具有两个共同特征的各种不同的实体：一是它们都是社会结构的某个方面，二是它们促进了结构内个体的某些行为。像所有形式的资本一样，社会资本是富有成效的，从而有可能实现某些在其缺席时不可能实现的目标。就像物质资本和人力资本一样，社会资本在某些活动方面也不是完全可替代的。对促进行动有价值的特定形式的社会资本可能毫无用处，甚至对其他人有害。与其他形式的资本不同，社会资本存在于人与人之间的关系结构中。它既不在个人身上，也不在实物生产中。波特斯（Portes，1995）认为社会资本是个人凭借网络成员或更广泛的社会结构掌握稀缺资源的能力。同时他还认为获得社会资本的能力不在个人身上，而是个人与他人关系的属性上。根据帕特南（Putnam，1995）的观点可知，社会资本代表了社会生活网络、规范和信任的特征，使参与者能够更有效地共同行动，追求共同的目标。杰克曼和米勒（Jackman and Miller，1998）认为社会资本大致上被认为是由社会关系结构产生的善意，并且可以被动员起来以促进行动，是关于家庭、青年行为、学校教育、公共卫生、社区生活、民主与治理、经济发展以及集体行动的一般问题。福山（Fukuyama，1999）则是这样定义社会资本：一组非正式的价值观或规范在一个组合的成员之间分享，允许他们之间的合作。如果团队成员期望其他人的行为可靠和诚实，那么他们就会彼此信任。信任就像润滑油一样，让任何一个组织更加高效。艾德勒（Adler，2002）认为社会资本是可以投入其他资源的长期资产，并且期望未来（虽然不确定）流动的收益。通过投资建立其外部关系网络，个人和集体行动者都可以增加其社会资本，从而以优越的信息获取、权利和团结的形式获得利益。通过投资发展其内部关系，集体行动者可以加强其集体认同感并增强其集体行动能力。

综合他们提供的社会资本定义的抽样，尽管定义在长度和措辞上有所不同，但从它们出现的中心主题来看在概念上是一致的，并且揭示了社会资本的以下维度：个人与他人之间关系的一个属性；促进了结构内部个人的某些行为、表达了共同的目标；通过网络、规范和信任来表达，使参与者能够更有效地行动；凭借网络中的会员资格和更广泛的社会结构，能够掌握稀缺资源。在总结他们对社会资本定义的分析时，哈威和席尔（Hawe and Schiell，2000）认为社会资本不是一件事，它具有关系性、物质性和政治性，可能有正面或负面影响。它可以兼顾密集和松散的网络，取决于是否关注个人和他\她的直接群体成员或社会制度之间的相互作用，而采取不同的形式。社会资本可以替代或补充其他资源。作为替代，演员有时可以通过优越的"关系"弥补缺乏金融或人力资本。然而，更常见的是，社会资本补充了其他形式的资本。例如，社会资本可以通过降低交易成本来提高经济资本的效率（Lazerson，1995）。像物质资本和人力资本一样，但与金融资本不同，社会资本需要维护。社会债券必须定期更新并重新确认，否则它们将失去效力。与许多其他形式的资本不同，某些形式的社会资本是"集体物品"，因为它们不是受益者的私人财产（Coleman，1988）。社会资本与所有其他形式的资本不同，不在于"定位"演员，而在于与其他演员的关系。虽然需要双方的共同承诺和合作来建立社会资本，但只要有一方的背叛就会摧毁它。社会资本与被经济学家称为"资本"的其他资产不同，因为即使在原则上（Solow，1997），投资发展似乎也不适合量化计量。即使能够衡量社会资本所带来的收益，但只要涉及建立社会网络的努力便无法衡量。

2.8.2　社会资本理论在企业中的运用

越来越多的经验证据表明社会资本有助于可持续发展。可持续发展就是让我们自己能有许多或更多的机会留给后代。不断增长的机会需要扩大资本存量，自然资本、物质资本或生产资本以及人力资本的传统构成需要扩大到包括社会资本。社会资本是指社会内在的社会和文化的一致性，是指人与人之间相互作用的规范和价值观，它们被嵌入其中。社会资本是把社会聚集在一起的胶水，没有这种胶水就不会有经济增长或人类幸福。没有社会资本，整个社会就会崩溃。继雅可布（Jacobs，1961）、洛里（Loury，1977）、科尔曼（Coleman，1990）和帕特南（Putnam，1993）之后，研究人员认为"社会资本"通常用关于信任水平的问题来衡量，是影响广泛的重要经济和政治现象。艾柔（Arrow，1972）和福山（Fukuyama，1995）认为，社会对信任的高度强烈影响其经济的成功。

在新经济时代，企业社会资本（CSC）在获得更好业绩方面发挥着越来越重要的作用（Bian and Qiu，2000；Bian，2002；Batjargal，2003），并且越来越受到社会学家和经济学家的关注（Adler and Kwon，2002）。迄今为止，相关文献对社会资本的发展历史和功能进行了解释，并展现了企业绩效的特殊动力。布尔特（Burt，1992）指出，社会资本是朋友、同事和更普通的联系人，通过他们可以获得使用金融和人力资本的机会。一个公司也有更普遍的联系，这是一种企业社会资本，作为市场竞争中最后的成功仲裁者。根据他的结构洞理论可知，如果一个演员在社会结构中拥有连接异质资源的有利位置，他将拥有更多的社会资本。贝克尔（Baker，2000）将企业社会资本定义为嵌入人际关系和企业关系中的资源，包括信息、想法、线索、商业机会、金融资本、权利和影响力、感觉支持、商誉、信任和合作。企业可以通过其社会资本提高组织能力。哈皮（Hüppi，2001）认为，企业社会资本包括社会规范、社会价值、背景、战略愿景以及嵌入相关网络中的网络和关系。他们指出，社会资本是企业在新经济环境下维持竞争优势的重要途径。科恩和普赛克（Cohen and

Prusak，2001）认为社会资本可以帮助解释一个组织原有的动态力量，因为它包含以下战略性材料：信任、互惠理解、共享价值和行为，这使得人们积极与个人网络和社区成员互动。布莱勒（Blyler，2001）从动态能力和租金占用角度讨论了社会资本的价值。他们认为，社会资本在动态核心竞争力核心资源的获取与整合以及实现个人目标中发挥着重要作用。具体来说，那些占据结构洞、跨越组织边界或高度中心的人可能最能够得到适当的租金，因为他们的社会资本赋予了他们主张的可信度。在中国人或伟大的中国背景下，关系（连接）被认为是一种的社交资本，而关系网络与社交网络的概念相似。从理论上来讲，关系由于特殊联系的存在而被定义为特殊关系，以及为关系和工具目的同时建立的特殊关系，此时企业社会资本被定义为一种通过社会关系获得的社会网络资源（Lin，2001）。关系当然是一种资本（Bian，1997），可以为公司绩效做出贡献（Peng and Luo，2000；Luo and Cheney，1997）。公司的关系包括纵向、横向和社会关系。企业社会资本（CSC）的能力与边做边学的能力不同，因为前者是通过行为者（包括个人和组织）之间的相互作用建立起来的，嵌入企业和其他行为者之间的关系网络中，而后者带来的演员是一种特殊的职业技能，是一种人力资本，与社会网络关系较小。研究人员已经研究了中国企业与政府之间的关系，发现这种包括垂直、横向联系和企业家社会关系的企业社会资本会影响劳动生产率效率（Bian and Qiu，2000）。还研究了另一种社会资本——企业家的友谊（Batjargal and Liu，2004），研究人员指出，社会资本可以作为信息联系和社会风险降低装置来调节不确定性，并获取风险资本支持。施（Shi，2005）研究了企业如何在网络中提供社会资本。他将企业社会资本定义为降低特定企业网络信息不对称的特殊因素，并认为企业社会资本的自愿供给与企业规模和资源价格等"非社会资本"相互作用。都井等（Tsui et al. 2006）综合运用层次关系、网络关闭和结构漏洞来展示社会资本对中国经理人声誉的影响。他们的研究结果扩展了我们对中国关系（关系）机制的认识，同时也推动了社会网络理论的边界要考虑到不同文化背景的重要性。

社会资本为我们提供了在新经济时代渗透企业理论的新工具。纳比特（Nahapiet，1998）坚持认为，社会资本将通过组合和交换过程为智力资本做出贡献，并增强组织优势。福山（2003）指出降低交易成本实际上是社会资本的经济功能，因为丰富的信息流和嵌入社会资本的商业机会可以促进信息获取和经济行为。利用资源观的条件，社会资本是决定企业竞争优势的战略资源。虽然信息和知识将成为知识经济时代任何组织的最重要资源，但企业总是通过社会资本来降低信息获取成本，从而提高其绩效（Powell and Smith-Doerr，1994；Podolny and Page，1998）。

2.9 议程设置理论

2.9.1 议程设置理论的含义

议程设置理论最早可以追溯到沃尔特·利普曼（Walter Lippmann，1922）出版的《公众舆论》一书。在这本书的"外部世界和我们的头脑中的图画"一章中，利普曼认为，大众传媒是世界事件与公众意识形象之间的主要联系，但是他并没有使用"议程设置"这个术语。随后科恩（Cohen，1963）观察到媒体在告诉人们该思考什么时候可能不会成功，但是告诉读者该怎么想，这是非常成功的。不同的人对于这个世界会有不同的看法，这取决于他们读的著作的作者、编辑和出版商为他们绘制的地图。科恩表达的想法后来使得麦康布斯和肖（Mccombs & Shaw，1972）的议程设置理论正式化。议程设置理论的真正出现源于1972年，当时麦康布斯和肖提出了新闻媒体在塑造政治现实方面发挥了关键作用，因为公众认为新闻媒体报道的问题是更重要的事（Mccombs and Shaw，1972）。结果，公众想到了新闻媒体报道的新闻问题。议程设置是一种认知过程，观众对现实的感知是由媒体对现实的过滤和塑造形成的。现实是通过媒体对新闻问题的选择而形成的。媒介议程设置理论已被应用于研究一种媒体报道的问题如何影响另一种媒体。议程设置理论描述了新闻媒体影响公众对公共议程主题重视的程度（Mccombs，2002）。由于议程设置是一种社会科学理论，它也试图做出预测。也就是说，如果新闻报道经常被突出报道，观众会认为这个问题更重要。麦康布斯和肖于1968年在北卡罗来纳州教堂山举行的总统选举中发起了议程设置的概念。他们通过比较媒体议程上的问题和未决定选民议程上的关键问题，审视了利普曼关于我们头脑中构图的想法。他们发现新闻议程的显著性与选民议程高度相关，证明了北卡罗来纳州教堂山100个居民认为是最重要的选举问题与当地和全国新闻媒体报道的强相关系数（r > 0.9），通过比较新闻内容中突出问题与公众对最重要选举问题的看法，从而找到了议程设置的证据。麦康布斯和肖率先提供了交流领域的经验证据，证明了大众传媒的力量及其对公共议程的影响，经验证据也在其他社会科学理论中赢得了这种理论的可信度。

议程设置是新闻媒体对公众意识和突出问题的关注。议程设置也描述了媒体试图影响观众的方式，并建立了新闻流行的层次结构。大多数关于议程设置研究的基本假设是：（1）新闻媒体不反映现实，它们过滤和塑造它；（2）媒体将注意力集中在一些问题和主题上，导致公众认为这些问题比其他问题更重要。这些核心陈述是通过使用调查和更频繁的新闻报道来衡量显著性的变化而建立的。对议程设置效果的研究将新闻内容中问题的显著性与公众对最重要问题的看法进行了比较，然后通过媒体的引导来分析影响的程度。议程设置通过被称为"可访问性"的认知过程发生（Iyengar，1990）。无障碍意味着新闻媒体更频繁、更突出地涉及一个问题，这个问题在观众的记忆中就变得越来越多。大众传播的议程设置角色概念中最关键的一个方面就是这种现象的时间框架。另外，不同的媒体具有不同的议程设置潜力。从议程设置的角度来看，传统媒体与新虚拟空间关系的分析呈现出不断增长的势头（Aruguete，2017）。媒体不仅为什么问题、事件或候选人设置了最重要的议程，而且还转移了属于这些潜在客体或兴趣的特定属性的显著性、媒体正在描述的信息。换句话说，媒体是如何将其信息呈现给观众的，以及观众如何看待它是重要的。框架作为议程设置理论的重要组成部分，它是永远存在的，因为当我们在电视上看到东西时，它正在塑造我们看待事物的方式。框架是选择感知现实的某些方面，并使其在交流文本中更突出，以促进对特定问题的定义、偶然解释、道德评估或治疗建议项目描述。

由于不同的利益相关者群体对企业社会责任的期望和目标不同，企业社会责任经常受到更多的批评而不是赞扬。布切尔（Burchell，2006）提出，在不同的话语组织中，关于企业社会责任存在权利和主导权的竞争。具体而言，不同的团体竞争获得对 CSR 对话的影响。对话不一定由公司主导；多个参与者参与了关于什么构成了企业社会责任的对话，即公民社会参与者塑造企业社会责任话语的辩论和参数的能力与最强大的企业声音相平衡，以更有利于他们的方式投入社会和环境责任话语。因此，建议未来关于企业社会责任话语的研究可分别探讨社会行为者和强大公司如何达到他们的发言能力之间的平衡。伊伦（Ihlen，2008）建议将公共领域作为企业社会责任分析的一个概念，因为除企业之外，还有社会参与者也在改变关于企业社会责任的规范、价值观和期望。在社会建构主义观点中，关于企业社会责任的沟通也是构建并改变现实的社会状况和关系。有关 CSR 对话的交流平台之一是新闻媒体，在 20 世纪 50 年代，电视对公共关系产生了深远的影响，因为它具有塑造公众意见的强大能力，这是一种热切期望。根据阿维德森（Arvidsson，2010）的观点可知，瑞典的企业管理层认为媒体报道的增加是推动他们采取主动而不是被动的方式来推动企业社会责任的动力，因为主动方式可以帮助他们的企业展示其在企业社会责任方面的规范和社会期望，并可以帮助他们获得合法性。由于企业在创造积极的企业社会责任新闻报道方面的成功有利于保护他们在危机期间的形象，并确保更好的财务业绩，因此企业应该了解新闻价值，并将新闻价值添加到他们的故事中，以赢得故事刊登的竞争（Carroll，2011）。在此背景下，企业社会责任使企业能够通过与民间社会的更多互动，更加符合商业道德的战略以及提供更大的开放性和获取信息来采用全球企业公民的角色。参与和塑造这种知识，使企业能够从强度和控制的位置与新的社会议程进行互动。议程话语具有广泛的范围和覆盖面，满足公众对更多道德操守和更大透明度的关注，被视为可持续实践的更广泛全球战略的一部分。企业一直渴望采用这种语言，并通过这种媒介来刻画自己。在企业社会责任的中间环节，我们看到企业寻求获得可敬的和负责任的参与者的公信力，从而接受了社会和环境话语。关于企业社会责任的媒体话语开启了社会更广泛的辩论和现代企业的道德责任。特别的是，它提高了公司活动的透明度，超越传统股东社区的利益相关者作用以及公司对其所在社区的承诺，将社会和伦理关注的这些方面纳入商业战略，同时企业利用社会责任议程设置的过程为辩论和抵制开辟了新的途径，为企业创造了潜在影响的新渠道。

2.9.2 议程设置与企业社会责任

多年来，不断变化的社会动态，例如变化的规范、价值观和期望，促成了关于什么是企业社会责任以及应该如何呈现持续辩论。由于英国石油公司（BP）2010 年的石油泄漏事件是石油工业历史上最大的石油泄漏事件，英国石油公司因其对环境的影响、健康后果和其他负面影响而受到社会严厉批评。其获奖的企业社会责任活动即可以掩盖为让 BP 与社区利益一致的"超越石油"被批评，又可以掩盖其在利润最大化方面的主要兴趣（Freeland，2010）。这种企业行为已经将企业社会责任视为符合印象管理目的的后现代公共关系战略（Lessen，2007）。甚至有些人认为，企业永远不能承担社会责任，因为它们固有的性质是由利润驱动的，它们无法满足所有利益相关者群体的需求（Mc

Millan，2007；Waddock，2007）。CSR 经常受到更多的批评，而不是因为不同的利益相关者群体对 CSR 的不同期望和目标。布切尔和库克（Bucher and Cook，2006）认为，在不同的话语组织中，关于企业社会责任存在权利和主导权的竞争。具体而言，不同的团体竞争获得并影响 CSR 对话，对话不一定由公司主持；多个参与者参与了关于什么构成了企业社会责任的对话，即公民社会参与者形成企业社会责任话语的辩论和参数的能力与最强大的企业声音相平衡，以更有利于他们的方式投入社会和环境责任话语。企业社会责任对话不仅涉及话语社区间的直接交流，也是关于每个小组彼此之间的间接影响，这是"公共和组织叙事的相互作用"（Wehmeier and Schultz，2011）。在 Web 2.0 时代，消费者也可以成为消费者，参与 CSR 相关信息的生产和消费（Capriotti，2011）。伊伦（Ihlen，2008）建议将公共领域作为企业社会责任分析的一个概念，因为除企业之外，还有社会参与者也在改变关于企业社会责任的规范、价值观和期望。在社会建构主义观点中，关于企业社会责任的沟通也是构建并修改现实、社会条件和关系（Ihlen et al.，2011）。

议程设置是大众媒体的基本功能之一。通过行使这一功能，大众媒体被迫同时满足一定的物料和价值要求。物料需求大多是内部需求，价值需求大多是外部需求。从大众传媒的定义可以清楚地看到，媒体主要是以物质为导向的，而社会期望它们有责任并为社区做出贡献。新闻媒体是企业社会责任对话发生的沟通平台之一。不同的话语社群可能在其对企业社会责任的定义和对企业社会责任的解释方面存在差异；对于一个群体而言，被认为是一种社会责任行为，也可能被认为是另一个群体的印象管理工具。因此，关于企业社会责任的沟通对于不同话语社区如何交流和社会构建企业社会责任的定义至关重要。根据阿维德森（Arvidsson，2010）的观点可知，瑞典的企业管理层认为媒体报道的增加是推动他们采取主动而不是被动的方式来推动企业社会责任的动力，因为主动方式可以帮助他们的企业展示其在企业社会责任方面的规范和期望，并可以帮助他们获得合法性。尽管如此，卡罗尔（Carroll，2011）发现只有少数记者报道了与 CSR 相关的新闻报道，他认为自主性、专业规范和公共服务导向等新闻价值和专业性原则是可能导致社会责任相关新闻报道覆盖率低的结构性因素。由于企业成功创造积极的企业社会责任新闻报道有利于在危机期间保护它们的形象，并确保更好的财务业绩，因此建议企业了解新闻价值，并为其故事添加新闻价值，以赢得故事展示位置的竞争（Carroll，2011）。巴特利特和杰温（Bartlett and Devin，2011）指出，企业社会责任不仅仅是描述企业在社会中做什么的技术练习，它也是定义企业在社会中应负责任的规范性练习。事实上，社会期望与企业行为之间的不匹配是 CSR 被批评为言辞与行为不匹配的原因之一。邓普西（Dempsey，2011）展示了非政府组织在沟通实践中的参与如何影响了公司的社会责任。她指出，话语在某种程度上是相互关联的，所以创造新事物必须依赖于以前已经产生的东西。各种话语社区都参与到不仅影响 CSR 话语而且影响企业行为的过程中。不应将每个话语看作彼此孤立，而应将其视为彼此相连。企业社会责任（CSR）是一种实践形式，其目标是在公司的商业模式中实施社会良好类别。媒体普遍支持这种做法，并定期为其反社会活动谴责其他经济因素，同时根据不同的 CSR 指标衡量连续记录的不良结果（Lozovina et al.，2013）。

2.10　寻租理论

2.10.1　寻租的含义

从社会角度来看，寻租是浪费资源（Buchanan and Tullock，1962）。寻租的正式提出始于图洛克（Tullock，1967）在西方经济学杂志发表的题为《关税、垄断和盗窃的福利成本》这一文章，它包含了从 20 世纪经济思想中产生的最强大的新见解之一，洞察力是政府政策（垄断、转移、监管等）的社会成本远远超过哈伯格三角形计算的无谓成本，额外成本的来源是潜在合作伙伴花费实际资源由政策制定的租金竞争（Aidt，2016）。在很多面向市场的经济体中，政府对经济活动的限制是普遍的生活事实。这些限制产生了各种形式的租金，人们经常争夺租金。现代对寻租的兴趣来源于 20 世纪 70 年代学者们撰写的一些开创性文章（Krueger，1974；Posner，1975），该文章认为寻求垄断租金的成本要远远大于与租赁相关的相对较小的无谓福利损失——垄断租金本身。图洛克（Tullock，1980）认为寻租这一术语旨在描述机构环境下的行为，个体的价值最大化努力会产生社会浪费而不是社会剩余。托利森（Tollison，1982）认为寻租是用于捕获人为创造的转移稀缺资源的支出。安德森（Anderson，1988）认为寻租是通过政府强制追求利润。布鲁克斯（Brooks，1990）认为寻租是利用资源挑战现有产权。罗利（Rowley，2000）认为寻租重点关注竞争性利益集团所消耗的资源，以说服政府在没有政府保护的情况下提供高于他们所能赚取的回报。有时候，这种竞争是完全合法的。费希尔（Fischer，2004）认为寻租是一种活动，通常意味着稀缺资源的消耗，引起和捕获人为创造的（通常是政治上可争议的）租金以及不属于社会预期收入再分配的一部分。即在其最普遍的形式中，寻租描述了利用资源来捕获转移支付而不是直接生产商品或服务。在其他情况下，寻租采取其他形式，如贿赂、腐败、走私和黑市。寻租的标准定义是寻求政府的特权利益（Hillman，2013）。与此相对应的经济学家对腐败的定义为：政府官员出于私利而出售政府财产（Shleifer and Vishny，1993）或者公共办公室的权力以违反游戏规则的方式用于谋取个人利益（Jain，2001）。兰布斯多夫（Lambsdorff，2002）采用更广泛的定义将腐败定义为一种特殊手段，通过这种手段，私人代理人可以设法追求他们的利益，竞争政府官员或政治家的优惠待遇，而手段则是受到接受者的重视。特殊手段的主要例子是贿赂——作为优惠待遇的货币支付。根据"你帮助我，我会帮助你"的原则，利用个人接触（偏袒）是另一个例子。这个定义与寻租的定义一样，突出了一个重要的考虑因素。如果寻求优惠待遇的手段涉及生产过程的产出或收入，或者涉及生产要素的直接使用，那么从社会角度来看，这很重要。腐败和寻租可以结合起来作为影响寻求活动的实例。这些活动可以从两个方面加以区分：寻租活动的看门人是否从寻找活动的活动中受益，以及寻找活动的活动是否涉及收入转移（贿赂）或非生产性使用资源。理论上的腐败理论沿着两个主要分支发展：（1）腐败的扶持之手：腐败发生在一位善意的委托人将决策权委托给非慈善的代理人时。腐败程度取决于设计最佳机构的成本和收益。腐败是最佳的。（2）腐败的掠夺之手：腐败的产生是因为非仁慈的政府官员引入了效率低下的政策，以便从私营部门中榨取租金。腐败的程度取决于现有（通常不是最理想的）机构和政策中体现的激励。

公立选择学派是现代经济学文献观点的创始人，自我激励的激励措施适用于所有的人类行为，包括政治决策者和政府官员以及个人、团体的个人行为，以及寻求政府支持的公司。租金类似于恩惠或礼物，如果知道政治决策者和政府官员在分配租金方面倾向于行使自由裁量权，并且提供租金的特权优惠是可竞争的，那么租金的潜在受益者就有权竞争租金。用于争夺租金的时间、精力、主动性和资源都失去了对社会产出的生产性贡献（Hillman，2013）。如果实行数量限制并有效限制进口，进口许可证是一种有价值的商品。进口许可的资源分配效果会有所不同，具体取决于谁获得许可证。人们一直认识到，许可证涉及一些成本：文书工作、企业家获得许可证所花费的时间、颁发许可证所需的行政机构的成本等。在许多情况下，资源都致力于争夺这些许可证，寻租活动往往具有竞争性，而资源则致力于竞争租金。由于租金的定义对受益人有利，他们可能会花费资源来创造、维持或转移特定的租金。寻租是创造、维持或转移租金的资源和努力的支出。这些支出可以是合法的，就像大多数形式的游说、排队或对政党的捐款一样。但是，它们也可能是非法的，如贿赂、非法政治捐款等。这些过程具有非常重要的意义，因为它们使用的资源是社会成本，它们决定了在特定社会中创造和维持的租金类型。然而，传统的寻租理论假定寻租只会导致垄断租金的创造或保护，此外，它会对租金寻租成本的确定方式做出限制性假设。然而，这一理论的贡献是告诉我们，寻租的成本是维持垄断的附加成本。在确定净寻租效应时，我们应该只考虑作为代理寻租活动所形成的净社会收益。现代学者将寻租成本解释为这一过程中的费用：（1）游说；（2）政治活动；（3）贿赂和其他影响效应。寻租结果被转化为租金创造的获得和保存、扰乱的经济权利、重新分配的许可证、授予垄断权、补贴、产权等通常是作为寻租租赁结果的例子。

2.10.2　寻租理论

图洛克（Tullock，1967）提出了寻租理论的两个核心思想：（1）导弹寻求热量假说：可竞争租金引发旨在获取租金的寻租活动，这些活动涉及非生产性使用实际资源并造成社会损失。（2）可逆性假设：寻租成本大体上是不可观测的，但通过应用竞赛理论和关于寻租者行为的假设，社会成本的大小可以从可测租金的价值中推断出来。可竞争租金的例子非常丰富：分配垄断权、保护主义贸易政策、特许预算分配、收入转移、国家资源权利等。租金可竞争的显著特征是在它被分配给任何特定的经济代理人之前，即它是可抢夺的。这就是为什么潜在的受益者在争夺租金时花费资源是合理的。可测租金与可竞争利润不同，这引发了社会生产活动（Buchanan，1980）。可竞争利润在资本主义市场经济的资源配置中发挥着重要而有效的增强作用。经济主体有动力利用利润进入市场并创造利润；这改善了资源配置，扩大了经济产出，并增加了总体福利。许多可竞争租金是由政府政策制定和保护的，政府官员和政治家都是管制谁可以获得租金的守门人。在这种情况下，经理人不能通过将资源直接转移到相关产品或服务的生产中来抵制租金。相反，他们有动力投入时间、精力和其他实际资源从事寻租活动，试图确保租赁权的初始分配或将其他人从他们的特权地位上赶下台。这些资源被非生产性地使用，但在替代性就业方面具有社会价值。

根据一些研究人员的观点可知，发展中国家实际上存在着低效率经济体系的恶性循环，寻租是这个恶性循环的重要环节。最初寻租理论开始在弗吉尼亚公共选择学院的框架内发展起来，弗吉尼亚学派的成就包括寻租社会的政治经济学的创造、整合寻租理论和产权理论、基本寻租模式的发展、政治代理人在政治商业周期背景下创造寻租模型（Alesina，1997）。在公共选择学派的传统中，寻租行为的主导特征如下：（1）对社会福利的负面影响；（2）福利再分配领域。因此，寻租被定义为个人或团体试图增加自己的福利，同时对净社会福利做出负面贡献。这意味着一些资源不会被用于生产目的，而是要改变产权结构，转而支持个人或团体以剩余租金的形式获得资源。寻租活动的高水平会降低合法生产活动的回报（即如果经济中盗贼的数量很多，成为合法生产者的利润就会较低）。巴兰和弗朗索瓦（Baland and Francois，2000）着重研究了进口配额产生的租金模型中的多重均衡。随着主要生产要素的增加，企业获得了这样的结果：当大部分企业已经在寻租时，这样的增长使经济更倾向于寻求更多的寻租，并且实际上可能导致总收入下降。原因在于，随着主要因素的增加，进口配额的价值增加超过生产性生产的价值增加，将资源从生产中拉出来并转化为寻租。许多经济学家现在都同意克鲁格尔（Krueger，1974）的观点，官方腐败是许多国家经济增长的重要障碍。墨菲等（Murphy et al.，1991）认为，官员腐败将资源和人才从实际投资中转移到政治寻租中去：游说政治家、影响法官，并且赞成官僚主义。这些寻租投资的丰厚回报"挤出"对资产、研发等实物的真正投资，只支付正常回报。由于政治寻租是负面的零和游戏，这种投资不会刺激增长。事实上，墨菲等（Murphy et al.，1993）认为，在许多国家，这种转移的程度如此之大，以至于遏制了真正的投资，尤其是创新投资的融资。

第 3 章
企业社会责任研究综述

本章通过对企业社会责任的相关研究文献进行综述，探析企业社会责任的相关研究动态以及实证研究的主要着眼点。通过本章的研究得出的关于企业社会责任的实证类文章成为热点、实证文章关键词、研究视角等研究结论为第 4 章、第 5 章从中介效应和调节效应的视角研究企业社会责任和资源配置的关系奠定基础。

3.1 概　述

"企业社会责任"最早是由谢尔登（Sheldon）于 1924 年提出，他认为企业应该将企业的社会责任与企业经营者满足消费者需求的各种责任联系起来，企业社会责任含有道德因素，企业对社区的服务有利于增进社区利益。在随后的几十年中，在学术界不断深化对企业社会责任研究的同时，社会各界开始普遍接受企业应该承担社会责任的观点，企业界则开始注重承担社会责任。而从 20 世纪 50 年代开始，企业社会责任成为学术界关注的重要问题之一（李国平，2014），学术界对于企业是否承担社会责任经历了先肯定、后否定，以及有利、有弊、无关等多元化发展的过程。对企业承担社会责任持肯定态度的代表人物霍华德·鲍文于 1953 年出版的《商人的社会责任》一书中，将企业社会责任定义为商人按照社会的目标和价值，向有关政策靠拢、做出相应的决策、采取理想的具体行动；对企业承担社会责任持否定态度的代表人物弗里德曼（1962）从股东价值最大化的角度出发，认为企业承担社会责任对企业存在的基础具有颠覆性的破坏作用，不利于股东财富积累；到当前布拉默等

（Bramer et al.，2006）、弗拉默尔（Ephlamar，2013），李正（2006）、温素彬（2008）、石军伟（2009）、张兆国（2013）等对企业是否承担社会责任则形成了有利、有弊、无关等多元化发展的格局，这无疑是企业社会责任研究视角多元化和研究深入的结果。卡罗尔在 1979 年首次将企业社会责任分为经济责任、法律责任、伦理责任和公益责任，其对企业社会责任的分层研究在一定程度上促进了学术界基于利益相关者视角，借助实证模型对企业社会责任的研究（Joe and Hatjoto，2012；温素彬，2008；宋建波，2012；杨皖苏，2016）。本章基于 CSSCI 文献数据库，经过筛选最终确定 99 种管理学、经济学和统计学等学科的杂志共计 823 篇文章，借助文献分析工具和可视化软件，从企业社会责任相关研究的"总体发文状况、社会责任定义、研究主题、实证关键词、高产机构人员合作、多重基金资助、数据来源渠道、社会责任指标选取"等方面研究企业社会责任研究的总体发展状况和实证热点追踪，以期为研究企业社会责任提供参考。

3.2　数据来源与研究方法

3.2.1　数据来源

本章数据选自中文社会科学引文索引（CSSCI）来源期刊，借助于 CNKI 全文数据库提供的搜索平台，以"篇名 = 企业社会责任"作为检索条件，时间跨度为 2007~2016 年。考虑到研究主题为企业社会责任，对象主体为微观层面的企业，研究中选择 CSSCI 中的管理学、经济学和统计学三个涉及企业层面的学科作为期刊来源，共收集到包括《管理世界》《会计研究》《南开管理评论》《审计与经济研究》《中国工业经济》《经济研究》等在内共计 99 种期刊，在剔除部分思政、历史、法律、心理、征文启事、书评、学术会议等学科相关度较低的文章后获得有效文献 823 篇。

3.2.2　研究方法

目前对于文献的分析多用文献计量学的方法，使用可视化图谱进行分析，采用的工具有 Citespace、SATI、Ucinet、Pajek 等（马卫华，2015）。本章选择浙江大学刘启元教授开发的文献题录信息统计分析工具 SATI，主要利用 SATI 对数据库下载的关键词、作者、机构、基金等文献信息进行关键题录的搜集汇总，基于抽取的字段信息计算频次，按照频次顺序构建矩阵模型。将收集到的关键词、作者、机构、基金等合作配比信息矩阵数据导入 Ucinet 社会网络分析软件进行文献的可视化分析。

3.3　企业社会责任相关文献的汇总信息

3.3.1　企业社会责任总体发文情况

2007～2016 年这十年间发表在 CSSCI 上的企业社会责任相关文章总体情况如图 3 – 1 所示。

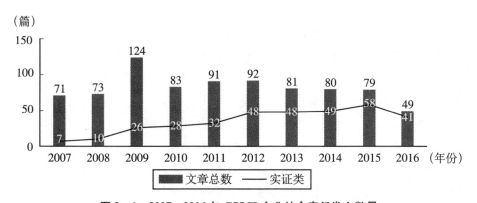

图 3 – 1　2007～2016 年 CSSCI 企业社会责任发文数量

资料来源：由作者收集整理所得。

企业社会责任相关研究文献的发文总数在 2012 年之前呈现逐年递增的趋势，其间在 2009 年出现了发文 124 篇的高峰，之后相关研究文献的发文数量呈现递减的趋势，2016 年递减趋势更加明显。而在企业社会责任整体研究热度下降的同时，研究企业社会责任的实证类文章在近几年成为热点，2013 年实证类文章在总发文中的比重甚至超过了半数，至此企业社会责任的实证研究成为主流，而且递增趋势一直持续到 2015 年，伴随着社会责任研究的趋冷，实证类文章在 2016 年出现下降，但仍占 2016 年总发文数的 84%，企业社会责任的实证研究仍是学术热点。

3.3.2　企业社会责任定义

在早期关于企业社会责任的著作中，它更多地被称为社会责任（SR）而不是企业社会责任（CSR），也许这是因为现代企业在商业领域的突出地位和主导地位的时代尚未发生或未被注意到。最早表达企业社会责任观点的是于1851 年提出"慈善家的住房建设"计划的索尔特，最早提出企业社会责任思想的是克拉克。在《改变中的经济责任的基础》一文中，克拉克指出社会责任中有很大一部分是企业的责任，主张我们需要有责任感的经济原则，发展这种原则并将它深植于我们的商业伦理之中（张衔，2011）。

沃托（Votaw，1972）将一些新概念与企业社会责任的经典概念进行比较后，认为企业社会责任意味着某种东西，但并不总是每个人都一样。对某些人来说，它表达了法律责任或法律责任的范围，对其他人而言，这意味着道德意义上的社会责任行为。其所传递的意义是在因果模式中"负责"的意思，许多人只是将其与慈善捐款等同起来。有些人认为它意味着社会意识，许多拥抱它的人最热切地认为它仅仅是归属或正当或有效的合法性的同义词，少数人认为履行对商人行为的高标准行为比履行公民义务的行为要高一些。1979 年，社会责任研究的集大成者卡罗尔提出了弥合经济和其他期望差距的重要尝试。他的努力最终达到了以下对企业社会责任提出的定义：企业的社会责任涵盖了社会在特定时间点对组织的经济、法律、道德和酌情期望。作为一种以图形方式描绘其企业社会责任定义组成部分并对其进行阐述的有用方式，他后来将其四部分分类纳入企业社会责任金字塔。在此基础上卡罗尔提出企业社会绩效三维度模型——企业社会责任观、企业社会响应观、企业社会价值观，并将企业社会责任分为经济责任、法律责任、道德责任和企业自由决定的责任，其关于企业社会责任近乎完善的定义得到绝大学者的认同，而后研究更多关注企业社会责任外延范畴。

我国少数学者从 20 世纪 80 年代中期开始关注企业社会责任，从理论上对这一概念进行了零散的研究。王秋丞（1987）认为，企业社会责任是企业出于自愿，以积极主动的态度参与社会、解决社会问题，为社会做出贡献；徐淳厚（1987）认为商业企业的社会责任，就是企业在营销活动中客观存在的、有义务完成的、维护公众利益、保证经济增长、促进社会发展方面的责任；袁家方（1990）在他的《企业社会责任》一书中首次提出，企业在积极争取自己的生存与发展的同时，必须维护国家、社会和人类的根本利益，承担自己的责任；卢代富（2002）指出，企业社会责任是创设于企业经济责任之外、独立于企业经济责任并与经济责任相对应的另一类企业责任，是"企业在谋求股东利润最大化之外所应负有的维护和增进社会利益的义务"；田虹（2006）认为企业社会责任的本质是企业对自身经济行为进行道德约束的一种管理和评估体系；李伟阳（2009）认为对社会负责任的行为是企业基于对高尚道德的追求而自愿回报社会的利他行为；周祖成（2011）在研究企业社会责任的前提性和基础性问题后，认为企业社会责任是指企业为了维护和增进利益相关者的正当权益、造福于社会而应当对利益相关者和社会整体承担的包括底线责任和超越底线责任在内的综合责任。

3.3.3　企业社会责任相关研究视角

企业社会责任是一个涉及经济学、法学、伦理学、管理学、社会学、心理学等众多学科知识的命题（李伟阳，2010），考虑到期刊选择的特点，本研究将所有文章按照管理学、经济学、社会学、伦理学、心理学五个研究视角来揭示企业社会责任的发展动态。

（1）管理学。基于管理学视角的企业社会责任相关研究文献主要表现为公司治理、企业投融资、企业特征、管理层特质和企业绩效等主题。①公司治理。股权结构、董事会监事会结构、管理层薪酬、二职兼任、控制权性质等公司治理因素是影响企业社会责任的履行的主要因素（王建琼，2010；陈智，2011；杨伯坚，2012）。董事会结构、独立董事比例、二职兼任等公司治理变量与企业社会责任结合有助于通过企业社会责任的履行提高企业财务绩效（杨伯坚，2012），而公司治理结构的合理安排还可以对企业社会责任信息披露等社会责任的实际履行产生积极作用（宋建波，2010；张正勇，2012），特别是具有国有控股产权结构的企业社会责任履行状况较好（王建琼，2010）。②企业投融资。承担社会责任是衡量企业投融资行为可持续的重要指标（颜剩勇，2008），良好地履行企业社会责任有助于降低经营风险，提高企业融资效率（曹亚勇等，2013）。其中社会责任信息披露通过降低企业内外部的信息不对称，缓解企业融资约束，抑制投资过度，提高投资效率，即社会责任信息披露质量越高，企业所面临的融资约束越低，投资收益越好（何贤杰等，2012；曹亚勇等，2012；管亚梅，2013）。企业社会责任信息披露对于企业在资本市场融资的价值影响还体现在企业股票价格上，社会责任信息披露质量与股票价格正相关（沈洪涛，2008）。与此同时，社会责任意识越强的企业从正规金融渠道获取融资的能力越强（沈艳，2009），外部融资缺口越小，非投资效率越低（谢赤，2013）。③企业特征。企业规模越大，企业治理结构越规范，企业履行社会责任的能力和意识越强（郭毅等，2013）。而从企业性质来看，国有企业和民营企业在企业社会责任履行的经济和非经济动机方面存在明显差异，民营企业履行社会责任获取直接效益和溢出效应的意愿更为迫切，通过社会责任的履行改善与利益相关者的关系，间接地利用政策传导建立与政府的关联（苏蕊芯，2011；2014），而国有企业由于特殊的经济功能和产权性质决定了企业相较于民营企业更加专注于包括产品质量、安全生产和环境治理等非经济目标的实现（徐传谌，2011；刘洋，2011）。④管理层特质。企业管理者的长期导向和集体主义文化价值观能够促进企业社会责任的履行，而高管团队行为整合则在其中发挥重要的调节作用（辛杰，2015）。企业管理者的学历、年龄、社会声誉等企业家人口背景特征对于社会责任信息披露水平具有积极影响（张正勇，2013），即将高阶理论引入企业社会责任会发现年龄大、接受高等教育、任期长、职业经验丰富的高管倾向于履行社会责任（孙德升，2009）。同时高管薪酬激励、剩余任期、管理层持股等管理层特征则基于高管的个人利益进而促进社会责任信息披露质量的提高（尹开国等，2014；郑冠群等，2015）。⑤企业绩效。企业履行社会责任与企业短期绩效正相关或者不相关，在内生性假设下与短期绩效相互影响（温素彬，2008；宋建波，2012；朱乃平等，2014；尹开国等，2014），而企业社会责任综合表现与企业绩效存在U型非线性的长期关系，基于利益相关者的社会责任各子维度与公司绩效相关性存在差异（陈煦江，2009；杨自业，2009），即存在着不同利益主体责任与企业绩效正相关、负相关和不相关的复杂关系（朱雅琴，2010）。降低资本成本、创造可持续的竞争优势、获得企业声誉及降低风险则是企业社会责任影响企业绩效的机理，通过社会责任的履行为企业提供获取资源的能力，提升企业声誉，增进社会与企业互信，减少信息不对称，有效规避潜在风险，提高企业竞争力（田虹，2009；苏冬蔚等，2011；李姝等，2013；张兆国等，2012）。

（2）经济学。基于经济学视角的企业社会责任相关文献主要集中为制度经济、市场经济两大主题。①制度经济。中国国有、民营企业之分产生于中国特殊的制度环境，制度经济学认为企业社会责任实践受制度环境潜移默化的影响。在中国经济由计划向市场过渡的特殊转型背景下，企业社会责任行动不可避免地受到外部制度环境影响，企业利益与社会利益的冲突一度影响企业社会责任履行水平，强制性规范性制度环境压力通过直接影响高层管理者企业社会责任决策达到驱动企业社会行动的目的（陈定洋，2011；冯臻，2014）。不同制度环境下的规制、规范和认知等作为一种制度压力起到促发企业社会责任活动的重要前因变量作用，来自特定制度环境的合法性压力正向影响企业社会责任（李彬等，2011；吴丹红等，2015），强制压力、规范压力和模仿压力还是影响企业社会责任信息披露质量的制度根源（杨汉明，2015）。从新制度经济学的视角来看，在市场经济条件下对于利益相关者的社会责任作为一种必然的制度选择起到对企业逐利行为进行约束的作用（苏冬蔚，2011），因此企业社会责任是一种制度安排，企业对社会的法律义务和道德义务是正式制度和非正式制度安排（李双龙，2009）。②市场经济。企业行为内生于环境，企业社会责任决策和动机是适应环境的理性既定选择，政府对市场的干预程度越低、法律环境越完善、要素市场越发达的地区，企业社会责任履行状况越好（周中胜等，2012）。产品市场竞争程度与公司治理存在替代效应，产品市场竞争部分替代公司治理对于企业社会责任履行的影响，行业竞争越激烈，企业越主动披露自愿性社会责任信息（张正勇，2012）。作为新兴市场的中国，经济体制改革和经济转轨的特殊环境对于企业决策产生重要影响，在这种二元经济结构下，企业利用社会责任进行寻租的倾向越发明显，特别是在产品市场竞争激烈的区域企业社会责任寻租倾向越强，客观上促进了社会责任的履行（李四海等，2015）。市场驱动理论也认为，企业对于市场的感知也是信息获取和处理能力的体现，市场行为导向使得企业越来越关注市场上的利益关联主体的诉求，顾客导向和竞争者导向作为主要的市场导向与社会责任正相关，企业通过社会责任活动动态适应顾客需求，分析识别内外部竞争环境防范风险，提高企业形象和增强企业竞争力（马璐等，2014）。中国市场化进程差异所带来的各地区市场化进程的不平衡对于企业社会责任履行产生差异化的影响，市场化进程高、法制健全的地区，社会与企业之间互动频繁，企业受到来自外部强大的批评压力，出于满足社会期望改变社会责任认知，调整原来的行为，自觉承担社会责任，而政府控制的企业在同样特定的市场化环境中社会责任履行程度更高（崔秀梅，2009；姚海琳等，2012；彭珏，2015）。在中国转型经济背景下，市场发展和政府所有权对于社会责任与企业绩效关系的双重调节作用长期存在，企业所在区域的市场发展程度越高，企业社会责任对财务绩效的正向影响越强，而这种情况在政府控制所有权的国有企业中表现得尤为突出（徐二明，2013）。

　　（3）社会学。基于社会学视角的企业社会责任相关文献的研究主题主要表现为社会资本、政治关联、企业社会声誉等。①社会资本。基于中国转型经济背景下研究企业社会责任与企业绩效关系中社会资本的非线性调节作用，这种调节作用的实现机制来源于社会责任与社会资本的良性互动，即企业为社会付出承担责任的同时也在为自己积累社会资本（易开刚，2007），具体来说，通过履行社会责任搭建社会关系网络、产生信任、生成社会资本进而影响企业财务绩效（李红玉等，2009；于洪彦等，2015），社会资本在企业社会责任与企业绩效的关系中起着中介作用（曾江洪等，2014）。民营企业不如国有企业得天独厚的政策和产权优势，只有通过在广泛利用"地缘""人缘""业缘"等优势资源的过程中积累社会资本（林成华，2012）。企业社会责任与社会特征的紧密关系和演化动态进程描绘出企业与社会利益相关者之间的关系网络模式，这些复杂的关系网中嵌入了企业的网络关系资源以及动员这些资源的能力，所谓社会资本既是关系网本身又包括外延的这些资源竞争优势（石军伟等，2009）。②政治关联。中国经济正处于转型经济期，国家控制着稀缺资源，民营企业通过直接参与政治或者通过社会责任实践间接参与政治获取政府青睐，谋求良好的政企关系，政治关联作为一种特殊的社会资本为企业获得某种庇护，降低运营成本（余明桂等，2008；陈汉辉，2016）。政治关联作为一种特殊的政企联系网络关系在企业社会责任履行中的作用越来越受到关注，衡量政治关联的落脚点往往是企业高管，这既代表着企业家异质性，也是企业积极参与社会网络纽带建设的表现，通过高管的政治关联正向影响企业社会责任（衣凤鹏，2014），然而政治关联对于企业社会责任的影响又受到企业性质的影响，国有控股企业中政治关联与企业社会责任之间的相关度更弱（王成方等，2013）。政治关联、社会责任与企业绩效之间也是一种多向互动的关系，政治关联促使企业更加积极参与社会实践，通过社会责任的中介作用获取控制重要资源的政治资本进而影响企业绩效（高冰等，2015；孔龙，2015），政治关联作为民营企业在制度环境约束下的一种非正式制度选择，在制度环境差的地方表现更为突出（杜兴强等，2010；张萍，2012）。而企业绩效的改善又增强了政治关联企业继续履行社会责任的信心，企业绩效某种程度上又在政治关联与企业社会责任之间起着中介作用（张川等，2014）。③企业社会声誉。基于企业声誉理论和信号传递理论的分析，企业社会责任报告通过向社会传递企业良好社会责任行为的信号，直接有利于提升企业声誉（沈洪涛等，2011）。企业社会责任声誉的传播和对比两种溢出效应显示了企业对待社会责任行为的不同态度，在"善有善报，恶有恶报"的公平商业游戏中企业正确的社会责任取向能为企业赢得社会责任的正向声誉溢出效应（费显政等，2010）。企业声誉的修复机制为因公关失败而使企业陷入认知和情感声誉下降等危机事件的企业提供了通过"展示—弥补—扩展"的被动转主动的可行过程，恢复和重建企业社会声誉（晁罡等，2015）。企业声誉机制还为企业通过履行社会责任提高企业绩效提供动机依据，即通过企业社会责任行为正向影响企业认知度和美誉度，为企业积累声誉资本，公众的好感和信任度推动企业建立与利益相关者之间的持久互信关系，进而降低企业交易成本，提高企业绩效（霍彬，2014；马少华，2014；蔡月祥等，2015）。

（4）伦理学。基于伦理学视角的企业社会责任相关文献的研究主题主要表现为伦理情感、伦理制度、伦理道德等。①伦理情感。女性主义关怀伦理学认为，女性倾向于将人与人之间的信赖上升到道德层面，容易产生对他人的责任意识，更加强调关怀伦理，这种女性所特有的移情关怀通过女性高管和女性董事在企业决策中更加关注企业社会责任履行体现出来（黄荷暑，2015）。②伦理制度。基于制度观和计划行为理论研究高管宗教属性影响企业对待社会责任的态度，在乐善好施的道德和教义约束下高管个人信仰驱使其倾向于通过慈善活动等社会责任行动达到增进利益相关者福利共通的目的（倪昌红，2016）。企业社会责任行为受到企业伦理制度的影响，伦理制度通过"价值观—行为—结果"的路径引导企业更加持久稳定的社会责任实践，通过企业整体道德意识和认知水平的提升进而改善企业组织绩效（晁罡等，2013）。③伦理道德。经营者过强的逐利动机诱发企业社会责任缺失现象的蔓延，加剧对社会伦理道德与诚信制度的破坏，恶化正常的商业竞争环境，严重破坏社会和谐稳定（杨春方，2015）。企业道德是企业社会责任的内部构成，而社会责任又是企业道德的外部延伸，企业道德建设与企业社会责任、员工满意度正相关，社会责任又在道德建设与员工满意之间发挥中介作用（刘刚，2011）。伦理学的"商业道德观"认为，企业既是追求利润最大化的经济组织，又需要履行保护环境、解决社会问题等社会组织的义务（苏冬蔚，2011）。因此食品企业面临解决食品安全问题的社会责任（华瑛，2014），矿产企业面临治理环境污染提高环保绩效的责任（沈红波等，2012），化学制品行业应履行生态社会责任（林晓华等，2012）、企业应承担让员工工作满意的社会责任（张振刚等，2012；陆玉梅等，2014）、让消费者满意的供应链社会责任（龚浩等，2012）等，涵盖了企业对安全问题、环境问题、员工、消费者等利益相关者的社会责任都是企业应尽的社会义务。

（5）心理学。基于心理学视角的企业社会责任相关文献的研究主题主要表现为管理层社会责任自信心理、社会责任安慰心理、关注员工健康心理。企业经营上的良好局势和便利通道导致了企业管理者心理上的过度自信，这种非理性的心理表现容易引发企业决策的异化，对于未来盈利的过度乐观使得管理者乐于履行社会责任（李思飞等，2016）。高管层的个人风险偏好和宗教信仰决定了高管层社会责任基调的重要心理动机，私营企业经营受风险和管理层能力有限的制约，宗教常作为管理层寻求心理安慰的媒介，并通过捐赠等社会责任实践方式来降低因企业运营风险所带来的心理压力（曾建光等，2016）。高质量的企业社会责任向员工传递组织公平的信号，员工感知后能够满足自我控制的心理需要，进而对员工情绪、内心健康、心理满意度等产生积极作用，这种强烈的组织认同感使得员工在支持组织的情况下做出与组织目标一致的决策（王艳婷，2013）。

3.3.4 企业社会责任实证文章关键词汇总研究和热点追踪

鉴于实证类文章日趋发展的现状，本研究中特将实证类发文作为独立部分进行深入研究，通过对 347 篇实证类文章中出现的关键词题录信息和高产实证类杂志进行归纳总结，通过 Ucinet 社会网络分析软件分析企业社会责任前沿热点问题。企业社会责任实证类文章关键词经 Ucinet 社会网络分析软件处理后所生成的共线图谱如图 3 - 2 所示。

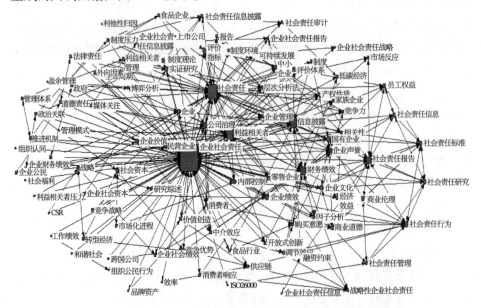

图 3 - 2　2007～2016 年企业社会责任实证文章关键词共线图谱

由图 3 - 2 可知，围绕着企业社会责任研究的相关实证研究文献中出现了"企业社会责任"（247 次）、"社会责任"（47 次）、"利益相关者"（37 次）、"信息披露"（26 次）四个处在最中心点度的关键词，而后分别是财务绩效、企业绩效、企业价值、公司治理、企业社会责任报告等处在外核心的关键词，这些关键词处于图谱的核心区域，属于研究的热点。围绕着企业社会责任核心点，研究视角有企业社会责任与企业绩效（天虹，2009；王文成，2014）、利益相关者（贾兴平等，2016）、企业价值（王晓巍，2011；王艳婷，2013）、社会资本（于洪彦等，2015）、内部控制（彭珏，2015），而信息披露与财务绩效（刘美华，2014）、国有企业（李锐，2013）、社会责任报告（张正勇，2013）这些彼此关系相结合的研究构成近些年企业社会责任实证研究的主轴。虽然企业社会责任、社会责任和利益相关者处于知识图谱的核心位置，属于企业社会责任实证研究的核心主题，而环绕在企业社会责任核心区外围的市场化进程、制度环境、企业战略、中介效应、政治关联、盈余管理等研究主题虽处于边缘，却在近些年逐渐成为企业社会责任研究的热点。

3.4　基于企业社会责任文献汇总信息的分项研究

如今学术研究中的机构人员合作愈发频繁，多重基金资助构成学术研究的重要支撑，数据指标作为实证研究中的创新源泉发挥越来越重要的作用。本节基于企业社会责任文献汇总信息，借助文献题录信息提取软件和可视化软件，从高产机构合作、高产作者合作、多重基金资助配比合作、实证文章数据库来源以及企业社会责任指标选取现状五个方面研究涉及企业社会责任研究的机构、作者合作现状，各类基金资助特点，数据库的组合使用和指标选取情况，通过研究结果揭示企业社会责任合作研究情况和趋势、国家各级机构对于社会责任的支持度、实证研究中的社会责任数据指标选择倾向，对于反映社会责任整体研究和学者继续进行社会责任研究提供参考。

3.4.1　高产机构合作

随着科技发展速度的加快，科研合作的重要性逐渐得到认可，从国家层到科学家个人都特别强调科研合作，在合作类型方面，公司之间的合作、公司与研究院校的合作、研究院校之间的合作都较为常见（卞志昕，2012）。通过对不同类型机构合作以及合作频率的研究，可以进一步揭示机构对于企业社会责任研究的重视程度以及研究活跃度。机构合作无疑是研究机构之间资源优化配置的一种合理选择，实现企业社会责任研究成果丰硕是其重要目的，考虑到研究机构繁多冗乱和机构层级性复杂的现实情况，本节将所有出现的分支或者下级机构合并至一级机构，参考高磊（2014）对于机构的研究选定高产机构（出现次数大于五），最终确定了中南财经政法大学、中央财经大学等50个研究企业社会责任的高产机构，试图通过研究高产机构间的研究合作揭示企业社会责任合作研究现状。如图3－3中的企业社会责任研究的高产机构合作图谱所示，中南财经政法大学不仅发文量居首位，机构间合作也最为活跃。而后分别是中央财经大学、中南大学、安徽财经大学、吉林大学、中国社科院、对外经济贸易大学、北京大学、清华大学、浙江大学、中国人民大学、西南财经大学等高等院校和研究机构位居第二序位，而这些机构间以及与其他更低序位间的合作频率仅次于中南财经政法大学。可以看出，企业社会责任机构合作研究呈现以中南财经政法大学为中心，以中南大学等高校和研究机构为外围合作的合作网络，这种机构之间的合作促进了企业社会责任研究进展。2007～2016年企业社会责任研究机构合作图谱如图3－3所示。

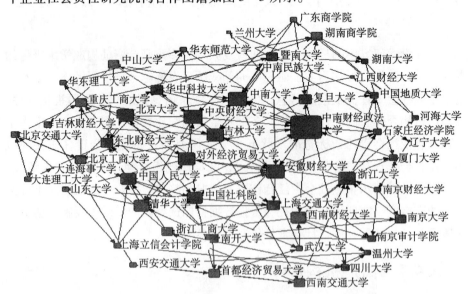

图3－3　2007～2016年企业社会责任研究机构合作图谱

3.4.2　高产作者合作

学科专业化交叉发展的趋势推动了机构人员之间的合作，跨机构、跨地区的学者合作发表论文成为学术界的普遍现象，这种合作关系不仅反映了学者之间广泛的交流与沟通，也促进了学术资源共享和优化分配（宋志红等，2014）。本章所收集的 823 篇文献共出现了 1593 个作者，基于重要性的考虑，剔除出现次数为 1 的作者，最终选定了 188 位出现次数大于 1 的作者为高产作者，作者合作情况如图 3 - 4 所示。发文量比较大的作者为暨南大学的宋献中（9 篇）、中南财经政法大学的许家林（8 篇）和冯丽丽（6 篇）、中央财经大学的肖海林（7 篇）、西安交通大学的王建琼（7 篇），合作较为频繁的为中国人民大学的宋建波（6 篇）和南京财经大学的张正勇（5 篇）。这些学者间频繁的合作在一定程度上带动了机构间的合作，中南财经政法大学和中央财经大学等研究机构间的密切合作也证实了人员带动机构交流的观点。

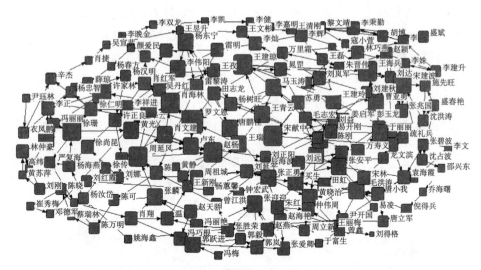

图 3 - 4　2007 ~ 2016 年企业社会责任研究的高产作者及合作图谱

3.4.3　多重基金资助情况

科学基金和项目是指各级政府部门、各类基金组织和企事业单位提供给科研机构和科研人员进行正常科研活动所必备的科研经费以资助进行科学研究，而科研资助最直接的产出成果被称为基金论文，代表着该研究领域发展方向和水平，反映了该学科当前科研基金资助的覆盖范围。目前，获得科研基金资助成为一种重要的科研水平标志，基金资助的级别成为重要的评价指标，因此科研机构和科研人员对获得科研基金的项目十分重视，这就产生了同一科研人员获得多项基金资助的现象（党亚茹，2011；王纬超，2014）。根据资助论文的作者单位情况可将上述资助情况分为五种类型：同一项目获得同一机构多次连续资助；同一项目获得多个机构同时资助；不同项目获得多个机构同时资助；来自合作者所获得的各自基金项目资助；不同国家、地区间的联合基金资助（许静，2010）。本节借鉴宋志红等（2016）和党亚茹（2011）对于科学基金资助的研究，结合期刊的基金资助情况，将同一文章中出现的同一类型不同项目的基金进行合并，共搜集到933个各类基金，按照国家级（国家自然、国家社科、国家科技、国家软科学、教育部、其他部委、中国博士后、985工程）、省级（省自然、省社科、省软科学、省教育、省科技、省级其他）、市级（市社科、市教委、市软科学、市级其他）、高校基金、研究所基金以及海外基金共计6大类21项具体明细。其中国家级基金529个，占所有基金总数的56.70%；省级基金197个，占所有基金总数的21.11%；高校基金160个，占所有基金总数的17.15%。这三类基金占据了基金总数的绝对地位，显示了国家、省级机构和高校科研机构对于企业社会责任研究的关注度。为了进一步研究各类基金的配比组合资助情况，本节借助EXCLE软件手工整理各类基金生成矩阵图，并利用Ucinet社会网络分析软件制作出企业社会责任研究多重基金资助图谱，如图3-5所示。在图3-5中，国家社科基金资助文章次数最多，

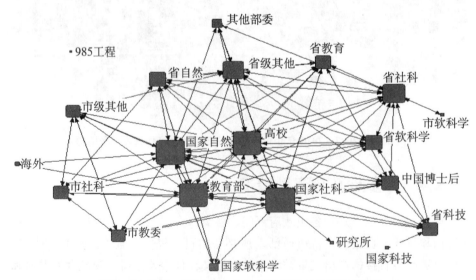

图3-5　2007～2016年企业社会责任研究多重基金资助

而后是国家自然、高校和教育部基金，而高校基金资助处于所有基金的中枢，与其他基金的组合配比关系最为活跃，可见企业社会责任研究的基金资助呈现以国家资助为主，各省级及其他各类基金为辅，而高校作为其中的桥梁起着接受各类基金资助和配套内部资金资助用以进行科学研究的作用，是企业社会责任研究的中坚力量。

3.4.4　实证文章数据来源、组合情况以及企业社会责任指标选取

　　针对企业社会责任实证类文章处于研究热点的现实情况，数据来源和社会责任指标选取在一定程度上又反映出学者的研究关注点，本节对搜集到的 347 篇实证文章进行手工整理，文章中各类数据来源出现 531 次，经过整理得出 46 种数据来源渠道，剔除掉仅出现一次的数据来源后共得到 20 个高频数据来源渠道。通过对这 20 个数据来源进行频数统计制作矩阵图并借助可视化软件生成数据来源组合情况知识图谱，如图 3-6 所示。CSMAR（国泰安数据库）作为企业社会责任研究中使用最为频繁和数据库组合使用最为活跃的数据来源渠道，已经成为国内规模最大的从事经济、金融、证券信息精准数据库设计开发平台，目前为国内外 500 多所高校和金融机构研究中国证券、经济、金融方面的实证分析提供数据服务。巨潮资讯网作为中国证监会指定信息披露网站，提供上市公司各类财务报表、社会责任报告、内部控制报告等各类信息披露，为我们研究企业社会责任提供财务数据和社会责任履行情况数据。

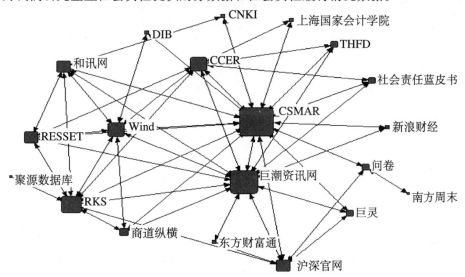

图 3-6　企业社会责任实证文章数据来源及组合情况

数据来源作为支撑实证文章的数据依据往往以指标选择作为最终落脚点，研究社会责任指标选择对于研究企业社会责任实证文章发展现状具有重要意义。本章中 327 篇实证文章涉及社会责任指标选取的共有 319 篇，涉及财务指数法、内容分析法、社会责任报告评级得分、社会责任发展指数等各类社会责任指标 12 种，见表 3－1。通过问卷调查形成社会责任指标数据在企业社会责任实证研究中所占的比重最大，问卷的调查对象多样，包括向特定企业员工（王艳婷，2013；张尔升等，2010）、从事社会责任研究的机构和人员（吉利等，2013）、特定行业企业高管（李彬等，2011；疏礼兵，2012；王健辉，2014）、特定省份地区企业（李文川，2007；陈可，2010；王璇，2013；曾江洪等，2014）等。社会责任问卷研究内容包括社会责任声誉（费显政等，2010；王檀林等，2015）、企业社会责任行为（晁罡等，2013；倪昌红，2016）、社会资本（陈汉辉，2016）、企业社会责任动机（薛天山，2016）等。财务指数法和润灵社会责任报告评级得分使用得也较为频繁，利益相关者财务指数（温素彬，2008；宋建波，2012；薛琼，2016；杨皖苏，2016）、社会贡献率（潘妙丽，2011；沈洪涛等，2011；曹亚勇，2013；陈丽蓉等，2015）、社会捐赠比率（李四海等，2015）等是用财务指数研究企业社会责任常用指标，而借助润灵环球专业的社会责任评级数据来研究企业社会责任履行水平在近些年实证研究中的使用越来越普遍（曹亚勇等，2013；李姝等，2013；于洪彦等，2015；冯丽艳等，2016；毛志宏，2016；等等）。

表 3－1   2007~2016 年 CSSCI 企业社会责任指标

社会责任指标	发文数	社会责任指标	发文数
南方周末社会责任榜	2	社会责任发展指数	9
KLD 评级	1	社会责任信息披露指数	7
财务指数法	91	社会责任指数	7
和讯网社会责任评分	7	社会责任行为	1
内容分析法	44	社会责任问卷	101
社会责任报告评级得分	49	总计	319

资料来源：由作者收集整理所得。

3.5 发展趋势与展望

本章选择中国科研质量较高的 CSSCI 中的期刊，借助 SATI 文献题录信息统计分析软件，通过 Ucinet 社会网络分析软件生成的知识图谱研究 2007 ~ 2016 年间企业社会责任研究的总体情况、人员机构合作、高频实证类关键词、多重基金资助、数据来源渠道、社会责任指标等关系企业社会责任的前沿热点信息。研究发现：企业社会责任研究处于总体趋冷而实证趋热的境况，实证研究中围绕企业社会责任与财务绩效、企业绩效、利益相关者等相互关系是当下的研究核心主题，以国泰安和巨潮资讯网为主体的数据来源和以问卷调查、财务指数及润灵社会责任评级为代表的社会责任指标构成企业社会责任实证研究的数据基石，而中南财经大学等机构和宋献中等学者所代表的企业社会责任机构人员合作研究促进了社会责任研究资源的优化分配。企业社会责任实证研究火热的情况在一段时间内仍将是常态，而围绕着与企业社会责任相关的边缘主题，诸如政治关联、制度环境、企业战略、企业竞争、融资约束、市场化等通过单独或者组合方式出现在社会责任实证类文章中将成为趋势，高等研究机构之间人员优势互补合作在未来的社会责任研究中更加常态化，同时有利于扩展研究的视野和广度（董淑兰、刘浩，2018）。

3.6 本章小结

本章以 2007 ~ 2016 年间发表在 CSSCI 上的研究企业社会责任的相关文献为对象，借助文献题录信息和可视化分析软件以知识图谱的方式，揭示企业社会责任相关研究的前沿、热点及现状等动态发展规律。通过词频统计、共线矩阵和图谱分析追踪企业社会责任研究动态，从总体发文情况、企业社会责任定义、研究视角及主要研究结论、机构合作、高产作者合作、多重基金资助、数据来源渠道、实证文章热点关键词、企业社会责任指标等方面揭示企业社会责任相关研究的发展动态。可以看出企业社会责任的实证研究仍是学术热点，相关研究视角包括企业社会责任与企业投融资、企业绩效、制度环境、企业声誉、社会资本等，而依据企业社会责任实证文章关键词汇总研究又得出企业社会责任、利益相关者、信息披露等核心关键词以及企业社会责任与企业绩效、信息披露与财务绩效、中介调节效应等成为当下乃至未来的实证研究热点主题。

第 4 章

企业社会责任与资源配置关系的中介变量探索

通过第 3 章关于企业社会责任的研究综述，本书得出企业社会责任实证研究处于热点地位，其中企业社会责任与企业绩效、信息披露与财务绩效、中介调节效应研究等又是当下乃至未来的实证研究热点主题。本章立足于企业社会责任与体现企业资源配置状况的相关因素之间的实证热点研究现状，基于中介效应的视角，分别研究信任、综合竞争力、媒体关注三个变量在企业社会责任（含社会责任信息披露）与体现企业资源配置状况的相关变量（企业整体资本配置、投融资配置、财务资本配置）关系中发挥的中介传导作用机理。

4.1 企业社会责任、信任与企业整体资本配置

4.1.1 概述

信任是资源配置的基础，在微观领域体现为对企业资源配置的影响。拉里·雷诺兹（Larry Reynolds，2000）在其著作《信任的影响：创建高信赖与高绩效的组织》中指出，信任是商业企业的关键。作为各利益相关者契约关系的集合，企业必须与各利益相关者之间建立良好的关系，任何一种关系没有处理好，都会影响"契约"的履行，各种关系集中体现和反映于社会信任。信任的重要作用在于能提供稳定的心理预期，从而降低交易双方由于彼此间信息不对称产生的交易成本（Williamson，1975），而且地区间信任度越高，交易

成本越低（刘凤委等，2009）。信任在促成经济主体之间的交易活动中起着重要作用（Zeng Y el al.，2011），人们之间交易重复的可能性、交易发达程度等受区域信任指数的影响，重复博弈产生信任进而影响地区经济绩效（张维迎，2002）。当前企业承担社会责任越来越受到资源投入者的关注，企业期望从各利益相关者获得各种资源和良好的经营环境，承担社会责任有利于企业赢得各利益相关者的信赖和支持（张兆国等，2013）。

2003 年国务院国有资产监督管理委员会（国资委）应运而生，国有大型企业进入国有资产管理改革阶段。经过了十几年的改革，国资委推动下的企业改革取得了一定的成就，但中国经济进入新常态的大背景下，我们也看到国有企业产业结构单一、产能过剩、库存积压、环境污染、社会负担沉重等问题日益突出。与此同时，2015 年 11 月，国家适时提出了旨在实现国有企业顺利转型的供给侧结构性改革战略，通过去产能、调结构、去库存等具体措施逐步解决国有企业发展过程中的资源配置问题，提高资源配置效率。而国有企业掌控着关乎国计民生的重要资源，代表着国家和社会的利益，不可能像普通的民营企业那样单纯追求利润最大化。国有企业在维持正常运行的同时更担任担负稳定就业、保障民生、安全生产、社会稳定等社会责任的角色，而国有企业的这部分特殊角色决定了企业承担社会责任的重要性和特殊性。因此，在此背景下研究社会责任与资本配置效率的关系具有一定的现实意义。

学者们目前更多关注的是企业履行社会责任与绩效的关系（Williams，2000；Zhang、Wang and Fung，2014；Sahn Lee and Stuebs M.，2013；张兆国等，2013；李元慧，2014；王大中等，2013；Eph Lamar，2013；）。而对于社会责任、信任及资本配置效率三者之间关系的研究不多，本研究立足于国有企业社会责任履行的特殊情境，以资本配置效率表征企业整体资本配置结果，探究企业社会责任、信任与资本配置效率之间的关系。本章研究的主要贡献：一是立足于中国国有经济占据主导地位的经济现实，在以往学者研究的基础上，借鉴沃格勒（Wurgler，2000）资本配置效率模型，检验社会责任与资本配置效率之间的关系，并着重考察信任变量在社会责任与资本配置效率之间的中介效应，这是本章研究的理论价值；二是在当前国资国企改革的大潮下，本章研究将促进国有企业更好地履行社会责任，借此建立更加广泛的信任关系，增加信任度，从而构建内部团结、外部和谐的企业信任环境，提升企业软实力和增强市场竞争力，在内外交易环境互动、互惠基础上最终实现资本配置效率的提高，这是本章研究的现实意义。

4.1.2　文献回顾与研究假设

4.1.2.1　企业社会责任与资本配置效率的关系

霍华德·博文（Howard Bowen）最早提出现代企业社会责任的概念。1953年，博文（Bowen）发表的著作《商人的社会责任》开创了企业社会责任研究的新领域，博文因此被誉为"企业社会责任之父"。1975年，戴维斯（Davis）将企业的社会责任定义为："企业在谋求利益的同时，对维护和增加整个社会福利方面所承担的义务。"他认为，对于企业来说社会责任与社会权利是对称的，企业如果不承担社会责任，就会丧失社会赋予其的权利，并强调企业的社会责任是企业经济目标与社会效益目标的集合体。社会效益的实现有赖于企业经济效益的提高，而降低交易费用或信息不对称成本对于提高企业资源配置效率和实现企业经济效益目标意义重大。1937年，科斯（Coase）发表了其著作《企业的性质》，在该著作中，他首次提出了交易费用的概念。交易费用理论认为，在资源产权界定明晰的情况下，企业可以通过合约的形式补偿利益相关者的成本，在资源配置过程中，企业契约就成为制衡各方利益的工具，极大地影响着其经济效率。企业日常交易对象的多样性决定了企业契约形式的多元结构，企业遵照契约的规定进行具体业务活动时，必然产生基于执行合约规则的交易费用，而交易费用的存在必然会给企业的财务绩效带来负面影响。因此，减少企业客观存在的交易费用有利于提高企业资源配置效率。当然，若要节约交易费用，并不是说可以利用一切手段，实践中更要注意方式和方法的合理性，而正确处理好契约各方的关系，使企业履行社会责任成为一种交易实现机制，这样社会责任的履行就能极大地提高交易的质量和效率（Donaldson and Dunfee，1999）。企业是否愿意积极承担社会责任，取决于利益相关者能否建立起一套关于企业伦理、声誉、道德、信任和互助机制的行为规则，增加企业的社会声誉，改善企业的社会地位，减少信息不对称和交易成本，引导企业不断通过权衡社会资本的边际成本和社会责任的边际收益优化内在价值，从而实现资源投入和产出的帕累托最优状态（苏冬蔚等，2011）。同时，企业履行社会责任，对于市场上的投资者来说是一个增量讯息，而社会责任信息披露对于企业来说更是质的改变，意味着企业社会责任意识的提高，并将社会责任付诸行动，这样无疑会使企业获得市场的青睐，从而获得权益资本上的优先选择机会，其权益成本也随之降低（李姝等，2013）。企业通过积极履行对于各利益相关者的社会责任，向企业内外部传递企业发展势头良好的积极信号，建立与利益相关者的持续稳定合作关系，最终达到降低成本、提高资源配置效率的目的。

然而，以弗里德曼为代表的权衡假说理论学派从资源有限性的角度出发，则坚持认为企业承担社会责任与财务绩效之间呈负相关。他们的观点是，企业与利益相关者始终处于一种动态博弈的关系中，企业对于利益相关者期望的满足是企业权衡利弊的结果，企业必须将一定的资源在不同的利益相关者之间进行权衡分配，因此，企业不可能满足每一个利益相关者的利益。当利益发生冲突时，获得最大权利的参与者就会从组织中获得最大的收益。因此，作为一个联合体的管理者，对不同利益相关者的利益诉求进行满足和平衡，就显得尤为重要。而企业的本质是追求利润最大化，过多承担社会责任，影响企业整体利润分配，就会对股东的利益造成不利影响，进而动摇企业正常经营和发展的根基，企业平稳运营的环境必将受企业内外部利益博弈失衡的影响。埃尔金顿（Elkington，1995）提出的三重底线理论也力证了企业内部利益的权衡观点。该理论认为，追求利润最大化、对股东负责固然是企业担负的责任，但是企业自身发展还受到社会和环境等客观因素的制约，即企业运行面临着经济、环境、社会三条底线。如果企业过度履行社会责任，也会制约企业经济价值的发挥，难以达成利润最大化和对股东负责的基本目标。因此，企业履行社会责任会导致企业价值和股东财富降低（Giuli and Kostovetsky，2014）。国有企业国有股一股独大，作为企业的最终控制方，国家行政控制企业权利结构从而支配企业资源流向，实现国家利益的最大化。而企业履行社会责任必然会侵占企业原本有限的资源，加剧利益相关者因利益分配不均而进行社会资源的争夺，使得企业疲于维系与利益相关者的稳定关系而徒增交易成本（Hillman，2001）。在这场利益的争夺战中，国家从维护自身利益最大化的角度出发，势必施加行政干预影响企业的社会责任决策，使得企业的社会责任以实现国家股东利益最大化为出发点，而产权性质是影响到政治关联的动因，国有控股公司的政治关联是政府强化对企业干预的表现（刘慧龙，2010）。当国有控股权集中度较高时，其剩余索取权归国家所有，国家通过政治干预攫取企业财富，政府干预成为国家对企业利润掠夺的工具，进而影响企业的经济效率（田利辉，2005；肖海林，2014）。受政治关联与政府干预对企业社会责任信息披露的双重影响，导致具有政治关联的国有控股公司社会责任信息披露的概率和水平降低（王成方，2013）。

基于社会责任与资本配置效率之间正负相间的复杂关系，本章提出竞争性假设：

假设 4 - 1 - 1a：社会责任与资本配置效率显著正相关。

假设 4 - 1 - 1b：社会责任与资本配置效率显著负相关。

4.1.2.2　信任的中介效应

皮瓦托等（Pivato et al.，2008）认为，与利益相关者对公司的态度有关的中间变量更有可能证明理想的财务和社会绩效之间的联系。关于企业社会责任的研究尚未研究内部利益相关者在理解企业社会责任与组织相关结果之间的关系中的作用（Morsing and Schultz，2006；Pivato et al.，2008；Riordan et al.，1997）。信任或社会资本，是指一个社会中人们的合作倾向，通过信任与合作来获得社会效率的最大化，而不是互相猜疑、互相算计导致"囚徒困境式"无效率的结果（LLSV，1997）。企业社会资本也是一种社会网络性资源，是通过社会关系及其网络结构获得的资本以及通过其特定社会网络能够动员的关系资源和相关能力。信任网络关系产生于企业各项日常活动中，但是逐渐强化于企业负责任的社会行动中。信号传递理论认为，在大多数交易过程中，买卖双方所获取的信息经常是不对称的，从而产生了逆向选择和道德风险问题，而解决这些问题的方法之一便是信息的充分披露。较高的信息披露水平会被市场解读为管理者对企业未来发展的信心，从而通过信息披露向市场传递一种积极的信号，有助于提高企业的市场价值。企业在社会责任方面的良好表现能够降低企业的不确定性，传达出的好的、正向的信号，从而降低银行等金融机构的贷款风险，使其更愿意提供资金（Goss，2011）。企业运行中固有的信息不对称问题，导致企业与各利益相关者之间难以建立真正的信任。因此，企业通过积极履行社会责任，建立与利益相关者之间良好的关系，动机是为企业运行与发展获取外部的信任环境。信息不对称也是增加企业在资本市场融资成本的一个重要因素，为了弥补信息上的缺失，企业需要做更多的努力，旨在让投资者等利益相关者了解企业，依托印象管理，打消投资者对于企业未来发展前景不确定性的担忧（孟晓俊等，2010）。企业对利益相关者履行社会责任有利于产生互惠期望，进而产生信任、生成社会资本，最终构建旨在降低交易费用的社会关系网络，形成相互信赖关系（李红玉等，2009）。

内部利益相关者信任的重要性在公司营销和组织行为文献中得到了证实，这表明利益相关者对组织道德的看法和态度会对其行为以及与他们的关系管理产生重要影响（Balmer and Greyser，2002）。企业市场营销理论家认为，利益相关者的看法很重要，因为他们指导行为，因此有效的企业社会责任必须专门针对利益相关者的看法，因为这些看法指导利益相关者接近或远离管理层的生产关系（Riordan et al.，1997；Balmer et al.，2007）。同样，关于有计划的个人行为的组织行为理论表明，员工对事件或活动的看法，甚至比事件本身更能够预测随后的员工态度和行为（Fishbein and Ajzen，1975；Ajzen，1991）。企业营销和组织行为理论家都提出，信任可能也是企业社会责任活动影响员工态度和行为的主要机制。组织行为理论家认为，雇主的 CSR 活动向员工传达了关于公司道德和价值观的重要信号（这与公司的"性格"有什么相似之处），以及它可以受托的程度（Rupp et al.，2006）。伦理企业营销理论家认为，鉴于管理层需要根据各种利益相关者的动态和多样的道德相关期望调整企业社会责任战略，关系或基于信任的观点可能有助于为新兴理论提供信息（Garbarino and Johansson，1999；Balmer et al.，2007）。巴尔默等（Balmer et al.，2007）提出，从事 CSR 活动的组织作为所有利益相关者（包括员工）利益的"受托人"，因为这些利益相关者密切关注其组织的道德相关行为。为了支持这一观点，皮瓦托（Pivato，2008）也提出，信任是企业 CSR 活动的第一个结果，或者是企业社会责任活动直接或最接近的结果（包括态度、行为和财务绩效是更远端的 CSR 结果）。总之，组织行为理论和企业营销理论表明，信任是企业社会责任感的直接结果，可能影响员工的态度和行为。

因此，我们关注个体对企业社会责任活动的认知，并将其与个人层面的态度和行为联系起来。企业社会责任活动直接影响消费者（外部利益相关者）的态度和行为的观点在市场调查中得到确立。根据企业社会责任（CSR）文献中提供的主要发现可知，消费者对公司的社会行为感兴趣，并且这种行为影响他们的购买决策。大多数观察家预计"好公司"（即拥有声誉对于社会负责）会吸引消费者购入它们的产品，而"坏公司"（即不顾社会义务的公司）将受到消费者的惩罚，例如通过抵制。市场研究还表明，消费者更倾向于光顾他们认为捐赠给社会（Murray and Vogel，1997；Sen and Bhattacharya，2001；Nan and Heo，2007）或遵守社会和道德规划与要求的组织（Castaldo et al.，2009）的组织。信任被认为是强有力的管理——利益相关者交换关系的主要指标（Blau，1964；Buchan et al.，2002；Fang et al.，2008）。例如，关系营销理论表明，信任是许多组织（例如交流和共享价值观）与组织—消费者/购买者结果（例如合作、冲突、不确定性和默认）之间的关键中介。用摩根和亨特

（Morgan and Hunt，1994）的话来说，信任"对关系营销的成功至关重要，因为它鼓励营销人员通过与交换伙伴的合作来保存关系投资"（Mouzas et al.，2007；Fang et al.，2008）。为支持关系营销理论，穆扎斯等（Mouzas et al.，2007）指出，"营销文献中的信任被认为是商业关系的一个重要方面"。关系营销理论在营销实证文献中得到了很好的支持，经验证明，信任是企业活动与消费者/购买者忠诚之间的重要媒介——包括品牌忠诚（Doney and Cannon，1997；Chaudhuri and Holbrook，2001；Ball，2004）。消费者对组织的态度部分取决于这些组织实际和宣传的企业社会责任活动，企业社会责任声誉对消费者的影响是普遍而重要的，那么我们就会看到企业底线的明显影响和强大的社会表现（Nan and Heo，2007；Castaldo，2009）。尽管企业社会责任为有价值的事业提供支持，但企业尽可能提高知名度以创造社会影响力，并不仅在良好的行为中进行投资，而且在沟通时也进行投资（Luo and Bhattacharya，2006）。虽然没有理由期望企业社会责任本身能够使企业获得市场领先优势，但可以利用积极的企业社会声誉来销售体现道德和社会价值的产品，这些产品将主要吸引对特定问题感兴趣或对购买道德方面特别敏感的消费者。企业社会责任向社会传递了企业关注社会和企业家经营自信的积极信号，从而有利于改善企业外部融资环境，建立企业与利益相关者之间的命运共同体，形成企业与内外部紧密相连的关系网，在这种以社会责任为具体行动，以提高交易效率和资源配置效率为目的的社会网络中，信任在社会责任与资源配置效率之间发挥着积极的中介作用。据此，本章提出假设 4 - 1 - 2 与假设 4 - 1 - 3。

假设 4 - 1 - 2：信任与资本配置效率显著正相关。

假设 4 - 1 - 3：信任在社会责任与资本配置效率之间具有显著的中介效应。

4.1.3 研究设计

4.1.3.1 样本选取和数据来源

本部分的研究选取国务院直属和省区市国资委下属的上市公司 2011 ~ 2015 年的数据作为研究样本，剔除数据缺失的公司、金融类公司、ST 公司以及所在区域样本数较少的公司，最终得到 236 家公司共计 1180 个样本。财务指标来自锐思数据库和国泰安数据库，部分财务数据通过巨潮资讯网和沪深证交所官网手工收集整理。信任评价指标选自《中国地区金融生态环境评价

(2013—2014)》（王国刚和冯国华，2015），实证分析采用 SPSS 22 统计软件完成。

4.1.3.2 变量设定

（1）资本配置效率。本节借鉴沃格勒（2000）和冯玉明（2003）等研究资本配置效率的基本思想，建立公司资本配置效率的基础模型：

$$ECP_{it} = \beta_0 + \alpha AVP_{it} + \varepsilon \tag{4-1}$$

其中，ECP_{it} 表示某地区某年公司的加权平均每股资产增长率（以总资产的增长额除以总股本计算所得），AVP_{it} 表示某地区某年公司的加权平均每股收益（以利润总额除以总股本计算所得），回归系数 α 代表公司的资本配置效率，大于 0 说明该公司的资本配置效率高；否则，资本配置效率不高，因此 α 值越大越好。

（2）企业社会责任。当前企业社会责任的计量方法主要有声誉指数法、内容分析法、润灵环球责任评级法、社会贡献值法等（温素彬，2008；尹开国，2011；张兆国，2013；王文成，2014；陈丽蓉，2015），本节参考上交所2008 年发布的《关于加强上市公司社会责任承担工作的通知》中对于每股社会贡献值的定义，同时借鉴刘长翠（2006）、沈志渔（2008）、陈丽蓉（2015）的相关研究以及达尔斯鲁德（Dalsrud，2008）的社会责任五维度模型，采用社会贡献值法衡量社会责任，数据尽量选取现金流量指标，在修正的基础上形成该处的社会责任评价指标。具体计算公式如下：

每股社会贡献值 = 每股收益 +（销售商品、提供劳务收到的现金

　　　　　　　　+ 支付给职工以及为职工支付的现金 + 支付的各项税费

　　　　　　　　- 收到的税费返还 + 购买商品、提供劳务支付的现金

　　　　　　　　+ 分配股利、利润或者偿付利息支付的现金

　　　　　　　　+ 捐赠支出 - 环保支出）/平均股本总额

每股社会贡献值指标的组成基本涵盖了股东、债权人、供应商、顾客、员工、政府、环境、弱势与公益群体等与公司紧密相连的利益相关者，体现了公司社会责任对象的多元结构，兼顾各方利益。在研究中，社会责任评价指标采用各省份公司的每股社会贡献平均值来替代。

（3）信任。《中国地区金融生态环境评价（2013—2014）》从政府债务与政府治理对金融稳定的影响、经济基础、金融发展和制度与诚信文化四个方面分析了中国地区金融生态环境，并发现我国各地区金融生态环境存在着巨大的差异。本节以该报告中"中国城市金融生态环境评价综合得分"作为信任评

价的替代变量。在剔除样本较少区域后得到 16 个省份和 3 个直辖市（北京、上海、重庆）共计 19 个信任区域指标，考虑到生态环境报告涵盖城市的广泛性和样本公司的特点，研究中采用"各省份金融生态环境评价综合得分的平均值"作为信任的最终评价指标。其中，以上市公司注册地作为区域归属标准。

同时，选择偿债能力、发展能力和权益乘数等公司财务状况指标作为控制变量（张兴亮，2015；吕先锴，2015），研究中采用各省份的公司财务状况平均值来替代。

变量定义及说明见表 4 - 1。

表 4 - 1　　　　　　　　　　　变量定义及说明

变量类型	变量代码	变量定义
被解释变量		
资本配置效率	ECP_{it}	加权平均每股资产增长率
	AVP_{it}	加权平均每股收益
	α	资本配置效率，$\alpha > 0$，资本配置效率高，反之亦然
解释变量		
公司社会责任	CSR_{it}	每股社会贡献值
中介变量		
信任	$Trust_{it}$	中国城市金融生态环境评价综合得分
控制变量		
偿债能力	Liq_{it}	流动比率
发展能力	$Growth_{it}$	营业收入增长率
权益乘数	$Stock_{it}$	所有者权益与资产总额比值

4.1.3.3　模型构建

本部分研究借鉴周中胜和陈汉文（2008）、雷宇（2011）的模型构建思想及刘刚（2011）、温忠麟（2014）关于中介效应的检验方法，建立如下模型：

$$ECP_{it} = \beta_0 + \alpha AVP_{it} + \beta_1 AVP_{it} \times CSR_{it} + \beta_2 Liq_{it} + \beta_3 Growth_{it}$$
$$+ \beta_4 Stock_{it} \qquad (4-2)$$

$$ECP_{it} = \beta_0 + \alpha AVP_{it} + \beta_1 AVP_{it} \times Trust_{it} + \beta_2 Liq_{it} + \beta_3 Growth_{it}$$
$$+ \beta_4 Stock_{it} \qquad (4-3)$$

$$ECP_{it} = \beta_0 + \alpha AVP_{it} + \beta_1 AVP_{it} \times CSR_{it} + \beta_2 AVP_{it} \times Trust_{it} + \beta_3 Liq_{it}$$
$$+ \beta_4 Growth_{it} + \beta_5 Stock_{it} \qquad (4-4)$$

其中，ECP_{it} 表示某地区某年样本公司加权平均每股资产增长率的平均值；AVP_{it} 表示某地区某年样本公司加权平均每股收益的平均值；CSR_{it} 表示某地区某年样本公司每股社会贡献的平均值，代表该地区社会责任水平；$Trust_{it}$ 表示某地区某年金融生态评价综合得分，代表地区信任水平；Liq_{it}表示某地区某年样本公司流动比率的平均值；$Growth_{it}$表示某地区某年样本公司营业收入增长率的平均值；$Stock_{it}$表示某地区某年样本公司权益乘数的平均值。i 为行业代码，t 为年度代码。

用模型（4-2）验证假设 4-1-1a 和假设 4-1-1b，只需得到交乘项 $CSR_{it} \times AVP_{it}$ 的系数显著为正或显著为负，即可证明社会责任与资本配置效率正相关或负相关。用模型（4-3）验证假设 4-1-2，只需得到交乘项 $Trust_{it} \times AVP_{it}$ 的系数显著为正，即可证明信任与资本配置效率正相关。用模型（4-4）验证假设 4-1-3，只需得到交乘项 $CSR_{it} \times AVP_{it}$ 的系数不显著或显著性减弱，而交乘项 $Trust_{it} \times AVP_{it}$ 的系数显著，即可证明信任变量在社会责任与资本配置效率之间具有中介效应。

4.1.4　实证检验结果及其分析

4.1.4.1　回归分析

模型（4-2）、模型（4-3）和模型（4-4）的回归结果见表 4-2。

表 4-2　　　　　企业社会责任、信任与资本配置效率的回归结果

变量	模型（4-2）	模型（4-3）	模型（4-4）
Constant	-1.356 ** (-2.190)	-1.557 ** (-2.446)	-0.974 (-1.546)
AVP_{it}	-1.158 ** (-2.314)	-0.844 * (-1.583)	-0.925 * (-1.846)
$CSR_{it} \times AVP_{it}$	1.126 *** (4.574)	—	0.396 (0.972)
$Trust_{it} \times AVP_{it}$	—	3.422 *** (3.649)	1.199 ** (2.218)
Liq_{it}	0.454 *** (2.866)	0.549 *** (3.414)	0.352 ** (2.177)
$Growth_{it}$	0.019 *** (3.424)	0.024 *** (4.082)	0.021 *** (3.741)
$Stock_{it}$	0.022 *** (2.501)	0.025 *** (2.674)	0.017 * (1.901)
调整 R^2	0.561	0.528	0.584
F	22.745 ***	19.938 ***	20.608 ***
D. W	1.661	1.441	1.644

注：*** 、** 、*分别表示在 1%、5%、10% 的统计水平显著，括号内是 t 值。

从模型（4 - 2）检验社会责任与资本配置效率关系的结果看，AVP_{it} 的系数为 - 1.158，小于 0，在 5% 水平上显著，表明资本配置效率低；交乘项 $CSR_{it} \times AVP_{it}$ 的系数为 1.126，在 1% 水平上显著，表明在社会责任水平越高的地区资本配置效率越高。因此，假设 4 - 1 - 1a 成立，假设 4 - 1 - 1b 不成立。

从模型（4 - 3）检验信任与资本配置效率关系的结果看，AVP_{it} 的系数为 - 0.844，小于 0，在 10% 水平上显著，表明资本配置效率低。交乘项 $Trust_{it} \times AVP_{it}$ 的系数为 3.422，在 1% 水平上显著，表明信任与资本配置效率显著正相关。因此，假设 4 - 1 - 2 成立。

从模型（4 - 4）检验信任在社会责任与资本配置效率之间的中介效应的结果看，AVP_{it} 的系数为 - 0.925，小于 0，在 10% 水平上显著，表明资本配置效率低。交乘项 $CSR_{it} \times AVP_{it}$ 的系数为 0.396，不显著，交乘项 $Trust_{it} \times AVP_{it}$ 的系数为 1.199，在 5% 水平上显著。因此，假设 4 - 1 - 3 成立，即信任在社会责任与资本配置效率之间具有完全中介效应。

另外，三个模型得出 AVP_{it} 的系数均小于 0，表明国资委下属上市公司的整体资本配置效率不高。

4.1.4.2　稳定性检验

考虑到社会责任评价指标的多样性和信任评价指标的区域差异化、动态化，该研究进行如下稳定性检验：

（1）替换变量。为了验证社会责任、信任与资本配置效率之间关系的稳定性，将代表社会责任指标的社会贡献值进行修正，将之前的资产总额替换为营业收入，重新计算社会贡献值；信任评价指标则采用跨省调查统计数据中有关信任的问卷调查结果（张维迎，2002），用各省份信任调查加权得分替代此处的地区金融生态环境得分。研究结果表明，替换变量后的回归结果与前面一致。

（2）分组回归。考虑到本部分的研究主要关注信任在社会责任与资本配置效率之间的中介效应，因此，将样本数据按照信任程度大小分为高信任区域与低信任区域两组，之后分别进行回归，得到的实证结果同样验证了结论。

（3）变量是否存在内生性问题的检验。内生性检验的方法主要有工具变量法（Hausman 检验）、异方差与自相关检验法等，从数据和软件操作角度出发，该部分采用异方差与自相关检验法检验变量内生性。在模型（4 - 4）执行回归分析基础上得到总体模型的估计残差，运用 SPSS 软件转换操作模块中的 abs 函数，执行 compute 命令计算残差的绝对值，最后运用 Spearman 相关性检验残差绝对值与自变量之间的相关系数，如果小于 0.05 则存在异方差。此处研究检验结果大于 0.05，因此，变量不存在异方差和自相关，即不存在内生性。

4.1.5　研究结论与启示

本部分以国资委下属上市公司 2011 ~ 2015 年的数据为样本，考察了不同省份上市公司社会责任与资本配置效率的关系，重点关注信任变量在社会责任与资本配置效率之间的中介效应。研究发现：各地区间资本配置效率的差异较大，且社会责任水平越高的省市，资本配置效率也越高，但社会责任并不能直接作用于资本配置效率的提高，而是信任变量起到了联结社会责任与资本配置效率之间关系的纽带，即信任变量在社会责任与资本配置效率之间具有显著的完全中介效应。因此，获取更好的信任是公司履行社会责任的关键。

我们认为公司更好地履行社会责任，在迎合了各利益相关者的期望时，也向其传递了至诚至信、责任为本的经营理念，从而获得各利益相关者对于公司的认可和好评，创造公司与利益主体之间持续合作的机会，在公司与各利益相关者之间形成一种更加稳定的"信任机制"。而信任是市场交换活动得以实现的核心机制（周怡，2013），这种"信任机制"是经济交换的润滑剂，是控制契约的最有效机制，是含蓄的契约，是人们出于个人理性选择为了规避风险、减少交易成本的一种理性计算（艾柔，1974）。通过这种机制，公司与合作伙伴之间传递和共享隐性知识以及信息资讯，实现隐性知识的传递，降低交易成本，从而有助于公司在面临高度不确定的商务环境时保持市场动态能力和技术动态能力（Acquaah，2007）。作为一种潜在的社会资本，这种信任机制还可以通过企业横向、纵向的社会联系，实现对稀缺资源的控制能力，提高资源配置效率。因此，信任关系作为时空延伸的基础，也是在现代条件下解决风险和危险的一种方法（Giddens，1988）。

4.2　企业社会责任、综合竞争力与投融资配置

4.2.1　概述

基于资源的竞争优势理论，在充满活力和竞争日益激烈的商业环境中，企

业必须确定优势，使得它们能够获得比竞争对手更高的利润（Barba and Atien-za，2010）。企业综合竞争力的评价，是在特定的时空条件下具有差异性的个别竞争优势（Lee and Huo，2012）。企业的竞争优势具体表现为个别企业在市场上获得经营成功，而企业在市场上的综合竞争地位相应地赋予了企业面对供应商和客户时较强的议价能力和谈判能力，企业可以通过自主设置自己的信贷条件和信贷政策获得更多的商业信用融资机会（Grabowska and Kuraœ，2014；应千伟，2012）。企业在市场上的综合竞争地位决定着企业能否根据自身经营资金需求灵活地配置商业信用和实施主动的商业信用融资决策来替代正规渠道的银行借款融资，实现资本结构优化，最大限度降低融资成本（Dincǎet al.，2013；张新民等，2012）。而迎合客户、员工、供应商、社区、政府等利益相关者越来越要求企业承担社会责任的呼声，使得企业的社会贡献达到一定的社会责任标准成为企业取得经济竞争力的关键因素（Olanrewaju，2012）。相应地，企业将社会责任标准纳入企业利润决策之前的战略管理部分，通过积极地履行社会责任获取企业间竞争优势所必备的人力资源、组织资源和物质资源等有价值的、不易被模仿的、不易替换的稀缺资源，这种资源是企业获得长期竞争力的源泉（Turyakira and Venter，2014；Zhang，2013；夏健明，2007）。相对于私有企业而言，国有企业享受着政府提供的产品市场和要素市场的政策优待，往往更容易获得银行信贷政策的倾斜，因而处于相对强势的市场竞争地位，面临的市场竞争压力显著小于私有企业（方军雄，2007；魏志华等，2012）。四大国有银行、三大政策性银行等这些国有银行占据主要信贷市场，国有银行贷款的政治倾向，使得国有企业在金融生态环境中面临着较小的融资约束，预算软约束下国有企业对于商业信用依赖较小，私有企业在银行信贷融资中受到金融歧视时迫切需要寻求相应的融资渠道，因此以往的研究更多地关注私有企业对于商业信用融资的依赖性（袁淳等，2010；杨勇等，2009），但是，基于商业信用的买方市场理论，那些融资无约束的企业仍然需要通过商业信用融资来获得供应商的流动性资金，而政府作为国有企业的最终担保人，有利于商业信用双方信任关系的形成，会使得双方采用成本相对较低的商业信用模式（Fabbri and Menichini，2010；刘俊等，2015），因此，关注国有企业样本的商业信用融资问题是很有必要的。当前文献对企业社会责任与商业信用之间关系的研究主要包括社会责任和违约风险、债务融资风险的关系（Thain and Kuy，2014；Feng and Cheney，2015），社会责任与商业信用模式及成本之间的关系（冯丽艳等，2016；刘凤委等，2009；陈运森，2010；陆正飞，2011），研究中有学者关注到企业声誉在履行社会责任与商业信用中的积极作用（Attig et al.，2013；Oikonomou et al.，2014；张勇，2013），鲜有文献关注企业综合竞争力在社会责任与商业信用之间的作用。企业的综合竞争力是指在竞争性市场中，一个企业所具有的能够持续地比其他企业更有效地向市场提供产品或服务，并获得盈利和自身发展的综合素质和条件（金碚，2012），据此，本节的研究中将企业综合竞争力界定为企业在技术创新、市场竞争优势以及发展可持续性的综合能力。本节基于国有企业综合竞争力视角，以商业信用融资表征投融资配置中的融资配置结果，探究企业社会责任、综合竞争力与商业信用融资之间关系。本节贡献在于：一是基于中国转型经济背景下国有企业在传统银行信贷融资中的优势地位，为国有企业关注购销环节中的商业信用建立更为广泛的融资渠道提供依据；二是立足于国有企业独有的社会使命，从综合竞争力中介传导的视角为国有企业新常态下通过履行企业社会责任获取企业市场竞争优势和商业信用融资机会提供经验数据支持。

4.2.2　文献回顾与研究假设

4.2.2.1　企业社会责任与综合竞争力的关系

当今的商业世界面临着越来越大的压力，要求采用或改进企业社会责任（CSR）。这种压力既有道德要求，也有战略要求。道德要求已在文献中得到广泛讨论，主要基于商业有义务不仅对其股东而且对包括整个社会在内的多个利益相关者也是如此，因此它们在解决一些"全球化的弊端"方面发挥了作用（Carroll，1999；Logsdon and Wood，2002；Klein et al.，2012）。大部分企业社会责任文献都侧重于企业社会责任对企业竞争力的影响。在这个研究流中，人们一直认为企业参与"战略"CSR（Baron，2001；Mike Williams and Siegel，2001；Siegel and Vitaliano，2007），可以提高财务和社会绩效（Waddock and Graves，1997；Husted，2006）。更具体地说，有人认为企业社会责任通过降低成本等多种途径积极影响公司的竞争力（Hart and Ahuja，1996；Jenkins，2006），通过进入新市场创造新的价值（Porter and Kramer，2006；Pralahad，2004），提高人力资源绩效，帮助留住人才或吸引新人才（Cochrane，2007；Montgomery and Ramus，2011），与员工、客户、供应商和社区建立更好的关系（Hillman and Keim，2001；Sen and Bhattacharya，2001）来提升企业形象和声誉，这可以得到股票市场投资者的回报（Brown，1998），并且可以帮助企业避免昂贵的利益相关者冲突（Schnietz and Epstein，2005；Fuller and Tian，2006）。根据弗里德曼（Friedman，1970）的研究可知，如果一家公司追求并最大化利润，那么它完全履行其社会责任，但如果它们被置于自由竞争之中，那么公司就不需要为自己承担社会责任。然而，现代商业环境已经证明，企业规模和影响社会的能力正在增强，因此越来越多地要求企业承担相应的社会责任（康，2014）。企业社会责任作为公司战略中的一个要素，通过企业资源基础理论（Resource-Based View）的相关研究可知，其导致了企业社会责任活动的审查。巴尼（Barney，2002）指出，为了获得竞争优势，组织的资源应该是有价值的、稀有的、无法模仿的和不可替代的。在竞争性市场中，企业不可能阻止竞争对手模仿基于 CSR 的战略，因此基于 CSR 活动/属性的竞争优势将是短暂的。然而，这也意味着竞争对手可能会被迫模仿企业社会责任活动以获得有竞争力的平等。麦克·威廉姆斯等（Mike Williams et al.，2006）将企业资源基础理论（RBV）应用于 CSR 自然会导致企业是否可以使用 CSR 实现可持续竞争优势的问题。在 RBV 框架中，企业社会责任可以为组织创造一个有利的位置（Russo & Fouts，1997；Mike Williams and Siegel，2001）。该理论认为，资源有四个特征可以帮助组织获得竞争优势。这些特征包括稀缺性、可估值性、不可模仿性和不可替代性。研究表明，以资源为基础的观点可以帮助解释组织进行 CSR 的原因（Blanco and Rodrigues，2006）。这些活动有助于获得利益相关者的支持。诸如技术知识、声誉和企业文化等无形资产是影响组织财务绩效的资源。资源是资源库视图的核心，是为组织创造价值的特定资产。当不同的资源结合起来获得竞争优势时，就会产生价值创造。企业社会责任推广组织的产品和服务，因此，客户更喜欢社会责任组织的产品和服务。综上所述，要问的问题是组织的企业社会责任实践能否作为一种可以创造价值的资源。

从吸收能力理论和路径依赖理论来解释企业社会责任战略影响企业竞争力的路径，即履行社会责任影响企业在市场网络结构中所处的位置，进而影响企业在竞争中配置资源、创造资源的能力，而企业在维持发展、占有市场份额和创造价值等方面具有的比较能力可以给企业带来长期的稳定收益，从而实现企业追求利润最大化的发展目标（张兆国等，2013；Tang and Hull，2012）。企业只有适应社会经济环境的发展与变化，积极响应社会大众舆论期待，承担社会责任，通过社会责任投资转化为社会资本，使企业与利益相关者形成良好的互动，进而提升竞争力，给企业带来新的经济增长点以及为企业可持续发展提供资源基础（郭洪涛，2014；朱乃平等，2014；王海兵，2016）。而竞争优势内生理论则提出企业的竞争优势来自企业的内部，该理论意识到企业的内生知识、内部组织创新、管理能力的积累等内生资源对企业形成竞争优势非常重要。企业出于获取经济利益而履行社会责任在产品和过程创新上更具有创新力，不断创新是企业在复杂动态环境中保持竞争优势的根本原因，社会责任实践给企业提供了一个实现持续创新的新途径，有利于企业实现技术、产品、组织、管理、文化和价值等方面的多维度提升，而那些履行社会责任是为了更好地学习的公司则更多采取组织创新的方式（Bocquet，2011；刘娜，2013）。基于组织创新的视角更多关注管理者的个人能力，通过企业自发地履行社会责任对组织协调、管理风格等产生显著影响，从而更好地发挥管理者的管理技能，有效地配置和利用资源，通过资源管理和资产编排，扩展资源协调，在宽度、深度和生命周期效应上创造竞争优势（Sirmon et al.，2011）。工具理论认为组织利用 CSR 作为实现股东财富最大化的一种手段。因此，工具理论认为企业社会责任是实现利润的一种手段（Dusuki，2009）。工具理论的支持者认为，组织可能会出于竞争优势、良好形象或其他战略原因而选择支持某些社会项目，但不会危及其主要利益相关者——股东的利益。企业社会责任可以被认为是一种包含企业和社会之间不同想法、概念和关系的结构，其可以作为经济驱动力，从宏观层面转移文化价值，并将其转变为微观层面企业文化的一部分。通过将企业社会责任融入企业文化，能够在实现文化创新的同时为企业带来产品和流程的创新，进而增加企业利润、促进社会可持续发展（Carrasco，2013）。综合来看，企业履行社会责任将给企业带来诸如品牌形象、组织和生产创新、管理能力、社会网络等内外部无形资产，这些基于内外部无形资产所产生的企业竞争优势，能够促进企业日常运营的稳定，也能够为企业积累忠诚的客户群体，使企业获得持续获利的能力，逐步提高企业的市场竞争地位。此外，企业在进行社会责任活动时，也会将公司的经营理念以及公司文化等传递给社会，更有利于社会对公司发展战略的认同及可持续发展。基于此，本节提出假设 4 - 2 - 1。

假设 4 - 2 - 1：企业履行社会责任有利于提升企业综合竞争力。

4.2.2.2　综合竞争力与信用融资效率的关系

商业信贷是许多企业必不可少的资金来源（Ferrando and Mulier，2011；Df BIS，2013）。商业信贷是一种金融中介设备，供应商可以通过延期付款条件，使得信贷市场的供应商作为金融服务提供商（Rodriguez-Rodriguez，2008）。加克·特鲁埃尔（Garcı'a-Teruel，2010）等认为，当商品或服务的交付与其后续付款达成协议时，商业信贷交易将发生。就需求方面而言，技术合作是一项流动负债，而从供应方面来说，它代表了通过应收账款进行的投资（Ferrando and Mulier，2011）。大多数商业信贷理论假设供应商比银行具有一定的资金优势。对商业信贷有很多理论上的解释：商业信贷可能被提供给无法通过更传统渠道提高信贷的资本。供应商可能比专业金融机构更好地评估和控制其买方的信用风险。如果是这样的话，商业信贷可能是一个更好地进入信贷市场的公司获得中间资金的途径，而信贷市场的接入较少（Petersen and Rajan，1997）。商业信贷融资优势理论认为，商业信贷与传统的贷方相比，供应商在调查其客户的信用价值方面可能具有优势，以及更好地监控和强制偿还信贷的能力。这可能会使他相对金融机构在向买方提供信贷方面具有信息获取的优势、控制买方的优势、挽回现有资产价值等成本优势。商业信贷的价格歧视理论认为，即使供应商没有金融机构的功能优势，也可能提供商业信贷；交易成本理论认为商业信贷可以降低支付账单的交易成本。正如马丁内斯·苏拉（Martínez-Sola et al.，2012）所解释的那样，商业信贷是卖方和买方之间的安排，允许以延期付款条件交换货物。因此，商业信贷是企业的重要融资来源，特别是中小企业（Boyery and Gobert，2007）。商业信贷是用于信贷商品供应或需求的通用术语。当它出现在资产负债表的资产方时，它被称为应收账款（商业信贷供应）。当负债方出现的商业信贷时被称为应付账款（商业信贷需求）。商业信贷通过平滑交付周期的不确定性和简化现金管理（Schwartz，1974），提高了卖方和买方的效率。

　　竞争优势理论认为，市场竞争优势地位代表了企业管理能力、掌控资源能力以及决策能力等结合起来的整体素质。企业的市场竞争力以及企业相对于供应商、客户的谈判能力是影响企业商业信用的重要因素（郑军，2013）。商业信用体现为一定的竞争性作用，只有市场地位高的企业通过主动的融资决策才可以灵活使用商业信用。企业市场地位越高，获得的商业信用融资机会越多（张新民等，2012）。具体表现为一条产业链里占支配地位的核心企业可以利用其强势地位通过挤占上下游企业的配套资金来获得有利的竞争因素（徐晓萍，2009）。威尔纳（Wilner，2000）的观点是，如果客户能产生大部分供应商利润（即供应商的议价能力低），那么特别是在财务困境中的客户会获得更多的贸易信贷。库纳特（Cunat，2006）的论文表明，供应商具有额外的可执行力，这源于链路的存在，使得供应商和客户都无法替代。该链接采取中间货物的形式，特定于买方。因此，当中间产品非常具体时，商业信贷应该更高。

借款人机会主义和供应商信息优势理论认为，供应商更倾向于向具有较高市场地位、更多议价能力的客户提供商业信用。当供应商所处行业竞争较激烈时，其客户能够以较低成本寻找到其他可替代的供应商，信誉良好和有一定买方市场力量的公司可以获得较大的早期付款折扣（Giannetti et al.，2011）。买方市场理论同样认为，大量存在的商业信用主要是与买方（客户）强势、客户信用良好有关，即在买方强势时，供应商更愿意为信用良好的客户（买方）提供大量的商业信用融资，而那些融资无约束、信用好的企业（尤其是大型企业）可以通过利用商业信用低成本地获取供应商的流动性贷款融资，而供应商为了促使其产品尽快地销售出去，愿意为这些客户提供商业信用融资机会（Fabbri and Menichini，2010；陆正飞，2011）。市场力量假说也认为，商业信贷的提供和吸收在各个公司之间是不同的，取决于它们的市场力量。当下游市场竞争激烈时，利润率很低，企业的生存可能受到威胁。通过提供商业信贷，该公司吸引了新的客户，特别是对延迟投入付款有强烈偏好的客户。然而，通过向客户提供应收款，该公司推迟收到现金支付——可以使用内部融资（如留存利润）或外部资金（如银行融资）进行融资（Fabbri and Klapper，2009）。而卖方和买方之间的依赖关系（如产品市场力量和双方之间的议价能力）也决定了企业对商业信贷的延伸和吸收。对市场和议价能力存在反对的理论预测。最初，梅尔泽（Meltzer，1960）认为更大的市场力量意味着更多的商业信贷扩张，彼得森（Petersen，1997）和拉詹（Rajan，1997）已经凭经验证实了他的预测。比艾（Biais，1997）和戈利耶（Gollier，1997）、威尔纳（2000）和库纳特（Cuñat，2007）也开发了理论模型，预测具有更多市场支配力的供应商可以提供更多的商业信贷。商业信用具有"马太效应"，一些垄断性较强的行业因为掌握一些关键资源而处于竞争优势地位，他们获取的商业信用多于提供的商业信用，而一些产能过剩的企业处于比较弱的竞争地位，他们往往是商业信用的净提供者，处于中间的制造业类企业则既要提供商业信用又要获得商业信用（龚柳元，2007）。大型企业，特别是那些拥有众多供应商的企业，会获得更多的商业信贷和更好的条款。此外，集中行业的企业获得更好的贸易信贷条件，可能是因为供应商的产品替代客户较少（Giannetti et al.，2011）。在输出产品市场中面临更强竞争并且在投入市场中享有更强市场力量的公司具有较强的竞争优势和谈判力，在主动设定自己的信用条件和被迫提供贸易信贷以减少竞争共存的情况下，这些企业更容易利用从供应商那里获得的商业信用向其客户提供商业信用，从而更好地达到应收账款和应付账款的到期匹配对冲（Fabbri and Klapper，2008）。这种基于企业文化和企业品牌所创造的企业软竞争力能给企业创造持续的竞争优势，使得在同行业中占有较大的市场份额，该企业的市场竞争力越强，商业伙伴对其依赖性就越高，其在商业信用使用方面就有更强的讨价还价能力，从而更容易获得供应商提供的商业信用（应千伟，2012）。企业的市场地位越高，对于企业供应链上各种资源的控制力也越强，获得的商业信用越多，即占用商业伙伴资金越多，或被商业伙伴占用的资金越少。商业活动中的谈判和议价优势使得企业能够以较低的成本获得较大规模的商业信用融资。基于此，本节提出假设 4 - 2 - 2。

假设 4 - 2 - 2：企业综合竞争力能为企业带来更多的商业信用融资机会。

4.2.2.3　企业社会责任、综合竞争力与信用融资效率的关系

在经济科学中，竞争力是指经济环境为实现繁荣而管理竞争力的方式（Cişmaş & Stan，2010），按比例产生比竞争对手更多的财富。竞争系统的基础是通过创新能力、产品质量、适应市场程度、竞争优势、结构和能够产生独特能力的特定资源产生的生产系统。公司采取社会行动的原因可能受个人兴趣、利他主义、竞争或其组合所驱动。尽管各组织相信它们的社会责任行为是由道德原因决定的，事实上，它们从事社会项目是为了塑造良好的形象和提高长期利润。资源基础理论认为，企业间的竞争优势来源于人力资源、组织资源以及物质资源的相互作用，而竞争力就来源于这些有价值的、罕见的、不可模仿的、难以替换的资源优势。企业由于资源禀赋的差异而呈现出异质性，并且企业资源的异质性将长期存在，从而使其竞争优势呈现可持续性。格林宁和杜板（Greening and Turban，2000）的一项研究表明，由于企业社会责任导致的人力资源生产力与企业竞争力之间有很强的相关性。结果表明，企业社会绩效较高的企业吸引了生产性人力资源，这使得这些企业比企业社会绩效较低的企业具有优势。当企业自觉承担社会责任时将会提高其整合自身资源与社会资源的能力，把企业外部的压力有效地转化为内部的动力，使企业承担社会责任发生的成本转化为可创造价值的资源与能力，形成企业竞争优势（Campbell et al，2012；邵兴东，2009；李庆华，2011）。根据韦尔泰和钱德勒（Werther and Chandler，2006）的研究可知，竞争力假设认为企业战略将内部竞争力与外部机会相匹配，从而为可持续竞争优势提供源泉，从而达到某些目标，例如市场带来的利润。然而，他们继续补充说，为了获得可持续的竞争优势，该组织竞争的广泛环境必须接受该战略。波尔特和克莱默（Porter and Kramer，2008）提出，企业社会责任可以为战略竞争优势做出贡献。他们指出，从开明的自我

利益、道德诉求、经营许可证和轮换提升等方面来说，企业社会责任往往是合理的。瓦格纳和韦茨（Wagner and Weitz，2009）认为，一些公司采取积极主动的策略，代表他们努力传播信息，以创造社会责任的形象。杜（Du et al.，2010）也认为如果一个公司追求广泛的创新战略等积极的竞争战略，其利益相关方的企业社会责任活动将被利益相关方视为真诚，因此这种看法将使他们更多地回报公司，从而对其竞争力产生积极影响。为此，利益相关方将会与那些有助于提高他们生活的组织进行互动。同样，卡罗尔和谢巴纳（Carroll and Shebana，2010）也认识到企业社会责任所带来的竞争优势，并建议企业社会责任的商业案例也包含成本和风险降低、声誉和合法性以及协同价值创造。企业社会责任的改善可以看作是现代企业在竞争环境中自然发展的一部分。如果一家公司想要生存下去，就必须"顺应潮流"，发展和提高企业的社会责任感，不这样做可能被视为"管理松懈"，并随后导致退出。西德诺等（Sydnor et al.，2014）发现，管理者认为企业社会责任活动是一项重要的商业策略，但最终会对利益相关者的要求做出反应。虽然管理人员通常没有具体地分析企业社会责任的机会，但他们倾向于根据所涉及的利益相关者类型以及与当地社区的相关性确定优先顺序。另外，文和杰里森（Ven and Jeurissen，2005）认为企业的竞争条件会影响公司在具体困境方面的社会责任，以及公司可以或应该采用的企业社会责任战略。他们仍然认为，取决于竞争条件，一些企业社会责任举措可能会对企业有利，而另一些举措则可能不会。根据巴瓦萨尔和查特波德海伊（Bhawsar and Chattopadhyay，2015）的说法可知，为了提高竞争力，社会和环境因素变得越来越重要，不仅是经济。为了保持竞争力，企业必须确保其员工和合作伙伴的决策自由和平等机会，以及物质资本和自然资源的有效利用。

企业社会责任呈上升趋势的一个主要原因是高管们认为这可以帮助他们吸引新客户或提高销售额。无论他们将企业社会责任作为一个战略营销工具来抓住一个利基市场，还是相信他们的优秀作品将在后来得到认可和奖励，首席执行官经常会将声誉视为他们最宝贵的无形资产。理论和实践结果表明，企业社会绩效和财务绩效之间存在正相关关系。这种分析方法的基本思想是，社会责任不仅仅是一个哲学问题，缺乏一致性和实用性，它是支持公司中长期财务利益的有效方式（Iamandi&Filip，2008）。因此，我们可以说，社会责任政策和行动具有双重积极影响，为组织和整个社区带来利益。此外，企业社会责任可以在企业的营销和品牌战略中发挥关键作用，而且在实现良好形象和声誉方面也起到关键作用。企业社会责任支持者认为,企业社会责任的实施可以帮助企业创造竞争优势,开拓创新机会,降低经营风险,提高消费者和员工的忠诚度,改善与利益相关者的关系,降低运营成本并提高公司盈利能力。依据信号传递理论可知,企业通过积极履行社会责任,可以向市场传达积极的信号,获得作为对企业履行社会责任综合评判的品牌形象和企业声誉,形成无形资产,提升社会公众对企业的外部评价,借助声誉资本能获得比竞争对手在市场中更好的竞争优势进而增强企业市场竞争力和抵御市场风险的能力(Wang and Bansal,2012;Muller and Kraussl,2010)。环境责任倡议的制定有助于加强企业声誉,从而获得利益相关者的信心(Sarkis et al.,2010)。这允许企业和供应商之间的交易,与在环境领域和其他经济结构方面更有经验的企业建立商业联盟。这种合作形式有助于提高业务效率,因为它提高了重要公司资源的可访问性,即财务、人力、自然和资本,并降低了业务风险。企业强大的环境义务与利益相关者建立了积极的关系,降低了利益相关者与客户管理之间的关系成本。企业承担社会责任在一定程度上可以理解为是企业的一项长期投资,在这种投入、产出的关系中,企业照顾利益相关者的利益,对于企业来说也是实现价值创新、获取竞争优势的机遇,也可以实现自身利益最大化(Surroca and Waddock,2010;李红玉等,2009)。企业积极履行社会责任所获得的诚实守信的社会声誉,有利于其获取供应商的信任,而这种信任关系在商业信用决策中发挥着重要的担保功能,并且会通过不同信用模式的选择和安排影响企业使用商业信用的成本(冯丽艳等,2016)。基于此,本节提出假设4-2-3。

假设4-2-3:综合竞争力在社会责任与信用融资效率之间具有中介效应。

4.2.3 研究设计

4.2.3.1 样本选择与数据来源

本节以国资委下属上市公司2011~2015年的数据为样本,对初始样本进行如下筛选:剔除金融业上市公司,剔除所需变量数据缺失的样本,剔除ST上市公司,最终得到1385个样本。研究中所需财务数据来自样本公司年报、锐思数据库和国泰安数据库,企业社会责任数据来自润灵环球(RKS)社会责任报告评级数据库,企业综合竞争力的测量数据来自《中国上市公司无形资产指数报告》(天津财经大学无形资产协同创新中心,2016),实证研究通过使用 SPSS 22 统计软件完成。

4.2.3.2　变量选择

（1）商业信用融资。以应付账款、应付票据为代表的"先购货，后付钱"和以预收账款为代表的"先收款，后发货"两种商业信用模式作为企业购销活动中商业信用资金流入的三种主要来源，是对方企业给予本企业低成本的资金使用机会，其选择主要是基于供应链成员之间不平等的权利分配和购销双方不同的信任程度（Hofmann and Kotzab，2010；陈运森，2010）。因此，本节采用应付账款、应付票据、预收账款三项之和来衡量企业获得的商业信用融资规模（应千伟等，2012；石晓军等，2010；刘俊等，2015；陆正飞等，2009）。

（2）企业社会责任。本节选择润灵环球（RKS）针对上市公司社会责任报告评级得分作为企业社会责任履行水平的衡量指标（尹开国等，2013；于洪彦等，2015；冯丽艳等，2016）。

（3）企业综合竞争力。竞争力被定义为一个组织能够为其竞争对手创造一个有利的地位（Lee，Ragu-Nathan and Rao Subba，2006）。为了获得竞争优势，组织必须为客户提供同等价值，或者比竞争对手更有效地开展活动（降低成本），或以独特的方式开展活动，创造更大的买方价值，进而获取高额利润。此外，汤普森和斯特里克兰（Thompson and Strickland，2003）指出，只要公司在保护客户和防御竞争力方面比竞争对手有优势，公司就具有竞争优势。当公司获得的经济利润率高于其他公司在相同市场上竞争的平均经济利润率时，该公司在该市场上具有竞争优势。当企业能够以较低的成本（成本优势）提供与竞争对手相同的利益，或者提供超过竞争产品（分化优势）的利益时，存在竞争优势。因此，竞争优势使公司能够为其客户创造出更高的价值，为自己创造更高的利润（Port，2003）。本节将企业综合竞争力划分为创新能力、市场竞争能力和可持续发展能力三个维度，其中创新能力的测量指标选取研究投入、技术性资产比重、技术人员密度和创新产出，市场竞争能力的测量指标选取企业的品牌优势、市场份额、超额收益能力，可持续发展能力的测量指标选取资产增长速度、无形资产收益能力、员工素质和每股无形资产。借鉴于玉林等（2013）、苑泽明等（2012；2015）的研究，本节中选取《中国上市公司无形资产指数报告》（天津财经大学无形资产协同创新中心，2016）中披露的无形资产指数作为企业综合竞争力的代理变量。

研究中选择企业规模、财务状况、公司治理和企业所处地区金融发展水平作为控制变量（俞鸿琳，2013；余明桂，2010；杨忠智，2013；刘凤委等，2009）。

主要变量及其具体定义见表 4 - 3。

表 4 - 3　　　　　　　　　　　　主要变量及其具体定义

变量类型	变量代码	变量定义描述
被解释变量		
信用融资效率	CCF	根据应付账款、应付票据、预收账款三项之和取对数
解释变量		
企业社会责任	CSR	润灵环球社会责任报告评级得分
中介变量		
企业综合竞争力	ECC	《中国上市公司无形资产指数报告》中 2011 ~ 2015 年区域评价报告三项能力指标综合得分
控制变量		
企业规模	Size	总资产取对数
发展能力	Growth	营业收入增长率
营运能力	Tat	总资产周转率
偿债能力与经营风险	Lev	资产负债率
股权集中度	Fsd	年末第一大股东持股比例
金融生态环境	Fee	《2013 ~ 2014 年中国地区金融生态环境评价结果报告》区域得分

4.2.3.3　模型设计

本节借鉴温忠麟（2014）对于中介效应的研究，建立企业综合竞争力在社会责任与商业信用融资规模之间的中介效应模型：

$$CCF = \beta_0 + \alpha_0 CSR + \beta_1 Size + \beta_2 Growth + \beta_3 Tat + \beta_4 Lev + \beta_5 Fsd + \beta_6 Fee \tag{4-5}$$

$$ECC = \beta_0 + \alpha_0 CSR + \beta_1 Size + \beta_2 Growth + \beta_3 Tat + \beta_4 Lev + \beta_5 Fsd + \beta_6 Fee \tag{4-6}$$

$$CCF = \beta_0 + \alpha_0 CSR + \beta_1 ECC + \beta_2 Size + \beta_3 Growth + \beta_4 Tat + \beta_5 Lev + \beta_6 Fsd + \beta_7 Fee \tag{4-7}$$

利用模型（4 - 5）检验企业社会责任对商业信用影响的总效应，作为检验中介效应的前提条件，需要证明二者相关，即验证假设 4 - 2 - 1；引入中介变量，利用模型（4 - 6）检验企业社会责任与综合竞争力之间的关系，作为中介效应的必要条件，需要证明二者相关，即验证假设 4 - 2 - 2；利用模型（4 - 7）检验中介效应，通过观察企业社会责任和综合竞争力两个变量的系数与显著性变化，检验综合竞争力在企业社会责任与商业信用之间是否存在中介效应，即验证假设 4 - 2 - 3。

4.2.4　实证检验结果与分析

4.2.4.1　回归分析

三个模型的回归结果见表4-4。

表4-4　企业社会责任、综合竞争力与信用融资效率回归分析结果

变量	模型（4-5）	模型（4-6）	模型（4-7）
Constant	-2.720 *** （-5.926）	51.335 *** （53.046）	-5.084 *** （-6.377）
CSR	0.004 * （1.911）	0.013 *** （2.700）	0.004 * （1.652）
ECC	—	—	0.046 *** （3.618）
Size	0.948 *** （42.797）	0.166 *** （3.563）	0.941 *** （42.442）
Growth	-0.002 * （-1.878）	-0.007 *** （-3.663）	-0.001 （-1.521）
Tat	0.563 *** （11.156）	-0.022 （-0.203）	0.564 *** （11.225）
Lev	0.02 *** （13.654）	-0.004 （-1.267）	0.020 *** （13.830）
Fsd	0.003 * （1.741）	0.021 *** （6.029）	0.002 （1.145）
Fee	0.276 （1.213）	12.291 *** （25.625）	-0.290 （-1.054）
Ajd-R^2	0.754	0.383	0.756
Prob > F	0.000	0.000	0.000
D. W	1.936	1.646	1.954

注：***、**、*分别表示在1%、5%、10%的统计水平显著，括号内是t值。

由模型（4-5）回归结果可知，企业社会责任的系数为0.004，在10%的水平上显著，企业社会责任与商业信用融资呈显著正相关关系，表明企业更好地履行社会责任有利于获得更多的商业信用，假设4-2-1成立；由模型（4-6）回归结果可知，企业社会责任的系数为0.013，在1%的水平上显著，企业社会责任与企业综合竞争力呈显著正相关关系，表明企业更好地履行社会责任有利于企业获得竞争优势，假设4-2-2成立；由模型（4-7）的实证结果可知，企业社会责任的系数为0.004，在10%的水平上显著，而企业综合竞争力系数为 0.046，且在 1% 的水平上显著，企业社会责任的显著性水平明显小于综合竞争力，满足中介效应检验结果中对于"不完全中介效应"情形的界定。因此，企业综合竞争力在企业社会责任与企业商业信用的关系中具有不完全中介效应，假设 4 - 2 - 3 成立，即企业通过履行社会责任使得企业在内部经营和外部商业竞争中均处于有利地位，企业通过社会责任实践为自己营造与社会主体之间的和谐关系构成企业最大的资源优势，这种基于稳固网络联系和声誉等无形资源所带来的企业核心竞争力为企业在商业经营中赢得更多商业信用融资机会的话语权。

4.2.4.2　稳定性检验

为了验证回归结果的稳定性，本节继续进行如下检验：基于企业对利益相关者贡献的视角，选取"每股社会贡献值"替代"企业社会责任评级得分"变量（朱金凤，2009；沈洪涛等，2011；李姝，2012；陈丽蓉等，2015）；以基于销售付款方式所产生的"企业商业信用成本"作为"商业信用"的替代指标（张新民，2012；冯丽艳等，2016）。

回归结果表明，更好地履行社会责任的企业能获得更多的商业信用融资机会，且综合竞争力在社会责任与商业信用融资之间具有不完全中介效应，回归结果与前面一致，证明原假设正确，由于本节篇幅所限，稳定性检验结果未能列示。

4.2.5　研究结论与启示

本节以国资委下属上市公司 2011～2015 年的数据为样本，利用中介效应检验模型，检验并分析了企业社会责任、综合竞争力与商业信用融资之间的关系。研究发现，履行社会责任并及时披露相关信息的企业，相比不履行社会责任或没有披露相关信息的企业，更有利于提升综合竞争力和获得商业信用融资机会；企业承担社会责任的水平越高，越有利于提升企业综合竞争力和获得更多的商业信用融资机会；在企业社会责任与商业信用融资之间的正相关关系中，企业综合竞争力具有显著的不完全中介效应。企业履行社会责任是提升企业综合竞争力和获取更多商业信用融资机会的重要途径，正所谓"予人玫瑰，手有余香"，企业更好地履行社会责任是使企业在激烈的市场竞争中立于不败之地的重要策略。

4.3 企业社会责任、媒体关注与财务资本配置

4.3.1 概述

商业媒体在生活中发挥着重要作用，伴随着公众对于企业社会责任意识的日益增强，媒体通过议程设置在企业社会责任的建设和普及中发挥引导舆论走向的作用，媒体基于为企业社会责任代言有助于实践中的企业社会责任建设，而媒体作为企业管理理念和行为合法性的创造者和循环作用者的角色使得大众媒体越来越多地介入和塑造企业活动（Carroll，2010；Grafström，2011）。但是，媒体并不是信息的被动传播者，而是流通和创造知识和模型的活跃载体，作为社会问题的议程设置和感知媒介在合法性的基础上将企业社会事件和社会活动与公众知识和观点相互沟通，并以其对于企业社会责任活动可见性的宣传和信息中介展示企业对于社会期望的关怀。这种对于社会关注的满足主要依靠企业社会责任在商业媒体中的文本内容呈现，企业社会责任活动到位的描述包括部分涉及社会责任的管理和战略安排，在展示管理层成功履行职责的同时，也向公众描绘了企业的发展愿景和想法，而媒体报道通过推广特定企业社会责任活动成果为企业创造商业价值则是以社会责任实践为企业赢得商业机会为基础（Tench et al.，2007；Deephouse，2009）。2006 年，国家电网发布内资企业首份取名为《中国电网公司 2006 企业社会责任报告》的可持续发展报告，初步建立了国有独资企业社会责任报告的模式，国家电网充分发挥中央企业履行社会责任的表率作用，通过国内主流媒体的报道推动中国企业自觉履行社会责任。正如中国国际公共关系协会副秘书长马志斌所认为的，随着媒体、网络与社会监督机制的日渐强大，整个社会的透明度越来越高，社会关注度的提高对企业履行社会责任、维护良好的企业形象提出了越来越高的要求，我们应该摒弃"酒香不怕巷子深"的传统观念，采取积极有效的方式，倡导和宣传企业所履行的社会责任，帮助塑造负责任的企业公民形象，维护相关利益者的关系，提升企业品牌的美誉度，为企业发展创造良好的生态环境，促进企业的可持续经营。在当前新常态下中国经济发展面临下行压力，围绕国有企业供给侧改革艰难推进，在国有企业改革与发展的抉择背景下国有企业需要履行企业固

有的社会责任和顺应社会对于企业社会责任信息透明度的要求。本节基于媒体关注国有企业改革背景，以财务效率表征财务资本配置结果，探究企业社会责任、媒体关注与财务效率之间关系的问题显得尤为重要。本节的贡献在于：一是基于企业社会责任与财务效率之间的传统研究，从媒体关注的视角，为国有企业履行社会责任提高企业财务效率提供新的中介传导；二是在当前国有企业市场化改革的背景下，对媒体关注监督国有企业落实管理透明化，推进国有企业履行社会责任具有现实意义。

4.3.2　理论分析与研究假设

4.3.2.1　企业社会责任与财务效率

信息不对称理论认为，更好地履行社会责任的企业通过信息披露减少企业和投资者之间的信息不对称，降低投资者的逆向选择风险，使得企业以最快的速度、最小的成本选择最好的投资项目（曹亚勇等，2012）。企业履行社会责任有助于树立企业良好的社会声誉，营造有利的外部融资环境，伴随着信息披露质量的提高，企业所面临的融资约束随之降低（何贤杰等，2012；Goss et al.，2011）。作为应对投资者针对企业日益变化的期望，企业通过履行社会责任向投资者传递信息需求，投资者基于对企业的青睐而降低对于企业预期回报的风险评估，进而降低对于投资回报的要求，企业权益成本随即减少（李姝等，2013）。信号传递理论同样认为，上市公司筹资成本居高不下的背后，归根结底是资本市场上资金供给双方信息不对称所导致的风险评估差异。企业主动自愿地履行社会责任的信息披露向外部利益相关者传递企业良好的形象，在坚定投资者投资信心的同时也给予投资者了解企业发展前景的机会，透明负责的信息汇报机制通过影响投资者的投资决策为企业提供稳定的融资渠道（Dalivard et al.，2011）。公司的生存和成功取决于管理者为其主要利益相关者创造足够财富和增加满意度的能力，基于管理层对于关键利益相关者的有效管理，迎合与利益相关者密切相关的利益需求，通过作为价值驱动因素的杠杆作用提高绩效和减少因利益相关者对于企业不信任所徒增的成本，实现企业的可持续发展（Misra，2010）。企业社会责任管理理念可以帮助企业提高自己的底线，参与社会福利运动或对社会的货币贡献可以提高公司形象和声誉，甚至可以加强品牌形象和企业形象。所有这些努力对消费者和机构投资者都是一个积极的信号。良好的公司治理和战略管理创造了经济利益，获得了投资者的信任，并降低了融资成本。这些系统创造了一个积极的反馈机制,企业可以为长期股东增加价值并创造利益。强大的企业社会责任实践不仅为社会做出贡献,也提高了公司的财务绩效(Wang,2017)。企业更好地履行社会责任可被视为声誉管理和提升的工具(Bebbington et al.,2008;GRI,2016),它衡量的是企业在其内部与员工之间以及外部与其利益相关者之间在竞争和制度环境中的相对地位。由于企业社会责任报告包含关于公司的企业社会责任活动,从而提供关于做好事的信息,这可能使得利益相关者能够更好地与公司进行自我认识,可以为公司创造更大的承诺,从而提高公司声誉,而良好的声誉可能会带来许多有利的结果,例如提高盈利能力、使企业能够收取溢价税、吸引消费者和投资者、提高进入资本市场的机会(Baroneet al.,2014)。在企业社会责任领域做出相当大努力的公司有积极性提供有关这些尝试的自愿信息,这意味着具有良好企业社会责任表现的公司希望通过自发地发布报告并向利益相关者发出信号,从而区分它们自己与不良企业社会责任表现者。企业社会责任披露也可以被视为一种交流工具,因为它可以回答众多利益相关者的问题,而公司使用这种媒体进行报告符合主要利益相关者的期望(Sweeney and Clanlan,2008;Xjonow,2016)。利益相关者理论也认为,企业社会责任信息披露对于企业价值的创造能力,基于企业社会责任实践所构建的企业与利益相关者之间积极稳定的关系,企业与利益相关者之间的网络关系是企业履行社会责任信息披露的产物,这种社会网络关系资本能够为企业集聚控制社会竞争稀缺资源的能力,为企业创造持续竞争优势(Peloza,2011;于洪彦等,2015;Jaha,2015)。基于此,本节提出假设4-3-1。

假设4-3-1:企业履行社会责任与企业的财务效率正相关。

4.3.2.2 企业社会责任与媒体关注

媒体所发布的信息是信息不对称减少的主要合法来源,通过编辑新闻和专题文章塑造信息指向特定企业,大众媒体发表意见的权利赋予了社会公众对于企业社会活动的特殊关注,这种来自社会的媒体关注源于外在利益相关者多样化的利益需求,在媒体关注高度可见的聚光灯下企业需要通过增加企业社会责任信息披露的透明度来应对不同利益相关方的压力,因此媒体关注可以被认为是企业履行社会责任的重要驱动力和传播媒介(Zyglidopoulos et al.,2012)。议程设置理论认为,媒体报道记录了公众的意见,作为一股活跃的力量独立地影响社会互动和价值形成过程,有目的和针对性地对某些社会热点问题采取统一的行动,并通过将公众意见集中在新的问题,通过公共议程的设置倾向从社会和政治利益相关者的角度向企业施加压力，而企业基于重新评估社会公众期望后的社会责任信息披露作为企业应对媒体覆盖关注下的被动战略响应，通过企业社会责任战略安排对于媒体关注的反馈进而借助媒体的宣传比对效果重新建立企业在公众心目中理想的组织形象（布拉默，2004；Reinig，2008；Deephouse，2009）。媒体对于公众舆论和行为模式的引导形成对于企业社会活动的监督，基于应对合法性压力和维护企业声誉的需要，企业需要通过披露履行社会责任的信息加强与社会的沟通，向社会传递企业关爱社会的积极信号，进而在满足社会期望的前提下获得企业合法性地位（陶文杰，2013；倪恒旺等，2015；吴德军，2016）。

企业声誉理论认为，声誉作为企业取得竞争优势的战略资源，通过企业与利益相关者的互动以及利益相关者之间传播的企业形象和企业社会行动的信息，媒体作为广告的载体和反映现实的镜子，通过特征标题和编辑过程向社会真实反映企业社会责任信息披露情况信息，作为社会公众了解企业运行的信息中介，媒体披露为利益相关者提供企业社会责任综合信息来源，减少利益相关者对企业不确定性的担忧，具有修复和提升企业声誉的作用（Deephouse，2000；王霞等，2013）。这与印象管理理论的观点不谋而合。企业印象管理是指企业通过调控其信息和行为方式有意或无意地试图影响企业主要受众对于企业的主观知觉反应，企业自愿披露的社会责任信息作为一种信息和行为方式的集合，必然会激起基于对企业社会责任信息渴求的社会公众的兴趣，媒体自然也会对企业社会责任行为及信息披露的现状和差异化进行报道以迎合社会公众对于企业社会责任的信息需求，通过吸引对企业感兴趣公众的注意力，企业可以操纵传递丰富信息的网站等新媒体，凭借媒体丰富的表现形式可以促进公众对于企业的了解，并能够增加社会公众对于企业社会印象的认知，改变社会对企业的认知（陶文杰，2012；陶莹，2013；Barber，2008；Saat，2014）。基于此，本节提出假设 4 - 3 - 2。

假设 4 - 3 - 2：企业更好地履行社会责任与媒体关注正相关。

4.3.2.3 媒体关注与财务效率

媒体治理理论认为，媒体通过宣传引导和社会关注公众压力影响企业的公司治理机制，通过缓解信息不对称降低资本成本、提高企业投资效率和董事会运作效率、遏制盈余管理和财务舞弊维护企业经营稳定、提高股票收益等作用机理达到影响企业绩效、增强企业竞争力的作用。投资者关注理论和行为金融理论认为，投资者比较注意媒体报道较多的股票，并且处于对吸引其注意力的股票波动反应强烈，投资者采取有限注意策略关注媒体关注度较高的股票的完整变动趋势，互联网媒体为投资者提供的股票信息和透明的金融分析资讯增加企业、金融服务机构与投资者之间的互动，并潜在地减轻任何可见性的错误估计，以试图吸引更大的投资者基础，推动股票交易的频率和价格的持续上涨，媒体关注正向影响企业股票收益（Bushee，2012；张雅慧等，2011；刘锋等，2014）。搜集成本理论也认为，媒体关注报道通过将搜集到的企业完整信息传播给公众，降低公众信息搜集成本，同时降低投资者信息不对称和信息摩擦，在提高企业信息透明度的同时，增加了资金供给者对企业的认知程度，有效缓解代理问题和降低资本成本（夏楸，2014）。媒体作为信息中介的信息效率观和作为监督治理工具的有效监督观认为，媒体通过发挥信息覆盖优势，在市场资金提供者和企业之间有效传递信息，降低资本市场信息不对称风险，而媒体报道对于企业声誉的威胁进一步制约管理层的机会主义，改善企业治理环境，在抑制过度投资的同时提高企业投资效率（Dyck et al.，2008；Bushee et al.，2010；张建勇等，2014）。作为保障外部中小股东权益和有效监督治理层的工具，媒体发布的有关企业董事层无效率和治理违规的噪音信息，迫使目标企业面对被描绘为治理混乱和管理无效的巨大压力，媒体报道的现实镜像作用迫使董事会成员和企业管理者更加勤勉地履行他们的代理责任，媒体关注为企业信息披露和信息质量提供良好的治理环境保障，降低中小投资者的信息风险，保护投资者权益，媒体保护可以增强金融市场投资者实现他们投资回报的信心，提高投资者的股票交易参与度，进而提升一个公司潜在的外部融资能力（Joe et al.，2009；Engelen，2010；徐莉萍，2011；李常青，2012）。媒体关注作为约束控股股东掏空行为和抑制企业盈余管理的有效机制也起到保护投资者权益的作用。媒体负面信息的大肆渲染和抹黑作用，恶化了企业在投资者心中的形象、降低了投资者对于企业经营风险的基本判断，降低了企业和管理层的声誉，媒体对于企业掏空行为和盈余管理的惩罚性负面报道和声誉压力，使得企业饱受声誉受损和资本市场融资困难压力。媒体负面宣传的强制性压力通过侵蚀和威胁企业基于合法性的持续经营权利，促使企业减少控股股东掏空行为和盈余管理，重树形象，挽回投资者信心和稳固企业投资者基础（Ingenhoff，2012；李明，2016）。基于此，本节提出假设4-3-3。

假设4-3-3：媒体关注与财务效率正相关。

4.3.2.4 企业社会责任、媒体关注与财务效率

以企业社会责任为代表的一系列企业社会活动不仅仅是企业出于社会压力

的利他行为，也是出于自身经济利益考虑旨在通过媒体效益提升企业社会形象的商业行为。企业履行社会责任的信息在吸引媒体关注的同时，也借助大众媒体信息中介的作用将企业履行社会责任的基本情况传递给信息需求者，降低企业与投资者之间的信息不对称，为投资者提供决策信息支持，有利于缓解企业外部融资约束和降低资本成本。媒体关注的有效监督职能通过监督企业管理层委托代理责任的履职情况，抑制可能威胁中小股东权益和企业发展的掏空行为和盈余管理，提高董事会的行政效率和投资效率（Bushee et al.，2010；张建勇等，2014；李明，2016）。与此同时，媒体报道借助媒体公信力发挥信息传播机制，通过信息中介和舆论治理作用缓解信息不对称和代理问题，在提高企业治理透明度和降低投资者不对称风险的同时，达到降低企业资本成本、缓解企业融资约束的目的（夏楸，2015）。媒体丰富性理论表明，网站媒体通过发挥资源丰富优势，向公众提供可浏览丰富的企业履行社会责任情况信息平台，使用通信战略手段了解社会公众对于企业社会活动的看法，通过彼此沟通机制以丰富的反馈信息和企业社会改良行动驱动社会公众逐步理解企业社会责任活动和提高对于披露信息的肯定，改善其对企业形象的看法，提高企业社会知名度。而社会知名度和声誉作为能够为企业创造持续竞争优势的战略资源，通过发挥信息平台的公共可见度信任机制，向当前和潜在的交易伙伴发出可靠信号，创造更大范围的投资者基础，促进企业价值创造。而良好的企业声誉同样能为企业提供降低成本、提高价格与创造竞争屏障三个有价值的战略利益（Deephouse，2000；Saat，2014）。基于此，本节提出假设 4 - 3 - 4。

假设 4 - 3 - 4：媒体关注在企业社会责任与财务效率关系中发挥中介作用

4.3.3　研究设计

4.3.3.1　样本选择与数据来源

本节选择 2011～2015 年国资委下属上市公司作为研究样本，社会责任信息披露数据选自润灵环球责任评级数据库，剔除期间数据缺失企业、金融企业、ST 企业以保证样本完整和代表性，最终保留国资委下属上市公司五年共计 1397 个样本。媒体关注依据 20 种主要财经报刊的报道条目，数据源自中国知网（CNKI）中"中国重要报纸全文数据库"，企业绩效和控制变量数据均来自锐思数据库和国泰安数据库，实证研究使用 SPSS 22 统计软件完成。

4.3.3.2　变量选取及定义

（1）被解释变量——财务效率。财务效率是指企业财务资源投入与产出的比率关系以及由此派生出的其他比率关系（张先志，2001）。但财务效率的水平最终体现为企业的财务绩效，可以说企业财务绩效是企业财务效率水平的综合反映或体现。本章借鉴尹开国等（2014）的研究思路，权衡基于市场法计算和基于会计指标两种测量企业绩效方法的利弊，同时考虑到中国资本市场不完善所导致的市场法的局限性，采用基于会计指标计算的净资产收益率（ROE）来表示财务效率。

（2）解释变量。①企业社会责任。公司披露包括强制性和自愿性报告。强制性报告披露了法律或实务守则（Gary，2001）所要求的信息，例如符合GAAP的财务报表。自愿性报告没有规定，但它披露的信息对利益相关者的决策过程仍然有用（Dawkins and Frass，2008）。企业履行社会责任的信息是以自愿性报告的形式进行披露的，与其他财务和业务信息的披露有很大不同。企业履行社会责任的信息披露是将组织经济行为的社会和环境影响传达给社会以及整个社会中的特定利益群体的过程（Gary et al.，1996）。在载体中以质量和数量的方式记录公司的企业社会表现。企业履行社会责任的信息是利益相关者用来评估企业社会绩效、提高公司对社会的透明度和可信度的工具。尹开国等（2014）、于洪彦等（2015）、冯丽艳等（2016）等学者，选择权威的社会责任第三方评级机构润灵环球（RLCCW）针对中国上市公司的社会责任测量结果发布的上市公司社会责任报告评级结果作为企业社会责任水平的衡量指标。润灵环球借助专家从整体性（M）、内容性（C）、技术性（T）三方面对上市公司社会责任报告进行全方位评级打分开发出 MCT 社会责任报告评价体系，并据此向社会提供客观真实完整的社会责任评级和质量信息，可以比较科学地反映企业履行社会责任的水平。②媒体关注（MEDIA）。学术界关于上市公司媒体关注的衡量主要有两种方法：一是利用纸质报刊所报道的上市公司内容次数（李培功，2010；李焰，2013；林慧婷等，2016）；二是借助互联网新媒体搜索引擎对于上市公司新闻报道的条目数（罗进辉，2012；贾兴平，2014；倪恒旺等，2015）。考虑到互联网搜索引擎虽然使用方便、信息量丰富，但是关于上市公司的信息中掺杂着太多的非重要和非关注性误导信息，而报纸期刊相较于新闻搜索引擎侧重于报道较为重要的媒体资讯，同时考虑到多数网络媒体由于缺乏新闻采编机会而凭借转载纸质媒体新闻报道的消息作为媒体报道来源，且存在相同新闻被不同网站连续报道的重复情况（卢文彬等，2014），本节选择纸质媒体以避免这种情况的影响。故本节利用中国知网（CNKI）中"中国重要报纸全文数据库"，检索条件为"上市公司简称"，以报道企业较为频繁的

《中国证券报》《证券日报》《证券时报》《上海证券报》《21 世纪经济报道》《中国经营报》《第一财经日报》《华夏时报》《每日经济新闻》等 20 种主要财经类报纸作为企业媒体关注的筛选条件，依次手工搜集样本企业 2011 ~ 2015 年间各年出现在这 20 种财经报纸上的次数，采用陶文杰（2012）、倪恒旺等（2015）、张正勇（2015）对于报道次数取对数的做法，以此作为企业年度媒体关注的衡量指标。

（3）控制变量。本节控制如下变量：发展能力（GROWTH），取值为营业收入增长率；经营效率（TATO），取值为总资产周转率；偿债能力和风险水平（LEV），取值为资产负债率；资本结构（STOCK），取值为权益乘数；内部治理（PID），取值为独立董事比例（沈洪涛，2012；孔东民等，2013；倪恒旺等，2015）。

主要变量及其具体定义见表 4 - 5。

表 4 - 5　　　　　　　　　主要变量及其具体定义

变量类型	变量代码	变量定义描述
被解释变量		
财务绩效	ROE	净资产收益率 = 净利润 / 净资产
解释变量		
企业社会责任	CSR	润灵社会责任报告评级得分
媒体关注	MEDIA	CNKI 重要报纸数据库中上市公司出现次数取对数
控制变量		
发展能力	GROWTH	营业收入增长率
经营效率	TATO	总资产周转率
债务风险	LEV	资产负债率
资本结构	STOCK	权益乘数
内部治理	PID	独立董事比例

4.3.3.3　模型设计

本节借鉴温忠麟（2014）中介效应的方法构建企业社会责任信息披露、媒体关注与绩效之间的中介效应研究模型。

$$ROE = \beta_0 + \beta_1 CSR + \beta_2 GROWTH + \beta_3 TATO + \beta_4 LEV + \beta_5 STOCK + \beta_6 PID \tag{4-8}$$

$$MEDIA = \beta_0 + \beta_1 CSR + \beta_2 GROWTH + \beta_3 TATO + \beta_4 LEV + \beta_5 STOCK + \beta_6 PID \tag{4-9}$$

$$ROE = \beta_0 + \beta_1 MEDIA + \beta_2 GROWTH + \beta_3 TATO + \beta_4 LEV + \beta_5 STOCK$$
$$+ \beta_6 PID \qquad (4-10)$$
$$ROE = \beta_0 + \beta_1 CSR + \beta_2 MEDIA + \beta_3 GROWTH + \beta_4 TATO + \beta_5 LEV$$
$$+ \beta_6 STOCK + \beta_7 PID \qquad (4-11)$$

模型（4-8）验证假设 4-3-1，检验企业履行社会责任与财务效率正相关；模型（4-9）验证假设 4-3-2，检验企业履行社会责任有利于企业获得媒体关注；模型（4-10）验证假设 4-3-3，检验媒体关注与财务效率正相关；模型（4-11）总体用来验证企业社会责任在媒体关注与绩效关系中发挥中介作用。存在三种情形：如果 CSR 不显著，MEDIA 显著，则媒体关注在企业社会责任与绩效关系中发挥完全中介作用，假设 4-3-4 成立；如果 CSR 和 MEDIA 均显著，但 CSR 显著性小于 MEDIA，则媒体关注在企业社会责任与企业绩效关系中发挥不完全中介作用，假设 4-3-4 成立；如果 CSR 和 MEDIA 均不显著，则媒体关注在企业社会责任与财务效率关系中不发挥中介作用，假设 4-3-4 不成立。

4.3.4 实证检验结果及其分析

4.3.4.1 回归分析

企业社会责任信息披露、媒体关注与绩效之间关系的回归结果见表 4-6。

表 4-6　　　　　企业社会责任、媒体关注与企业绩效回归分析结果

变量	模型（4-8）	模型（4-9）	模型（4-10）	模型（4-11）
Constant	8.543 *** (5.699)	0.845 *** (3.100)	9.378 *** (6.831)	7.744 *** (5.219)
CSRD	0.089 *** (4.680)	0.035 *** (10.131)		0.030 ** (2.847)
MEDIA			1.085 *** (6.826)	0.945 *** (5.698)
GROWTH	0.107 *** (10.630)	0.005 *** (2.710)	0.099 *** (9.982)	0.103 *** (10.278)
TATO	1.809 *** (3.735)	0.086 (0.982)	1.714 *** (3.578)	1.727 *** (3.617)
LEV	-0.048 ** (-2.414)	0.007 ** (2.011)	-0.051 *** (-2.572)	-0.055 *** (-2.795)

续表

变量	模型（4-8）	模型（4-9）	模型（4-10）	模型（4-11）
STOCK	-0.235 （-1.105）	0.006 （0.151）	-0.266 （-1.268）	-0.240 （-1.148）
PID	-0.063 ** （-2.386）	-0.003 （-0.628）	-0.06 ** （-2.276）	-0.061 ** （-2.311）
调整 R^2	0.133	0.105	0.152	0.158
F 值	28.489 ***	20.943 ***	33.168 ***	29.777 ***
D.W	1.931	2.059	1.930	1.929

注：***、**、*分别表示在1%、5%、10%的统计水平显著，括号内是 t 值。

从模型（4-8）检验社会责任信息披露与企业绩效关系的结果来看，社会责任信息披露（CSRD）的回归系数为0.089，在1%的水平上显著为正，说明企业社会责任信息披露与企业绩效显著正相关，假设4-3-1成立。从模型（4-9）检验社会责任信息披露与媒体关注关系的结果来看，社会责任信息披露（CSRD）的回归系数为0.035，在1%的水平上显著为正，说明企业社会责任信息披露与媒体关注显著正相关，假设4-3-2成立。从模型（4-10）检验媒体关注与企业绩效关系的结果来看，媒体关注（MEDIA）的回归系数为1.085，在1%的水平上显著为正，说明媒体关注与企业绩效显著正相关，假设4-3-3成立。从模型（4-11）检验媒体关注在社会责任信息披露与企业绩效关系中起中介作用的回归结果来看，社会责任信息披露（CSRD）的回归系数为0.030，在5%的水平上显著为正，媒体关注（MEDIA）的回归系数为0.945，在1%的水平上显著为正，社会责任信息披露的显著性小于媒体关注，说明媒体关注在社会责任信息披露与企业绩效关系中起到了不完全的中介作用，假设4-3-4成立，即通过企业履行社会责任信息披露来提高企业绩效，一定程度上是通过媒体关注部分传导来达到最终影响企业绩效的目的。

4.3.4.2　稳定性检验

为了验证以上结论的稳定性，本节继续进行如下检验：

（1）借鉴温素彬（2008）和陈煦江（2014）的研究以托宾 Q 值替换 ROE 作为企业绩效的衡量指标。

（2）借鉴张正勇等（2012）和张兆国等（2013）的研究以企业社会责任报告的内容完整和定量定性信息为依据采用内容分析法进行评分来替换润灵社会责任评级得分。

（3）借鉴罗进辉（2012）和倪恒旺等（2015）的研究采用新媒体新闻搜

索引擎搜集到的企业新闻条目数取对数作为媒体关注的替代变量。

稳定性检验的回归结果与前面一致，证明原假设正确。

4.3.5 研究结论与启示

本节以国资委下属上市公司 2011~2015 年的数据为样本，考察企业社会责任、媒体关注与财务效率之间的关系，着重研究媒体关注在企业社会责任与财务效率关系中的中介效应。

研究发现，国资委下属上市公司履行社会责任水平存在明显差异，所受到的媒体关注度和企业财务效率也存在一定差距。企业社会责任信息披露和媒体关注均与企业绩效存在正向关联，即企业履行社会责任信息披露和获得媒体关注均有利于提高企业绩效；企业社会责任信息披露对媒体关注存在正向影响，企业积极履行社会责任信息披露可以吸引媒体关注，促进企业社会关注度和企业声誉的形成；进一步的中介效应检验结果表明，媒体关注在企业社会责任信息披露与绩效关系中发挥不完全中介效应，即企业社会责任信息披露对于绩效的影响作用是通过媒体关注部分传导实现的（董淑兰、刘浩，2018）。国有企业的社会属性决定着企业需要通过社会责任信息披露并借助媒体宣传满足社会公众对于企业社会责任的期望和关注，社会责任信息披露和企业可视化水平以呈现其对社会负责和透明的形象，在稳固企业合法性地位的同时为企业建立长期竞争优势和获取经济效益提供战略手段。

4.4 本章小结

本章分别以资本配置效率、商业信用融资、绩效表征企业整体配置、投融资配置中的融资配置以及财务资本配置的结果，基于中介效应研究企业社会责任（含社会责任信息披露）与体现企业资源配置状况的相关因素（企业整体资本配置、投融资配置中的投资配置、财务资本配置）之间的关系，分别探析了信任在企业社会责任与资源配置效率的关系中、综合竞争力在企业社会责任与商业信用融资的关系中、媒体关注在企业社会责任信息披露与绩效的关系中所起的中介传导作用。研究发现：信任变量起到了联结社会责任与资源配置效率之间关系的纽带作用，即信任在社会责任与资源配置效率之间发挥显著的完全中介效应；企业承担社会责任的水平越高，越有利于提升企业综合竞争力和获得更多的商业信用融资机会，企业综合竞争力在企业社会责任与商业信用融资之间的关系中发挥显著的不完全中介效应；媒体关注在企业社会责任信息披露与绩效关系中发挥不完全中介效应，即企业社会责任信息披露对于绩效的影响作用是通过媒体关注部分传导实现的。

第5章

企业社会责任与资源配置
关系的调节变量探索

　　第 4 章立足于中介效应视角研究企业社会责任与体现企业资源配置状况的相关因素之间的实证关系，分别得出如下结论：信任在企业社会责任与整体资本配置结果（资本配置效率）的关系中发挥显著的完全中介效应；综合竞争力在企业社会责任与投融资配置中的融资配置结果（商业信用融资）信用融资的关系中发挥显著的不完全中介效应；媒体关注在企业社会责任信息披露与财务资本配置结果（绩效）的关系中发挥不完全中介效应。本章在上一章研究企业社会责任与体现企业资源配置状况的相关因素之间中介效应的基础上，探析相关变量（寻租环境、制度环境、金字塔股权层级）在企业社会责任与体现企业资源配置状况的相关因素（企业整体资本配置、投融资配置、财务配置）之间所起的调节效应。

5.1　企业社会责任、寻租环境与企业整体资本配置

5.1.1　概述

　　2015 年 3 月，伴随着中央巡视组进驻各大央企，针对中央企业"打老虎"的战役拉开了序幕，因此 2015 年也被称为"国企反腐年"。在中纪委官网公布的 2015 年中央巡视的央企名单中，国家电网、中石油、中国移动、一汽集团等中国巨型中央国有企业都在巡视之列。伴随着中石油、一汽、中国铁建等

央企腐败现象的揭露和高管的落马，国有企业中出现的"吞食国资""利益输送""秘密消费"等新老杂交式腐败，个别央企甚至出现系统性、坍塌式腐败，反映了国企近年来在职务犯罪中出现的一种新动向。腐败环境对于企业经营环境和高管作风的毒害，使得深化国企改革和国企反腐败必须步调一致，通过反腐败为国企改革扫清障碍。由中国政府主导的反腐败行动已经深刻影响到中国企业的经济活动，2014 年中国工业经济联合会首次将腐败风险引入中国工业企业社会责任评价机制，在首次设定的企业履行社会责任的底线中就包括反腐败。反腐败不应该仅仅是政府的事，企业也应把反腐败放在自己的社会责任范畴。从长期来看，企业靠拉关系、搞腐败起家，对企业后患无穷。正如"沙子"假说认为的，面临官员的"敲竹杠"式寻租，企业抽取可支配利润用于满足腐败官员，寻租诱发企业投入大量机会成本，运营成本的抬高使得企业只能被动地压缩生产空间，破坏企业的研发和生产活动，阻碍企业的成长（聂辉华等，2014；李后建，2014；刘冰峰，2015）。而一旦区域腐败成为一种常态，政企之间的寻租链条可能发生固化效应，扭曲化的政企关系所带来的恶性循环将导致政治生态环境恶劣，身处这样制度环境下的市场主体在参与经济活动时，将会发现相较于履行社会责任给企业带来的隐形长期收益，寻租活动能以更少的经济成本获得更多可见的收益，放弃履行社会责任选择寻租活动成为明智的选择（李雪灵等，2012；邵传林，2016）。针对当前国有企业腐败的严峻形势和国有企业改革的势在必行，本节基于区域寻租环境的差异，以企业效率表征企业整体资本配置结果，从寻租环境在社会责任与企业效率中发挥调节效应的视角，为国有企业遏制腐败蔓延、全面深化改革提供新的依据，为企业履行社会责任、提高效率提供良好的生态环境。

5.1.2　文献回顾与研究假设

5.1.2.1　企业社会责任与企业效率

企业社会责任定义了一套企业实践，这些实践改善了这些企业运营市场的社会和环境监管标准，事实上将公司目标从股东价值最大化转移到满足更广泛的多利益相关者目标。维拉诺瓦等（Vilanova et al.，2009）将企业社会责任定义为"社会和环境问题在企业运作和与利益相关者的互动中的自愿性整合"，并从财务绩效、质量、效率与生产力、创新和形象五个绩效维度对企业社会责任与竞争力的关系进行建模。新制度经济学理论认为，企业社会责任是企业基于自身逐利活动与社会整体利益之间的矛盾，兼顾利益相关者的合理需求而对企业逐利行为进行非正式约束的一种必然的制度选择，通过与利益相关者建立起信任和互助机制的行为规则，增加企业的社会资本，减少信息不对称和交易成本，引导企业通过不断权衡社会资本收益和社会责任成本之间的边际收益，从而实现企业资源的最优配置。而企业作为一个追求利润最大化和相比市场而言更加节约交易成本的制度安排而存在，节约交易成本、获得交易效率是企业效率的基本内涵，履行社会责任在某种程度上也可以看作是企业为获得更多产出而投入必要资源的理性行为，通过社会活动投入，企业社会责任软制度内容与有效率的企业制度安排的高度契合，并发挥社会责任所具有的传播效应和企业制度节约交易成本的交易效率功能，能够减少企业与利益相关者之间的摩擦而使企业取信于利益相关者，这种交易中的诚信因素和良性互动关系可以避免企业因利益相关者的理性思考、机会主义以及资产专用性等导致交易成本过高，简化交易过程，提高交易效率，进而对企业的效率产生积极影响（刘文彬，2007；陈湘舸，2008；苏蕊芯等，2010；苏冬蔚，2011）。效率的变化可以很好地衡量企业社会责任举措对企业的影响。而企业效率的本质是实现投入产出的最优配比，企业社会责任活动通过企业战略中的伦理考虑和价值观引导企业内部成员在共同的组织承诺和价值观下保持团结与稳定，同时降低投资方与企业之间信息不对称的逆向选择和道德风险，进而凭借企业负责任的经营带来企业效率的提升（Darnall et al.，2008；柏拉图诺瓦等，2016；何贤杰等，2012；宋丽娟，2016）。

正如工具理论和良好管理理论基于利益相关者管理的视角认为的，企业通过从事社会责任活动，可以产生良好的利益相关者反应和更好的支持行为，其作为满足利益相关者要求的管理工具在确保企业生存根基的同时也使企业拥有一种无形资产，从而更有效地利用内外部环境资源，而从长远来看，这种企业战略层面的伦理考虑和价值观使得企业考虑组织运营更广泛的环境，在了解和利用利益相关者期望的基础上实现企业社会责任与价值层面的公司治理相结合，在更广泛的利益相关者群体中定位企业的社会责任优先政策，可以建立企业形象，赢得利益相关者的信任和对企业发展的良好意愿，增强利益相关者的倡导行为，提高企业经营效率（杜等，2010；Sueroca，2010；季子等，2014）。战略管理理论则认为，企业社会责任是一种管理方式，管理者使用企业社会责任来推动他们的职业生涯或其他个人议程。管理者可以通过增加企业社会责任投资而以牺牲股东利益为代价来赢得良好声誉，而良好的声誉可以帮助企业创造成本优势，可以为企业创造有竞争力的效率优势（Roberts and Dowling，2002；Mike Williams et al.，2006；Krüger，2015；Bhandari and Java-khadze,，2017）。声誉作为公司过去行为和未来前景的感性表现，描述了该公司与其他主要竞争对手相比对其所有关键利益相关者的总体吸引力。企业声誉是反映外部利益相关者将公司视为"良好"或"坏"的程度的一般组织属性，良好的声誉是有价值的，可以创造劳动力资源效率优势，信誉卓越公司的运作更有效率（Stuebs，2011）。高声誉企业吸引员工，使得更多的劳动力供应竞争高信誉公司的职位，且增加的劳动力供应减少了工资。此外，员工的积极性也会带来生产率上的好处。由于良好的员工受企业声誉的激励，他们可能会为知名公司更加努力工作。劳动力成本较低和劳动生产率较高的假设变化应导致劳动效率的提高。资源异质性观点基于企业社会资本的视角也认为，企业在战略网络中所处的位置决定企业在不完全竞争的市场环境中掌控资源的能力，企业通过履行社会责任占据结构洞网络的关键位置，拥有市场竞争中的信息资源和关系资源，降低企业信息收集成本，争取社会网络间的企业合作，通过内部学习和整合机制将关键资源转化为动态市场竞争能力进而影响企业财务治理效率（Raquel et al.，2013；谢德仁，2012；周晓珺，2014；陈运森，2015）。基于此，本节提出假设 5 – 1 – 1。

假设 5 – 1 – 1：企业社会责任与企业效率显著正相关。

5.1.2.2　寻租环境与企业效率

新政治经济学中的寻租理论认为，寻租活动致力于对社会既得利益的再次分配，寻租是消耗社会资源却不产生社会财富的扭曲资源配置方式，其作为一项非生产性活动，阻碍了资源自由流通和市场公平竞争，导致企业无法实施更有效的生产方式，造成了巨大的资源浪费和社会福利损失（李雪灵等，2012；卿智群，2013）。寻租活动作为完全竞争市场条件下的负和博弈，其与特定的社会制度环境密切相关。中国几千年的权力寻租历史和官场文化为寻租活动提供文化基础，"关系""人情"已经成为人们在日常交往中所默认的规则，官员腐败作为中国社会政治寻租的产物，反映出中国市场经济发展过程中的"制度软化"问题。在中国经济由计划向市场过渡的特殊背景下，政府干预作为一只"看得见的手"对经济活动进行管制，而政府干预的存在为企业通过向政府官员支付"保护费"和"贿金"以获取政治关联下政府所给予企业的特权提供动机（杜兴强等，2010；黎文靖，2012；周中胜，2013；谢获宝，2014）。公共选择理论也认为，公司向政府官员提供贿赂，以换取政府官员给予企业的价值再创造和利益再分配，是企业在成本效益分析的框架内经过理性考虑后所做出的合理选择，只有当政府干预经济产生配额、许可证、批准、授权等可以诱发寻租的机制时，公司才会察觉到贿赂的潜在利益，并主动愿意"购买"政府的优惠决定，公司的贿赂只是在减少政府任意和不利于企业的干预活动，并将政府优惠资源引向被照顾企业以实现企业利益的最大化，以租金换取更大规模的寻租溢出是公司投入资源来寻找这种租金并建立政治联系的根本目的（Khwaja，2005；Faccio，2006；Gao，2011；Shitero，2016）。

然而，政府官员和企业基于寻租过程的租金交换受益后都试图维持或扩大现有的租金制度，从而导致更多的腐败。由于贿赂付款伴随着不确定性和保密性，以及腐败合同在法院无法执行的事实，企业面临较高的交易成本和机会成本。公司的贿赂率和企业增长率之间存在着稳健的负向关系，腐败显著地影响企业成长。正如交易成本理论所认为的，在行政权力配置社会资源的色彩并未褪尽时，政府以资源配置者身份出现在企业经济活动中，企业交易成本中蕴涵着企业与政府及政府官员进行交易以获取更多资源的寻租性非生产支出（Fisman，2007；万华林，2010）。寻租理论也认为，寻租活动是特定的利益集团为谋取利益而对政府决策或政府官员进行游说的非生产性活动，它扭曲了整个社会稀缺资源的有效配置，当公司将有限的资源用于非生产性领域，这就给公司的研发和投资等生产性活动带来"挤出效应"，不仅会降低企业的生产效率，而且会败坏企业内部的管理实践，最终损害企业的增长和发展（Houston，2011；Athanasouli，2015）。而地区寻租环境显著地影响了企业在面对官员设租时的选择偏好，通过挤压经营和生产支出，企业倾向于借助非生产性活动进行寻租的意愿，而企业对于资源的扭曲分配使得企业高管在职消费水平明显偏高，直接造成了企业产权效率和经营业绩的降低，机会主义盛行，企业缺乏进行知识创新的动力，这种寻租行为最终会损害公司价值（权小锋等，2010；聂辉华等，2014；何轩等，2016）。在腐败环境中，企业的命运与监督和协调使用生产性因素的管理努力并不紧密相关。因此，腐败导致管理努力偏离生产过程的运行，企业履行服务义务的方式是使用更多的投入。存在普遍寻租的情况下，为了最大限度地减少职员提取贿赂的财务信息，监督生产过程的动机可能会减少。同时由于发生额外的未预料成本，来自机能不良的体制环境和不确定性增加，暴露与腐败会阻碍制定长期增长战略。另外，在更多的腐败地区，企业可能会从人力资本的低效配置中获益。例如，企业可能在制造工厂中拥有更大的行政人员份额，以处理腐败、官僚主义和与公共部门互动的障碍。企业内

部腐败的影响也可能在其内部决策过程中显现出来。如果高层管理人员贿赂公
职人员，但希望促进和隐瞒这些活动，他们往往会在较高级别的管理层中进行
更集中的决策过程。阿塔纳苏里和古雅尔（Athanasouli and Goujard，2015）认
为腐败寻租会通过两个主要渠道恶化管理质量。首先，企业可能会根据区域机
构和腐败来调整结构，从而导致效率低下。寻租可能会促使管理人员从事不直
接富有成效的活动，例如通过非正式付款或礼品来诱导公共机构以换取各种服
务，造成的这些额外运营成本可能会导致公司资源和活动的扭曲，从而导致效
率下降。公司也可以选择特定的治理形式来处理寻租的商业环境条件，并保持
与政府机构人员非法交往的秘密。同构压力也可能对组织策略和文化产生强烈
的影响，机构压力可能导致模拟行为。寻租以及对私人付款和赠与的期望描述
了一种有利于企业投资的环境，这种环境可以通过管理实践来创造公司效率和
影响其内部结构。其次，有些公司可能通过支付贿赂来竞争公共采购当事方，
并影响政府法令增加其市场份额。由此产生的法规不会给采用更具竞争力的公
司结构施加足够的压力。这可能阻碍有效企业战略的发展、企业重组激励和员
工授权，导致企业管理效率下降。基于此，本节提出假设 5 - 1 - 2。

假设 5 - 1 - 2：寻租环境与企业效率显著负相关。

5.1.2.3　企业社会责任、寻租环境与企业效率

在追求股东财富最大化目标时，社会责任首先定义为一般与不违反法律和
法规的企业选择有关。其次认为企业社会责任不仅仅是遵循法律（Mike Wil-
liams et al. Siegel，2001），因为它还涉及预期会对可识别的社会利益相关者福
利产生积极影响的行动。在一个充满了利益冲突和信息不对称的社会中，由于
制度薄弱和合同不完善，企业活动可能会产生需要抵消的负外部性，无论是由
于制度规则还是企业本身。如果企业权利不能被正确抵消，股东财富最大化的
原则可能是站不住脚的制度行为的制衡和平衡（Tirole，2001）。在转型经济背
景下，政府对进入新市场的监管，无论是外国公司还是国内公司，都与更高水
平的贿赂和腐败交易有关（Mauro，1998；Djankov et al.，2003）。这种调控可
能导致官僚和企业的规避，寻租主要是管理不善和突兀的政府的一个特征。而
华盛顿共识是为新开放经济体提出的一套著名的推荐政策改革，并且表示随着
市场自由化程度的提高，腐败寻租将会消退（Rodriguez et al.，2006）。寻租
作为公职人员滥用公共权力来谋取私利下的企业行为，导致公款吃喝等非生产
性超额管理费用支出常被用于高管个人的在职消费或作为企业向政府官员支付
寻租活动所需的资金，这种社会资源的极大浪费严重威胁到投资者等利益相关

者的利益，如扭曲市场和激励机制、资源配置效率低下以及贫困和不平等加剧。在信息不对称的市场环境中，投资者在无法有效识别企业寻租活动下容易导致资本市场上逆向选择的问题，资源配置效率低下。而地区腐败和政企关系一旦扭曲化就有可能发生固化效应，即越是腐败的地区，越需要寻租行为来"疏通"政企关系，进而引起更加严重、更具普遍性的腐败现象，同时既得利益也越容易固化，在局部地区形成恶性循环，并导致政治生态环境恶劣问题（刘红霞，2015；邵传林，2016）。

企业社会责任履行的规范性观点认为，社会责任是影响组织伦理氛围的因素之一，道德氛围是指对道德上正确的行为以及组织应如何处理道德问题的共同认识。道德氛围熏陶下企业的行为往往内生于制度环境，其社会责任行为是在既定环境下适应环境的理性选择，在政府对经济的频繁干预、市场环境恶劣和寻租频繁的环境中，企业会更有动力进行寻租活动，并将大量资源配置于非生产性领域，受转移与挤出效应的影响，导致企业社会责任履行因费用支持不足而效力弱化（万华林，2010；周中胜等，2012）。新制度经济学也指出，企业的行为是针对某种特定制度环境的反应函数，而企业社会责任认知的形成和履行水平在很大程度也应受所处制度环境的影响，当企业所处市场的经济形势差时，政府干预市场为官员的寻租行为提供了温床，企业更可能付出许多非生产性成本和做出机会主义行为，这对企业履行社会责任的能力产生了挤出效应，即区域政府干预的差异化和寻租化倾向削弱了企业试图通过履行社会责任向利益相关者释放正面信号的动机，不利于提高企业融资效率（姚海琳等，2012；马胡杰等，2013；贾兴平，2014）。作为核心运营战略的社会责任的实现和履行已经成为一个需要认真考虑寻求可持续发展和利润的公司的话题。除了在社会上获得"经营许可"之外，员工参与道德行为的意愿也与公司愿意履行企业社会责任有关（Joe and Hatjoto，2011）。公立选择学派是现代经济学文献中寻租观点的鼻祖，其认为自利的激励措施适用于所有人的行为，包括政治决策者和政府官员及个人、团体的个人行为，以及寻求政府支持的公司。租金类似于恩惠或礼物；如果知道政治决策者和政府官员在分配租金方面倾向于行使自由裁量权，并且提供租金的特权优惠是可竞争的，那么租金的潜在受益者就有权竞争租金。用于争夺租金的时间、精力、主动性和资源都失去了对社会产出的生产性贡献。因此寻租会导致社会损失（Hillman，2013）。在特定社会制度环境下，人们在参与经济活动时，若发现相较于履行社会责任等寻利活动，寻租活动能以更少的经济成本获得更多超额收益，便会倾向于放弃寻利活动而选择寻租活动，企业耗费大量的精力和资源用于与政府部门沟通和协调的非生产性活动，从而减少了在企业社会责任活动等关系企业能力建设上的投入，从而有损于企业的长期业绩或整体的社会绩效（Ihori，2011；杜兴强等，2010；逯东等，2012）。基于此，本节提出假设 5 - 1 - 3。

假设 5 - 1 - 3：寻租环境在企业社会责任与企业效率关系中发挥反向调节作用。

5.1.3　研究设计

5.1.3.1　样本选择与数据来源

本节以国资委下属上市公司 2011 ~ 2015 年为样本区间，并对样本进行筛选，剔除数据缺失企业和金融企业，最终得到 1385 个样本。其中，企业效率计算指标和控制变量数据均来自于国泰安数据库和锐思数据库，企业社会责任数据来自润灵环球（RKS）上市公司社会责任评级数据库，寻租环境指标数据取自《中国统计年鉴》《中国检察年鉴》、各省区市的法院和检察院工作报告等，实证研究使用 SPSS 22 和 DEAP 2.1 统计软件完成。

5.1.3.2　变量选择

（1）被解释变量——企业效率。通过考察企业资源的投入与产出配比情况可以反映企业资源利用的有效程度，作为经济学中与生产理论有很强联系的企业效率评估模型，DEA 综合效率得分作为非参数数据包络分析结果可以作为衡量企业整体运营效率的重要标准（Kuosmanen，2012；芦锋等，2012）。本节借鉴苏蕊芯等（2010）、高莹等（2011）、熊婵等（2014）及黄海霞（2015）运用数据包络分析（DEA）基于投入产出的关系研究企业效率的思想和实证研究情况，选择固定资产、营业成本、期间费用、营业收入和净利润分别作为投入、产出指标，将计算出的企业年度综合效率评价得分作为企业效率的衡量指标。

（2）解释变量。①企业社会责任。本节选择润灵环球（RKS）上市公司社会责任报告评级得分作为企业社会责任履行水平的衡量指标（曹亚勇等，2012；尹开国等，2014；权小锋等，2015）。②寻租环境。腐败被定义为个人或企业滥用公共或组织资源寻求私人权利和个人利益，其有时也被认为是寻求社会网络优势（交易成本、组织同构）的组织行为。在许多情况下，腐败涉及许多个人之间的合作，他们倾向于将破坏行为合理化为社会上可接受和正当的行为。腐败不仅指经济优势，而且广泛地包括各种行为偏离规定的规范，中国管理者在层次结构中通过金钱寻求支持特权和社会地位等利益需求，这种企业向政府官员提供贿赂以换取租金创造和分配的非正式公关活动被称为寻租（Fisman，2007；Hung，2008；黎文靖，2012）。国际腐败环境研究中多采用透明国际（TI）发布的全球各国行贿指数、清廉指数和腐败感受指数（Aidt，2009；Buchanan et al.，2010），而国内学者在研究地方腐败时倾向于以所属地区腐败案件和腐败人员规模作为腐败程度的代理变量，主要包括各省区市每万名公职人员和每万人的贪污贿赂立案数、职务犯罪立案数及职务犯罪立案比率（吴一平，2010；陈刚，2010；刘勇政，2011；李后建，2014；李春根，2016）。本节基于对地区腐败数据搜集整理途径的综合考虑，借鉴陈刚（2010）和胡凯（2012）的研究成果，通过阅读《中国统计年鉴》《中国检察年鉴》、各省区市人民检察院检察长和人民法院院长每年向各省人大提交的工作报告以及浏览部分省区市法院与检察院网站和中纪委官网获取信息后，采用各省市贪污贿赂立案数的对数作为地区寻租环境的代理变量。

（3）控制变量。本节从企业规模、发展能力、盈利状况、经营效率、财务杠杆、公司治理和上市地七个方面分别选择资产规模、营业收入增长率、总资产收益率、总资产周转率、资产负债率、独立董事比例与沪深交易所虚拟选择作为控制变量（Gao，2011；逯东等，2012；刘锦，2014；魏志华等，2015）。

主要变量及其具体定义见表5-1。

表5-1　　　　　　　　　　　主要变量及其具体定义

变量类型	变量代码	变量定义描述
被解释变量		
企业效率	DEAS	利用 DEA 计算出的企业综合效率得分
解释变量		
企业社会责任	CSR	润灵环球企业社会责任评级得分
寻租环境	RSE	企业所属地区贪污贿赂立案数的对数
控制变量		
企业规模	Size	年度资产总额的对数
发展能力	Growth	营业收入增长率
盈利状况	Roa	总资产收益率
经营效率	Tato	总资产周转率
财务杠杆	Lev	资产负债率
公司治理	ID	独立董事比例
上市地点	Place	上交所取值1，深交所取值0

5.1.3.3　模型设计

本节构建出如下研究模型。

$$DEAS = \beta_0 + \beta_1 CSR + \beta_2 Size + \beta_3 Growth + \beta_4 Roa + \beta_5 Tato + \beta_6 Lev$$
$$+ \beta_7 ID + \beta_8 Place \tag{5-1}$$

$$DEAS = \beta_0 + \beta_1 RSE + \beta_2 Size + \beta_3 Growth + \beta_4 Roa + \beta_5 Tato + \beta_6 Lev$$
$$+ \beta_7 ID + \beta_8 Place \tag{5-2}$$

$$DEAS = \beta_0 + \beta_1 CSR + \beta_2 CSR \times RSE + \beta_3 RSE + \beta_4 Size + \beta_5 Growth + \beta_6 Roa$$
$$+ \beta_7 Tato + \beta_8 Lev + \beta_9 ID + \beta_{10} Place \tag{5-3}$$

利用模型（5-1）验证假设 5-1-1，检验企业履行社会责任与企业效率正相关；利用模型（5-2）验证假设 5-1-2，检验寻租环境扭曲了企业资源配置，不利于提高企业效率；利用模型（5-3）验证假设 5-1-3，考察寻租环境在企业社会责任与企业效率关系中所起的作用，只需证明寻租环境与企业社会责任的交乘项（CSR × RSE）系数为负，即可证明寻租环境在企业社会责任与企业效率关系中发挥反向调节作用。

5.1.4　实证结果及其分析

5.1.4.1　回归分析

企业社会责任、寻租环境与企业效率之间关系的回归结果见表 5-2。

表 5-2　　　　企业社会责任、寻租环境与企业效率回归分析结果

变量	模型（5-1）	模型（5-2）	模型（5-3）
Constant	89.293 *** (95.827)	90.111 *** (86.061)	80.604 *** (52.179)
CSR	0.008 * (1.723)	—	0.271 *** (8.903)
RSE	—	− 0.165 ** (− 2.401)	1.532 *** (7.534)
CSR × RSE	—	—	− 0.040 *** (− 8.784)
Size	0.135 *** (2.901)	0.165 *** (4.088)	0.078 ** (1.709)
Growth	0.008 *** (2.575)	0.009 *** (2.631)	0.007 ** (2.194)
Roa	− 0.072 *** (− 6.006)	− 0.073 *** (− 6.049)	− 0.065 *** (− 5.520)
Tato	0.860 *** (8.035)	0.859 *** (8.036)	0.808 *** (7.749)

续表

变量	模型（5-1）	模型（5-2）	模型（5-3）
Lev	0.006 * （1.685）	-0.004 *** （-3.627）	0.008 ** （2.466）
ID	0.011 ** （2.536）	0.006 * （1.698）	0.010 ** （2.249）
Place	0.604 *** （5.156）	0.522 *** （4.311）	0.429 *** （3.617）
调整 R^2	0.118	0.120	0.121
F 值	24.224 ***	24.622 ***	22.128 ***
D.W	1.541	1.525	1.515

注：***、**、*分别表示在1%、5%、10%的统计水平显著，括号内是 t 值。

模型（5-1）检验企业社会责任与企业效率的关系，CSR 的系数为 0.008，在10%的水平上显著，因此，企业社会责任与企业效率显著正相关，假设 5-1-1 成立，即企业通过履行社会责任促进企业资源的优化配置有利于实现企业效率的提高。

模型（5-2）检验寻租环境与企业效率的关系，RSE 的系数为 -0.165，在5%的水平上显著，因此，寻租环境与企业效率负相关，即当企业热衷于寻租活动，将有限的企业资源从生产安排中转移至非生产性活动时，这样的资源扭曲活动无异于浪费企业资金，自然将损害企业的整体效率。

模型（5-3）检验寻租环境在企业社会责任与企业效率关系中所起的作用，企业社会责任与寻租环境的交乘项（CSR × RSE）的系数为 -0.040，小于0，且在1%水平上显著，因此，企业所处地区的寻租环境在企业社会责任与企业效率的正相关关系中发挥反向调节作用，即地区寻租盛行的环境将使得企业热衷于通过寻租获取非正式的竞争资源来提高企业效率，而非通过正常的社会活动维系内外部良好的经营环境来提高企业竞争力和整体效率，寻租对于企业有限资源的占有和策略优先选择的影响不利于企业通过社会责任战略来实现提升企业效率的目的。

5.1.4.2　稳定性检验

为了验证回归结果的稳定性，本节继续进行如下检验：采用理查森（2006）运用模型回归后的残差所计算得出的企业投资效率指标替换 DEA 综合效率得分来表示企业效率（李云鹤等，2011；罗明琦，2014）；采用和讯网社会责任评分替换润灵环球企业社会责任评级得分作为企业社会责任水平的衡量指标（王建玲等，2016；吴德军，2016）。回归结果表明，更好地履行社会责任的企业能够取得更好的企业效率，且寻租环境在社会责任与企业效率之间具有反向调节效应，回归结果与前面一致，原假设成立，由于篇幅所限，稳定性检验结果未能列示。

5.1.5　研究结论与启示

本节以国资委下属上市公司 2011～2015 年的数据作为样本，基于地区寻租环境的差异，考察寻租环境、企业社会责任与企业效率的关系，以及寻租环境在企业社会责任与企业效率关系中的调节作用。

研究发现：国资委下属上市公司所属地区的寻租环境差异比较明显，上市公司的综合效率以及履行社会责任情况均存在显著差异。企业履行社会责任的水平与企业效率正相关，地区寻租环境则与企业效率存在显著负向关联。进一步检验结果表明，公司所处地区的寻租环境，在公司履行社会责任与公司效率的正相关关系中发挥反向调节作用，即公司所处地区的寻租环境恶劣，使得企业把更多的精力和资源放在隐蔽和非正式的寻租关系维护上，进而会影响企业对利益相关者的关注，降低企业履行社会责任的水平，影响企业效率。

研究启示：国企高管权力寻租和以权谋私是国企腐败的主要体现，而利益输送贯穿始终。19 世纪，英国思想史学家阿克顿勋爵道出了一句具有铁律性质的警世格言："权力导致腐败，绝对权力导致绝对腐败。"可见，腐败与企业内部权利配置密切关联，上市公司管理层权力越大，利用在职消费和关联交易进行权力寻租谋取私利的可能性越大（徐细雄，2013；胡明霞，2015）。国有企业改革需要将国企推向市场，建立规范完善的现代企业制度，落实法人治理结构和内外部监督互相配合协调，通过科学规范的企业运营制度，让管理层的权利在既定轨道、按既定线路运行，形成不易腐败的保障机制，真正实现"把权力关进制度的笼子"。

5.2　金字塔股权层级、企业社会责任与投融资配置

5.2.1　概述

中国的经济发展经过 40 多年的改革开放，现在处于一个很关键的转型期，

转型期间的过渡顺利与否将决定中国未来十年、二十年经济发展的态势，在中国向市场经济转型的过程中，重要的遗留问题之一是国有企业（SOE）的改革。我国实行社会主义市场经济，必然存在政府参与经济活动的制度安排，由于我国的市场化进程还在进行中，目前政府在市场中仍旧拥有绝大部分资源的定价权和配置权，因此最明显的后果就是政府在经济生活中即是运动员又是裁判员，这种不健全的制度安排导致较为突出的国有企业非效率投资问题，而依靠投资实现的粗放增长只会导致更为严重的供给侧结构问题。

虽然国有企业已经成为世界经济重要和持久的固定资产，但是国企通常被认为是一种不太理想的企业结构，其普遍采用国家控股的股权模式，政企尚未真正分离。政府对企业实行高度集权控制，国有控股企业便充当政府实现政治目标和社会目标的工具，造成了国有企业偏离利润最大化的经营目标。当利润最大化不是国有企业的全部目标时，国企利润的增加也使国企得以大量投资，过度投资就会产生事与愿违的结果。金字塔股权层级是全世界都很常见的组织结构，金字塔顶端的控股所有者通过一系列中间公司间接控制着一家公司，在国有资产及其控股所有权不能跨越公司边界自由转移的前提下，决策权转移只有通过这种不改变实际所有权的特殊转让机制才能实现增加下属企业的自主经营权利。金字塔结构作为政府降低干预的承诺，不仅仅是一个政策方案，它要求增加国有企业管理人员的决策权，更广泛的金字塔结构与更强有力的公司管理者或更强调市场规则相关联。而中国国有企业社会责任内生与现存的政治和经济体制背景中，政府在国有企业社会责任活动中发挥制度性作用，政府的干预更是对国有企业社会责任决策和信息披露内容起到了明显的导向作用，国有企业社会责任信息披露的政府内因，意味着企业只有主动承担和顺利完成这些社会责任才能符合政府的预期，社会责任报告不是企业根据自身盈利能力、权衡利弊得失后的理性选择结果，这种国家行政干预的制度安排不同于市场机制下企业社会责任信息披露的作用机理，扭曲了其与公司投资效率之间的关系。

本节以国资委所属上市公司为研究对象，在国内外相关研究和理论基础上，立足于转型经济背景下国有企业非效率投资和国有企业放权改革问题，以投资效率表征企业投融资配置中投资配置结果，考察国有企业金字塔层级、企业社会责任与投资效率三者之间的关系，研究金字塔层级作为政府对国有企业放权的机制在企业社会责任和投资效率关系中的调节效应，从优化政企关系和完善现代公司治理的视角为国有企业更好履行社会责任和提高投资效率提供依据。

5.2.2　理论分析与研究假设

5.2.2.1　金字塔层级与投资效率

投资理论认为投资机会是企业投资的唯一动力，所有正净现值（NPV）项目应该被满足。该理论认为，企业可能会为所有正的 NPV 项目进行融资，并继续投资，直到投资边际收益等于边际成本，即企业的投资政策完全依赖于托宾 Q 所衡量的投资机会，此时资本达到最优配置，所有投资应被认为是效率投资（于文超等，2012）。中国实行的财政分权改革制度以及政治激励机制引发地方政府对地区生产总值增长高度追求，而投资活动是地方经济增长和增加财政最直接的途径之一，为了保持地区生产总值的增速、维护地方社会稳定和实现职工就业安排的职责，国有控股企业便充当政府实现政治目标和社会目标的工具，政府往往要求国有企业承担政府责任和社会义务，造成国有企业偏离利润最大化的经营目标（张祥建等，2015），政府强烈地干预其辖区内国有企业旨在实现政治目标和社会目标的倾向，直接干预企业的内部经营决策，而政府对国有企业的干预产生了一个导致投资效率低下的摩擦，阻碍了企业的最优化投资决策，导致要素投入的配置更加失当，造成国有企业投资行为的扭曲和投资效率的下降（刘星，2014）。

中国国有上市公司表现为以资源配置、企业目标、人事任命三方面行政化为主要特征的传统行政型治理模式（任广乾，2010），随着以政企分开为目标的国企改革不断深入，国有企业的治理机制也在逐步完善，政府对上市公司的控制已从直接控股演变到以金字塔结构为特征的间接控制，政府对国有企业的干预行为受到一定的限制，政府直接干预企业的成本逐步提高（毛世平，2008）。金字塔层级结构作为一种股权结构联结方式，通过权衡政府控制的政治成本与股权分散导致的经理代理成本，在政府和企业之间形成了一个隔离带，以政府间接持股方式降低政府对国有企业行政干预的可能性，借此实现对企业的放权承诺（Zhang，2004；Fan et al.，2014）。随着金字塔层级增加，拉长了对地方国有企业的控制链条，政府干预上市公司的成本越来越高，也越来越不方便，可以作为法律保护的替代机制保护公司的产权限制或者免受政府干预的影响（程仲鸣等，2008）。由于国有企业不能像市场经济中那种直接销售那样作为将企业决策权转让给第三方的手段，因此决策权的转移只有通过一种机制（如金字塔）才能实现自主创新增加，而这种机制的实际操作并不是所有权的转移,金字塔顶端的控制所有者(国家)通过层间的中间公司间接控制着下属企业(Fan et al., 2013;Zhang et al., 2016),这种自上而下的分权提高了企业在竞争激烈的市场环境中的决策效率和经营灵活性,更多金字塔层级的国有企业进行的投资更好地反映企业可用的投资机会,同时金字塔股权结构作为一种不干预上市公司的可靠信号,减弱了政治侵占效应,降低了上市公司投资过度的可能性,提高了投资效率(贾明,2015)。基于此,本节提出假设5-2-1。

假设5-2-1:国有企业金字塔层级越多,政府放权力度越大,企业投资效率越高。

5.2.2.2 企业社会责任与投资效率

信息不对称理论认为信息可以通过降低道德风险与逆向选择等途径缓解信息不对称来提高企业的投资效率,一方面,道德风险的存在、管理者持有的私人信息、管理层与股东之间的利益冲突以及缺乏对管理者的监督,可能会导致管理者试图最大化他们的个人福利,为了追求自身利益最大化会通过浪费性投资牟取私利,营造"私人帝国",投资超过最优水平,不适合股东(Jensen,1986;Jensen and Meklin, 1976);另一方面,在逆向选择模型下,管理者比外部投资者更了解情况,并且在企业估值过高时有动力发行资本。理性投资者预期这种趋势,并可能定量分配和提高资本成本,这将导致财务困难和投资不足(Stiglitz and Weiss, 1981;Lambert et al., 2007;Biddle et al., 2009)。从这个意义上说,任何有助于减少信息不对称的因素也有助于提高投资效率。诸如财务报告质量等控制机制可以更好地监督管理活动,减少信息不对称和信息风险(Healy and Palip, 2001;Hope and Thomas, 2008)。作为信息不对称的劣势方,公司外部投资者会要求更高的资本回报率,导致内部资金无法满足投资机会的公司面临融资约束问题,造成投资不足(蔡海静,2016)。信息披露质量和投资效率之间的关系源于信息不对称的减缓,以及道德风险、逆向选择和代理问题的改善(Healy and Palip, 2001;Lambert et al., 2007)。较高的信息披露质量允许资本受限的公司通过使其投资活动更加明显而更容易吸引资金,并减少证券发行中的逆向选择。此外,更高的财务业绩质量可能会降低过度投资的管理激励,并增加投资者监督管理投资活动的能力。同时,更高的信息披露质量可以允许有约束力的公司吸引资金,方法是让投资者更容易看到其正的净现值(NPV)项目,并减少证券发行的逆向选择。另外,较高的信息披露质量可以遏制管理层的激励措施,从事价值摧毁活动,如拥有充足资本公司的帝国建设，如果更高的信息披露质量有助于编写更好的合同，防止低效投资和/或提高投资者监督管理投资决策的能力，则可以实现这一目标。基于这个推理，我们假设更高质量的信息披露与降低过度投资相关（Biddle et al.，2009）。强制要求披露的企业社会责任信息作为公司非财务信息披露的重要组成部分，能够有效弥补单纯财务信息无法充分揭示的企业可能存在的风险和不确定性因素，可以提供有效的边际信息增量，显著提升会计信息披露内容的水平和质量，能够提升信息沟通效率，解决企业与利益相关者的冲突，缓解信息不对称对投资效率产生的不利影响，向市场释放其具有较高社会责任意识、良好公司治理质量和能力、利益相关者保护的信号（谭雪，2017），以充分的信息环境帮助投资者进行投资决策和风险判断，更好地引导资本流通，提高资本配置效率（钱明等，2016）。

利益相关者理论也认为，企业履行社会责任的信息是公司和利益相关者之间进行沟通的重要工具，作为上市公司会计信息的一种补充（Kim，2012），企业将履行社会责任的信息作为企业与利益相关者之间对话的一部分，企业社会责任相关披露增强了企业吸引资源、提升业绩和发展竞争优势的能力，同时满足了利益相关者的需求，促使企业经理人和其他利益相关者更加关注企业的长远利益，采取保守的会计操作和决策，向投资者提供更加透明的财务信息，随着企业透明度的提高，企业股票的深度将会增加，并且投资者的估计风险会降低，同时更好地履行企业社会责任信息的企业可以为专业的长期投资者提供积极的信号，促使投资者相信他们在投资这些企业时会更容易达到预期的回报率（Cox，2011；Xu et al.，2015）。而新制度经济学认为表现良好的公司使用信息披露发送优异性能的非可复制信号以避免逆向选择问题，自愿披露减少了投资者不可分散的估计风险，这会转化为资本成本的减少，没有可靠的披露信号，市场流动性就会恶化。企业社会责任的信息作为一种特殊类型的自愿披露，为企业的生存与发展创造良好的社区及社会环境，其功能超出了满足各种利益相关者要求的目的，并作为运营许可证，减少其未来发展前景的不确定性，能够消除投资者产生市场恐惧的疑虑，增加投资者对企业的信心，通过降低交易成本和减少估计误差来降低资本成本，缓解代理成本和融资约束问题，最终改善公司投资效率（王开田等，2016；钟马，2017）。基于此，本节提出假设 5 - 2 - 2。

假设 5 - 2 - 2：企业更好地履行社会责任有利于提高投资效率。

5.2.2.3　金字塔层级在企业社会责任与投资效率关系中的调节作用

公司所有权结构应该被看作是反映股东影响和股票市场交易决策的内生结果，它是公司治理的基石，在理解公司行为中扮演着重要角色。中国特殊的制度背景导致中国上市公司的股权形态存在一定的历史和体制印记，根据终极控制人的性质可将上市公司分成三类：私有企业、地方国有企业和中央国有企业（苏忠秦，2012）。由于缺乏有效的经理人市场，国有企业的管理者通常由控制股东政府委派，容易使管理层的选择以控制股东的利益为出发点，因此，国有企业需要改变政府部门直接控股上市公司的持股模式，建立一个良好的外部治理环境，减少政府对上市公司行政干预，合理安排内部激励和约束机制，有效地解决管理层与利益相关者之间代理问题，保持强有力的治理结构使得企业内部的各项经营决策行为以市场化为导向，以实现协同效应为目的，促进企业在适当的能力和边界范围内主动履行社会责任，但是对于投资效率的实际改变效果却取决于政府是否能真正的"放手"，或者说产权激励是否得到改善（刘媛媛，2014；黄送钦，2016）。

中国国有企业的治理结构没有为外部中小投资者发挥作用提供良好的制度保障，政府干预造成的企业治理结构失效，不利于建立有效的经理激励机制，导致企业信息披露水平低下，从而引发严重的代理问题（周静，2017；谢霏等，2017）。金字塔股权结构是国有企业放权改革的有效途径之一，通过在政府与企业之间形成天然的"隔离带"，提高了政府获得企业日常经营信息的成本（何勤英等，2017），其作为一种屏蔽政府干预的制度安排有效隔绝了政府对企业的行政干预，国有企业拥有更多的经营自主权，提高了国有企业运行效率，企业经营目标更强调盈利导向，更多的市场化决策机制被导入国有企业经营管理过程，以提升企业经营透明度，客观上会改善企业与外部潜在投资者之间的信息不对称程度，增强投资者保护水平，提升投资者对国有企业社会责任行为的认可度（尹开国等，2014；陈工等，2016）。在中国现有的政治体制和经济体制下，政府是国有企业社会责任意识和行为规定的强大制度角色。来自政府的法律法规干预对企业社会责任的信息披露起到了明显的强制影响作用，成为推动我国企业披露社会责任信息的关键外在因素，并非是企业自发的决策，而是自上至下政府推动的结果，企业主动承担和顺利完成这些社会责任符合政府的预期，社会责任报告不是企业根据自身盈利能力、权衡利弊得失后理性选择的结果，而是被赋予更多的"形式重于实质"的制度性安排（杨汉明，2015）。良好的市场决策机制替代了政府的行政干预，抑制了上市公司通过盈余管理隐瞒坏消息的行为，提高了会计信息质量的透明度（钱爱民，2016），使得信息的资源配置功能更加有效，通过改善契约和监督来降低公司股东因逆向选择而造成的融资成本，帮助企业从资本市场上快速获取资本并投入到企业所要实施的项目中去，从而有助于企业识别投资项目和抓住投资机会，直接提高公司投资效率，实现资本的高效配置（施先旺等，2014）。基于此，本节提出假设 5 - 2 - 3。

假设 5 - 2 - 3：国有企业金字塔层级在企业社会责任及其信息披露与投资效率关系中发挥正向调节作用，即企业金字塔层级越多，企业自主决策能力越强，企业社会责任及其信息披露质量对于投资效率的影响越显著。

5.2.3　研究设计

5.2.3.1　样本选取和数据来源

本节选取国资委下属上市公司 2012 ~ 2016 年五年的数据为样本，并对样本进行筛选，剔除数据缺失企业、ST 企业和金融企业，最终得到 670 家企业共计 3350 个样本。其中，投资效率数据取自理查森（2006）的企业投资期望模型计算的残差，企业社会责任数据通过手工收集和讯网根据上市公司社会责任报告专业评测体系计算的社会责任综合得分，企业金字塔股权层级的数据资料通过在巨潮资讯网逐一阅读上市公司年报中的公司与实际控制人之间产权及控制关系的方框图进行手工整理。财务数据整理于国泰安（CSMAR）数据库和锐思数据库（RESSET），区域 GDP 增速取自各省历年国民经济和社会发展统计公报。此外，本节的数据处理采用 DEAP 2.1 和 SPSS 22 统计软件来完成。

5.2.3.2　变量设计

（1）被解释变量。投资效率（Inv-eff）。企业投资直到资本投资的边际收益等于边际成本为止，这取决于投入新资本的调整成本；管理人员以现行的经济利率获得正的净现值项目的融资，并向投资者返还超额现金。然而，文献中学者也认识到企业可能偏离这个最优水平并且投资过度或不足的可能性。例如，先前的研究确定了管理者与外部资本供应者之间存在信息不对称所导致的两个主要缺陷——道德风险和逆向选择——这可能会影响资本投资的效率。管理者最大化他们的个人福利有时倾向于进行不符合股东最大利益的投资（Burrell and Meunes，1932；Jensen and Meckling，1976）。本节借鉴理查森（Richardson，2006）的投资期望模型，利用实际投资与预期投资之间的差额来度量投资效率。回归残差的绝对值代表企业的投资效率，残差 >0 表示投资过度，残差 <0 表示投资不足。本节参照程新生等（2012）、罗明琦（2014）以及劳拉等（Lara et al.，2016）对于投资效率的研究构建模型如下：

$$Inv_t = \beta_0 + \beta_1 Roa_{t-1} + \beta_2 Lev_{t-1} + \beta_3 Age_{t-1} + \beta_4 Cash_{t-1} + \beta_5 Growth_{t-1} + \beta_6 Size_{t-1} + \beta_7 Inv_{t-1} + \sum Year \tag{5-4}$$

其中，Inv_t 衡量 t 年度某企业新增投资，用（第 t 年企业购建固定资产、无形资产和其他长期资产所支付的现金 – 第 t – 1 年企业购建固定资产、无形资产和其他长期资产所支付的现金）/起初总资产来表示；Roa 衡量企业盈利能力，用上期总资产报酬率表示，等于息税前利润除以总资产；Lev 衡量企业负债比率，用上期总负债与总资产之比表示；Age 衡量企业的上市年限，用滞后一期企业上市时间表示；Cash 衡量企业现金持有情况，用企业滞后一期的货币资金以及交易性金融资产之和除以总资产表示；Growth 衡量企业的成长性，用滞后一期的营业收入增长率表示；Size 衡量企业规模，用滞后一期的企业总资产对数表示；Inv_{t-1} 衡量 t – 1 期的新增投资；Year 是年度虚拟变量，回归残差表示投资偏差度，书中用残差的绝对值来衡量非效率投资，因此绝对值越大，投资效率越小。为了便于观察变量之间的系数，本节对企业投资效率采用百分数来表示。

（2）解释变量。企业社会责任（CSR）。以往学者研究对企业社会责任水平的计量多采用内容分析法、润灵环球企业社会责任报告评级得分、企业社会责任发展指数、和讯网社会责任评级得分等（李姝等，2013；冯丽艳等，2016；吴德军，2016）。和讯网社会责任评级得分作为国内首家上市公司社会责任报告专业评测体系，依据来源于沪深两市企业通过官网发布的社会责任报告及年报的数据，采用分级赋权的方法从股东责任、员工责任、供应商、客户和消费者权益责任、环境责任和社会责任五项考察，各项分别设立 13 个二级指标和 37 个三级指标对社会责任进行全面的评价，其中股东责任占 30% 的权重（包括盈利 10%、偿债 3%、回报 8%、信批 5%、创新 4%），员工责任占 15% 的权重（包括绩效 5%、安全 5%、关爱员工 5%），供应商、客户和消费者权益责任占 15% 的权重（包括产品质量 7%、售后 3%、诚信互惠 5%），环境责任占 20% 的权重（环境治理 20%），社会责任占 20% 的权重（贡献价值 20%），最后总评分按照 A（80~100）、B（60~80）、C（40~60）、D（20~40）、E（20 以下）划分五个等级。本节从样本完整性、指标体系科学性、内容系统性等视角入手，考虑和借鉴陈志军（2015）和王建玲等（2016）的研究选择和讯网社会责任报告专业评测体系中企业社会责任综合评级得分来度量企业社会责任水平。

（3）调节变量。金字塔股权层级（Pyramid）。世界各地的许多公司普遍采用金字塔形组织架构模式，在金字塔的顶点坐落着一个终极控制所有者，通过层层若干中间公司间接控制一家公司，企业中间层的存在以及衍生的所有者和管理者之间的信息成本，导致所有者难以直接介入经理的决策，它使决策权从所有者手中可靠地分散到地方（部门）的经理人手中，是从所有权和组织结构的视角探索决策权可信地转移的重要机制（Fan et al.，2007）。在国有企业中金字塔股权层级反映政府对国有企业干预的便利程度，金字塔层级越高，政府对国有上市公司的干预成本也就越高，能够降低政府干预的动机，实现对企业经营决策权的下放。金字塔股权结构的建立使得政府与企业间形成了一个隔离带，随着国有企业金字塔层级的延伸有助于降低政府干预的概率和程度，进而促进企业的市场化运营，是公有制经济背景下贯彻政府对国有企业放权改制和加强企业市场化经营提高公司效率的组织结构安排，是一种既不用转移控制权，又可以有效实现企业分权的组织结构，有利于提高企业决策自主权和效率，因此国有企业金字塔层级是微观层面上衡量降低政府干预程度的有效度量方式（Fan et al.，2013）。参照范等（Fan et al.，2005）和苏坤（2016）的研究由目标企业的股权链条往上追溯，如果企业采取的是单个股权控制链且最终控制人直接控制上市公司的直接控股方式，则没有中间层的存在，金字塔股权层级为 1，然后依次类推。如果金字塔结构有多个股权控制链条，则以产权及控制关系中控制链层级最长的链条为代表往上追溯至最终控制人来计算金字塔层级。金字塔层级的相关度量变量是以巨潮资讯网披露的上市公司年度报告为依据，通过逐份阅读公司年报中公司与实际控制人之间产权及控制关系的方框图手工收集完成。

（4）控制变量。本节选择公司规模、财务杠杆、成长性、盈利状况、运营能力、上市时间、委员会数量、GDP 增速、年度变量为控制变量（Khan et al.，2013；Benlemlih，2016；柳志南，2017）。

①企业规模（Size）。国有企业特别是地方政府控股的国有企业过度投资较为严重，反映了中国经济转型中政府干预的制度背景，重复建设等低效率过度投资客观上扩大了企业规模。规模大的公司受到的社会关注更多，为了保持良好的声誉和形象，企业更有意愿去披露履行社会责任相关信息。本节用总资产的自然对数来衡量企业规模。

②财务杠杆（Lev）。在政府干预下，国有企业可以免受因政府直接干预区域内的信贷资源配置所导致的融资约束，凭借政府公信力的政府信用降低信贷审批难度，这使得大量资金流入效率较低的国有企业，贷款被无效率使用。而从利益相关者角度来看，资产负债率越高，企业财务负担越重，企业社会责任践行情况也很可能越来越差。资产负债率（总负债/总资产）一般用来衡量财务杠杆。

③成长性（Growth）。国有企业的产权属性投资决策更注重促进经济增长、提供就业岗位、维护社会稳定，因而较少考虑行业发展前景和公司增长机会而不得不进行无效率的投资行为。企业成长同时也是企业履行社会责任信息披露的基础和动机。本节选择企业总资产增长率作为企业成长性的衡量指标。

④盈利状况（Roa）。企业盈利能力作为企业绩效的代理变量，是企业践行社会责任活动、投资社会责任的基石，绩效较好的公司有更多的资金投入到企业社会责任建设中去。本节选择总资产报酬率作为企业盈利能力的衡量指标。

⑤运营能力（Operate）。该指标衡量了企业的资产利用效率，数值越高，企业资产的使用效率就越高。出现过度投资或投资不足低效率投资行为的企业，其投资获得的资产并未被充分利用。本节选择总资产周转率作为企业营运能力的衡量指标。

⑥上市时间（Age）。公司上市时间越短，越有可能因为投资机会的增多增加企业的资本支出，上市时间越长，公司的治理结构越完善，对投资项目的考察越谨慎。

⑦委员会数量（Committee）。良好的内部治理环境有利于约束企业投资行为，协调公司与所有利益相关者之间的利益关系，增强企业社会责任信息相关性。本节选择企业内部委员会设立数量作为内部机制控制变量。

⑧GDP增速（GDP）。为了实现就业、社会稳定和GDP增长等政绩考核指标，并增加地方财政收入，地方政府行为倾向于鼓励企业投资，扭曲企业投资行为，从而导致过度的产能投资和重复建设。本节选择省市当年GDP增速作为区域经济发展的控制变量。

⑨年度（Year）。通过控制不同年度来增加投资效率计算以及回归结果的有效程度。

主要变量及具体定义见表5-3。

表 5 – 3　　　　　　　　　　　　主要变量及具体定义

变量类型	变量名称	变量代码	变量定义描述
被解释变量	投资效率	Inv-eff	基于理查森（2006）投资期望模型计算的残差值的绝对值
解释变量	企业社会责任	CSR	和讯网上市公司社会责任综合评级得分
调节变量	金字塔股权层级	Pyramid	以产权及控制关系中控制链层级最长的链条为代表往上追溯至最终控制人计算的金字塔级数
控制变量	企业规模	Size	总资产的自然对数
	财务杠杆	Lev	资产负债率 = 总负债/总资产
	成长性	Growth	总资产增长率
	盈利状况	Roa	总资产报酬率
	运营能力	Operate	总资产周转率
	上市时间	Age	企业自首发上市至目标年度所经历的时间
	委员会数量	Committee	企业内部委员会设立数量
	GDP 增速	GDP	省市当年 GDP 增速
	年度	Year	年度虚拟变量，2012 ~ 2016 年共 4 个年度虚拟变量

5.2.3.3　模型构建

本节以 2012 ~ 2016 年国资委所属上市公司的数据为样本进行研究，分析金字塔层级与投资效率、企业社会责任信息披露与投资效率以及金字塔层级在企业社会责任信息披露与投资效率关系中的调节作用，分别构建如下模型。

$$Inv\_eff = \beta_0 + \beta_1 Pyramid + \beta_2 Size + \beta_3 Lev + \beta_4 Growth + \beta_5 Roa + \beta_6 Operate$$
$$+ \beta_7 Age + \beta_8 Committee + \beta_9 GDP + \sum Year \qquad (5-5)$$

$$Inv\_eff = \beta_0 + \beta_1 CSR + \beta_2 Size + \beta_3 Lev + \beta_4 Growth + \beta_5 Roa + \beta_6 Operate$$
$$+ \beta_7 Age + \beta_8 Committee + \beta_9 GDP + \sum Year \qquad (5-6)$$

$$Inv\_eff = \beta_0 + \beta_1 Pyramid + \beta_2 CSR + \beta_3 Pyramid \times CSR + \beta_4 Size + \beta_5 Lev$$
$$+ \beta_6 Growth + \beta_7 Roa + \beta_8 Operate + \beta_9 Age + \beta_{10} Committee + \beta_{11} GDP$$
$$+ \sum Year \qquad (5-7)$$

利用模型（5 – 5）验证假设 5 – 2 – 1，检验国有企业金字塔层级与企业投资效率之间的关系。政府旨在完成政治目标和社会目标的政治行为而带来的政府目标与企业目标之间的冲突导致政府对其辖区内国有企业有着强烈的干预倾向，政府干预的依附效应和资源配置倾斜效应导致了企业投资行为的过度与不足等低效率现象，以此来论证政府减少对国有企业行政干预的放权改革，采用经理人代表的市场化和现代公司治理模式取代传统行政型治理模式，赋予国有企业更多经营自主权，加强企业市场化经营，抑制过度投资和提高公司资源配置效率。

利用模型（5-6）验证假设5-2-2，检验企业社会责任与企业投资效率之间的关系。企业履行社会责任的信息作为公司非财务信息披露的重要组成部分，显著提升会计信息披露内容的水平和质量，可以提供有效的边际信息增量，有利于企业内部经理人与其他各方利益相关者形成更良好的互信机制，降低信息不对称，降低道德风险与逆向选择，充分发挥资本市场调节功能，有利于代理成本和融资约束问题的缓解，增加公司与资本市场的信息沟通效率，以此来改善公司投资效率。

利用模型（5-7）验证假设5-2-3，检验国有企业金字塔层级在企业社会责任与企业投资效率之间的关系中发挥正向调节作用。转轨经济中，政府与企业尚未完全分开，政府依然掌握着很多与企业生存和发展相关的重要资源，政治干预是企业履行社会责任的影响因素，受政府干预扶持之手影响的国有企业能够理所当然地获取更多的资源，通过企业履行社会责任的情况来获取资源的动机本来就弱。政府简政放权的去行政化改革有利于实现资本市场健康发展，可以有效地提升上市公司的自愿性信息披露水平和财务透明度，抑制国企管理者利用企业社会责任追求私利的机会主义动机，优化公司治理结构，使各利益相关者之间形成良性互动，抑制公司非效率投资。

5.2.4 实证检验结果及分析

5.2.4.1 回归分析

模型（5-5）、模型（5-6）和模型（5-7）的回归分析结果见表5-4。

表5-4　　金字塔股权层级、企业社会责任与投资效率回归分析结果

变量	模型（5-5）	模型（5-6）	模型（5-7）
Constant	10.691 *** (10.281)	9.931 *** (9.456)	10.797 *** (9.928)
Pyramid	-0.092 ** (-2.000)	—	-0.256 *** (-3.032)
CSR	—	-0.005 * (-1.867)	-0.018 *** (-2.901)
Pyramid × CSR	—	—	0.005 ** (2.433)

续表

变量	模型 (5 - 5)	模型 (5 - 6)	模型 (5 - 7)
Size	-0. 311 *** (-7. 780)	-0. 284 *** (-6. 780)	-0. 289 *** (-6. 886)
Lev	0. 009 *** (2. 917)	0. 009 *** (2. 845)	0. 008 *** (2. 693)
Growth	0. 006 *** (5. 642)	0. 006 *** (5. 658)	0. 006 *** (5. 680)
Roa	0. 014 (1. 518)	0. 019 * (1. 948)	0. 018 * (1. 825)
Operate	-0. 171 * (-1. 866)	-0. 163 * (-1. 778)	-0. 164 * (-1. 789)
Age	-0. 040 *** (-3. 934)	-0. 042 *** (-4. 166)	-0. 042 *** (-4. 139)
Committee	-0. 430 *** (-4. 785)	-0. 430 *** (-4. 784)	-0. 432 *** (-4. 811)
GDP	0. 106 *** (4. 247)	0. 113 *** (4. 469)	0. 112 *** (4. 448)
Year	控制	控制	控制
观测值	3350	3350	3350
调整 R^2	0. 047	0. 047	0. 049
F 值	19. 320 ***	19. 261 ***	16. 632 ***

注: *** 、 ** 、 * 分别表示在 1% 、5% 、10% 的统计水平显著, 括号内是 t 值。

模型 (5 - 5) 检验金字塔股权层级与企业投资效率的关系, 金字塔股权层级 (Pyramid) 的系数为 -0. 092, 在 5% 的水平上显著, 因此, 金字塔股权层级与企业投资效率显著正相关 (即金字塔股权层级与企业非效率投资负相关), 假设 5 - 2 - 1 成立。国有企业金字塔股权结构作为限制所有者 (政府) 干预管理决策的可信承诺, 中间层各企业之间的相互博弈避免了政府干预下国企管理者基于政治升迁动机的机会主义行为所导致的投资过度, 有利于在企业决策中以经济逻辑代替行政干预, 实现对企业经营决策权的下放, 实现企业决策的市场化与专业化。企业经营目标会更强调价值导向, 进而提高国企运行效率和投资效率。

模型 (5 - 6) 检验企业社会责任与投资效率的关系, 企业社会责任 (CSR) 的系数为 -0. 005, 在 10% 的水平上显著, 因此, 企业社会责任与投资效率显著正相关 (即企业社会责任与企业非效率投资负相关), 假设 5 - 2 - 2 成立。企业履行社会责任的信息是受到资本市场认可的, 它被看作是公司诚信与责任感的一种表现, 足够的信息作为投资决策依据使投资人能够做出公司价值增加的判断，并对公司的运作和管理发表深刻的见解，有助于缓解企业与投资者之间信息不对称下对风险投资和相关道德风险的不利选择，有利于利益相关者对上市企业形成良好的市场预期，寻求塑造积极的信息环境来降低资本成本，企业社会责任作为一种高质量的非财务信息能通过改善契约和监督关系、降低道德风险和逆向选择来提高公司投资效率。

模型（5-7）检验国有企业金字塔股权层级在企业社会责任与投资效率关系中发挥的调节作用，金字塔股权层级（Pyramid）的系数为-0.256，在1%的水平上显著，企业社会责任（CSR）的系数为-0.018，在1%的水平上显著，金字塔股权层级与企业社会责任交乘项（Pyramid × CSR）的系数为0.005，在5%的水平上显著，因此金字塔股权层级在企业社会责任与投资效率正向关系中发挥显著的正向调节作用，假设5-2-3成立，即国有企业金字塔股权层级越多，政府对于国有企业干预难度越大，针对国有企业的放权力度越大，此时建立市场化和专业化投融资决策机制的国有企业通过披露企业履行社会责任的信息更能够提高企业投资效率。

5.2.4.2 稳定性检验

为了验证回归结果的稳定性，本节继续进行如下检验：借鉴王坚强（2010）和江新峰（2014）基于 DEA 直接反映企业的投入消耗和产出成果之间效率关系评价企业投资效率的思想，基于资本形成效率的视角系统和综合地评价企业投资效率的方法，选择固定资产投资和无形资产投资等内部投资占总资产比重、交易性金融资产和可供出售金融资产等外部投资占总资产比重两个指标作为 DEA 模型的输入指标，选取企业总资产增长率、营业利润率和投入资本回报率三个指标作为 DEA 模型的输出指标，无量纲处理后利用 DEAP 2.1 统计软件计算出的综合投资效率来替换利用理查森（Richardson，2006）投资期望模型计算出的投资效率。继续进行回归检验，稳定性检验结果见表5-5：国有企业金字塔股权层级与投资效率显著正相关，企业社会责任信息披露与投资效率正相关，金字塔股权层级在企业社会责任信息披露与投资效率正向关系中发挥正向调节作用，原假设仍然成立，通过稳定性检验。

表5-5　　金字塔股权层级、企业社会责任与投资效率稳定性检验结果

变量	模型（5-5）	模型（5-6）	模型（5-7）
Constant	79.934 *** (21.023)	85.109 *** (23.916)	83.194 *** (21.188)

续表

变量	模型 (5-5)	模型 (5-6)	模型 (5-7)
Pyramid	0. 346 ** (2. 165)	—	0. 782 *** (3. 073)
CSR	—	0. 046 *** (5. 452)	0. 095 *** (4. 651)
Pyramid × CSR	—	—	0. 015 ** (2. 477)
Size	-0. 333 ** (-2. 278)	-0. 617 *** (-4. 348)	-0. 591 *** (-3. 867)
Lev	0. 048 *** (4. 335)	0. 061 *** (6. 016)	0. 054 *** (4. 920)
Growth	0. 015 *** (3. 924)	0. 016 *** (4. 348)	0. 015 *** (3. 901)
Roa	0. 201 *** (5. 888)	0. 167 *** (5. 105)	0. 154 *** (4. 388)
Operate	0. 633 * (1. 884)	0. 335 (1. 075)	0. 568 * (1. 698)
Age	-0. 183 *** (-4. 913)	-0. 180 *** (-5. 225)	-0. 170 *** (-4. 574)
Committee	-0. 513 (-1. 562)	-0. 525 * (-1. 724)	-0. 487 (-1. 489)
GDP	1. 251 *** (13. 657)	1. 351 *** (15. 758)	1. 173 *** (12. 740)
Year	控制	控制	控制
调整 R^2	0. 111	0. 133	0. 103
F 值	47. 305 ***	58. 248 ***	35. 958 ***

注：***、**、* 分别表示在 1%、5%、10% 的统计水平显著，括号内是 t 值。

5.2.4.3　进一步分析

中国上市公司是否由中央政府控制、地方政府控制是公司是否效率低下和政府干预公司是否影响投资决策的争论焦点（孔婷婷，2016）。地方政府的社会目标动机、地方政府官员实现政绩的动机以及地区间政府资源竞争的需要，使得地方政府对于当地国有企业拥有较强的干预需求。随着政府干预引发金融"挤出效应"，从而导致政府行为对经济资源控制取代市场配置资源，同时地方国企是基于地区间资源条块配置下建立的地方经济发展标志，其投资行为主要满足地方政府对经济和政治两种目标的"诉求"，相应的投资贡献率和投资效率亦体现出浓厚的行政色彩，上市公司的资本支出更加偏离最优值（李延喜等，2015）。而央企在国有经济布局和国有企业改革中的战略性地位以及具有更高的行政权力，央企的跨域影响力使得其在投资时有能力突破地区间行政障碍和经济门槛，有助于提高投资效率，因此相对于行政低级别的地方政府对企业的强干预，中央政府处于自身形象和国企自身监管严格更可能约束和较少对控股企业的干预（孙慧，2013；邹朋飞等，2016）。文章参照吴等（Wu et al.，2012）和徐广成等（2016）按照国有企业最终控制人的政府层级和产权性质将国有企业划分为中央国有企业（由国务院国资委、财政部、铁道部、教育部等控制）和地方国有企业（地方国资委、财政局等控制）进行研究，考虑国有企业最终控制人的政府特质，将样本按照国务院国资委所属的中央企业和地方省区市国资委所属的地方国有企业进行分类（其中国务院国资委所属的中央企业 246 家，省区市人民政府国资委所属的地方企业 424 家），研究基于不同的政府层级下，中央和地方政府对于国有企业的不同放权力度对中央和地方国资企业投资效率的影响，以及研究在不同的干预压力和政府目标下，企业金字塔股权层级在企业社会责任信息披露与投资效率关系中所起的调节作用是否相同。

表 5-6 所示的是基于中央和地方分层视角的国有企业金字塔股权层级、企业社会责任信息披露与投资效率回归分析结果。

表 5-6　　　　基于中央和地方分层视角的国有企业金字塔股权层级、企业社会责任与投资效率回归分析结果

变量	中央企业			地方企业		
	模型（1）	模型（2）	模型（3）	模型（1）	模型（2）	模型（3）
Constant	6.974 *** (4.155)	5.956 *** (3.570)	7.579 *** (4.205)	14.583 *** (10.497)	13.693 *** (9.474)	14.301 *** (9.645)
Pyramid	-0.142 * (-1.744)	—	-0.362 ** (-2.456)	-0.124 ** (-2.008)	—	-0.265 ** (-2.309)
CSR	—	-0.007 * (-1.670)	-0.026 ** (-2.338)	—	-.0005 * (-1.650)	-0.020 ** (-2.446)
Pyramid × CSR	—	—	0.005 * (1.733)	—	—	0.006 ** (2.064)
Size	-0.175 *** (-2.850)	-0.129 ** (-2.044)	-0.154 ** (-2.356)	-0.466 *** (-8.308)	-0.436 *** (-7.262)	-0.432 *** (-7.214)
Lev	0.005 (1.096)	0.005 (0.956)	0.004 (0.852)	0.013 *** (3.383)	0.013 *** (3.428)	0.013 *** (3.195)
Growth	0.013 *** (7.148)	0.013 *** (6.911)	0.013 *** (6.647)	0.002 (1.333)	0.002 (1.337)	0.002 (1.368)

续表

变量	中央企业			地方企业		
	模型（1）	模型（2）	模型（3）	模型（1）	模型（2）	模型（3）
Roa	0.010 (0.691)	0.013 (0.942)	0.014 (1.015)	0.032 ** (2.330)	0.032 ** (2.240)	0.035 ** (2.461)
Operate	−0.178 (−1.047)	−0.166 (−0.964)	−0.200 (−1.136)	−0.151 (−1.369)	−0.193 * (−1.735)	−0.189 * (−1.703)
Age	−0.032 * (−1.722)	−0.042 ** (−2.292)	−0.034 * (−1.774)	−0.041 *** (−3.235)	−0.041 *** (−3.214)	−0.042 *** (−3.260)
Committee	−0.192 (−1.251)	−0.229 (−1.473)	−0.205 (−1.298)	−0.548 *** (−4.866)	−0.562 *** (−4.961)	−0.560 *** (−4.951)
GDP	0.098 ** (2.174)	0.108 ** (2.362)	0.108 ** (2.309)	0.110 *** (4.380)	0.116 *** (3.736)	0.115 *** (3.700)
Year	控制	控制	控制	控制	控制	控制
观测值	1230	1230	1230	2120	2120	2120
调整 R^2	0.052	0.050	0.052	0.059	0.059	0.059
F 值	8.552 ***	8.213 ***	7.117 ***	15.653 ***	15.876 ***	13.138 ***

注：*** 、** 、* 分别表示在 1%、5%、10% 的统计水平显著，括号内是 t 值。

表中模型（1）检验金字塔股权层级与企业投资效率的关系，在中央企业样本组中金字塔股权层级（Pyramid）的系数为 −0.142，在 10% 的水平上显著，在地方国有企业样本组中金字塔股权层级（Pyramid）的系数为 −0.124，在 5% 的水平上显著，因此，中央企业样本组中金字塔股权层级与企业投资效率的显著性水平小于地方国有企业样本组，即在地方国有企业，地方政府通过金字塔股权分层实现放权更加有利于避免非效率投资和提高企业投资效率。地方政府通过直接控股或者简单的间接控股方式以最终控制者身份控制地方国有企业，并通过手握高管人员考核结果裁量权和地方稀缺资源配置权来影响国有企业的高管基于价值创造来制定投资决策，因此易于扭曲企业投资行为，诱发企业投资的过度与不足等异化行为。地方政府在财政分权后面临地区间资金、资源的条块分割与配置障碍，中央政府控制广泛的资源和实施多种经济手段，更有利于打破地区间行政藩篱和经济壁垒，有助于提高投资效率，在地方政府的干预强于中央企业和政府权威弱于中央政府的前提下，地方政府控制下的国有企业因过度干预而面临更为严重的投资低效，因此针对地方国有企业的放权将更有利于提高企业投资效率。

模型（2）检验企业社会责任与投资效率的关系，在中央企业样本组中企业社会责任（CSR）的系数为 −0.007，在 10% 的水平上显著，在地方国有企业样本组中企业社会责任（CSR）的系数为 −0.005，在 10% 的水平上显著。

虽然企业社会责任与投资效率之间的关系在中央企业样本组和地方国有企业样本组表现为同样的显著性水平，但是在中央企业样本组中企业社会责任（CSR）每增加一个单位，企业非效率投资就会降低0.007，大于地方国有企业样本组在同等条件下降低0.005的投资效率提高水平。地方政府对GDP增长高度追求，也担负着维护地方社会稳定、实现职工就业安排的社会负担，政府通过干预国有企业的投资活动来履行其社会职能，将公共事业管理者的目标内化于企业经营决策之中，造成公司投资决策目标多元化，地方政府控制下的国有企业看似担负过多社会责任，但是中央国有企业拥有更为完善的内部治理结构和外部监管效力，其控制的可支配资源、企业定位以及综合影响力都要高于地方国有企业，因此中央企业社会责任水平都要高于地方国有企业，加之中央政府对央企资本投向监控力度较大，央企受到国内外媒体监督较多，有关的信息披露及时性较强，透明度相对较高，更有利于缓解信息不对称、提高公司透明度，提高企业效率。

模型（3）检验国有企业金字塔股权层级在企业社会责任与投资效率的关系中发挥的调节作用。在中央企业样本组中金字塔股权层级与企业社会责任的交乘项（Pyramid×CSR）的系数为0.005，在10%的水平上显著，在地方国有企业样本组中金字塔股权层级与企业社会责任的交乘项（Pyramid×CSR）的系数为0.006，在5%的水平上显著，地方国有企业样本组中金字塔股权层级与企业社会责任的交乘项无论是系数还是显著性水平都要大于中央企业样本组，因此，相较于中央企业，地方国有企业的金字塔股权层级在企业社会责任与投资效率的正向关系中发挥更为显著的正向调节作用，即地方政府减少干预，下放经营决策权，还权于企业，降低干扰企业经营政策的干预频率，有利于地方国有企业建立完善的公司治理机制和科学透明的投融资决策机制，起到明显地抑制过度投资和投资不足的作用，更加有利于提高企业投资效率。

5.2.5　研究结论与启示

本章立足于我国经济转型时期、政府过度干预国有企业、企业非效率投资泛滥的背景，在运用政府干预理论、利益相关者理论、信息不对称理论和代理理论分析的基础上，以中央和地方政府国资委下属的670家上市公司为研究对象，利用2012～2016年的样本数据，深入分析了国有企业金字塔股权层级、企业社会责任与企业投资效率的关系以及金字塔股权层级在企业社会责任与企业投资效率关系中的调节作用，得到的主要研究结论如下：

（1）金字塔股权层级和企业社会责任水平对国资委所属上市公司投资效率的提升有显著的正向作用。具体来说，金字塔股权层级是在没有转让公司所有权的情况下降低政府干预的可信机制，随着股权层级的增加，政府对国有企业干预的便利程度降低，干预的政治成本增加，有助于提高企业决策权和经营活力，企业决策中的经济逻辑代替行政干预，实现企业决策的市场化与专业化，对经济目标的追求将逐渐增大，起到抑制国有上市公司过度投资和提高投资效率的作用。在资本市场上，充足的企业社会责任信息是解决上市公司控制人与其他利益相关者之间信息不对称的重要机制。企业履行社会责任的信息披露作为一种重要的非财务信息披露机制，能够显著降低信息不对称程度，增加信息透明度，改善企业的信息环境，从而有助于削减代理成本和融资约束，有效改善外部融资环境，带来资本供应增量，最终提升公司投资效率。

（2）金字塔股权层级在企业社会责任与投资效率关系中发挥正向调节作用。国有企业金字塔层级越多，政府对于国有企业干预难度越大，针对国有企业的放权力度越大，企业履行社会责任并积极披露其信息以获取资源的动机越大，有利于企业做出最优选择，确立投资行为的盈利性原则，改善投资在行业间的配置效率，进而提高投资质量。金字塔层级的增加在一定程度上给予企业自主经营权与收益支配权，极大提高经营者积极性，此时，因政府放权而建立市场化和专业化投融资决策机制的国有企业通过披露企业社会责任的信息更能够抑制过度投资，减少投资的扭曲。

金字塔股权层级、企业社会责任与投资效率的关系以及金字塔股权层级的调节作用在中央企业和地方国有企业存在明显的差异。具体来说，中央企业样本组中金字塔股权层级与企业投资效率的显著性水平小于地方国有企业样本组，即在地方国有企业，地方政府通过金字塔股权分层实现放权更加有利于提高企业投资效率；在中央企业样本组中，企业社会责任对于企业投资效率的影响大于地方国有企业；地方国有企业样本组中金字塔股权层级与企业社会责任的交乘项无论是系数还是显著性水平都要大于中央企业样本组，因此相较于中央企业，地方国有企业的金字塔股权层级在企业社会责任与投资效率的正向关系中发挥更为显著的正向调节作用。

国有企业是国民经济的重要基础，也是社会主义制度的根本保障。国企改革是经济体制改革的中心环节，能否成功关系国家命运，关系整个经济体制改革成败。长期以来，国企改革受国资改革拖累，主管部门成为改革主体，企业则成了执行主体，企业经常不能决定自己的改革命运。要以国资改革为主，找准了症结，牵住了国企改革的"牛鼻子"。以管资本为主深化国有资产监管机构职能转变，准确把握依法履行出资人职责的定位，科学界定国有资本所有权和经营权边界，建立监管权力清单和责任清单。创新监管方式和手段，改变行政化监管方式，改进考核体系和办法，落实保值增值责任，提高监管的及时性、针对性、有效性。以国有资产管理体制改革带动国企改革新态势，科学界定国有资产出资人监管的边界，专司国有资产监管，不行使社会公共管理职能，不干预企业依法行使自主经营权，更好地发挥市场在资源配置中的决定性作用。

5.3　企业社会责任、制度环境与财务资本配置

5.3.1　概述

制度是一个社会的博弈规则，是一些人为设计的、塑造人们互动关系的约束，是影响经济发展的首要因素，因为制度通过影响生产和交易成本决定了进行某项经济活动的可行性和利润水平。此外，由于企业内生于特定的制度环境下，企业各种行为决策均受到制度环境的影响和制约。企业承担社会责任已经成为学术界的共识，而对企业自身来讲，如何更好地协调承担社会责任与经济利益目标之间的关系也是很现实的问题。企业社会责任认知的形成和履行水平在很大程度上会受所处制度环境的影响，所处环境市场竞争程度越高的公司越倾向于承担更多的社会责任。国有资本是全民的财富，应该服务于全民利益和国家战略，研究国资国企的社会责任问题意义更加重大。那么，制度环境在社会责任与企业财务效率（财务资本配置结果）之间发挥着什么作用呢？在当前国资国企改革的大潮下，政府与市场的关系对企业所处的市场外部制度环境有着重大影响，那么又是如何影响企业社会责任与财务效率的关系呢？本节的贡献在于：一是在国资国企改革的背景下，关注国资委下属上市公司的社会责任、制度环境、财务效率三者之间的关系具有积极的现实价值；二是研究制度环境在企业社会责任与财务效率之间的调节作用，可以为当前经济改革中准确协调政府与市场的关系提供实证依据，促进经济社会的市场化进程。

5.3.2　文献回顾

5.3.2.1　制度环境与企业社会责任

弗里曼（Freeman，1984）引入了一个以利益相关者为导向的观点，认为管理者将通过集中于平衡影响或可能受到影响的所有群体的需求来最大化其组织的长期价值和可持续性以及对社会的益处。此外，琼斯（Jones，1995）认为，参与与利益相关方进行重复的、基于信任的交易公司应该有动力按照诚实、可靠和合乎道德的方式行事以增加这些交易的长期利益。股东和利益相关者的观点都与其运作所处的周围制度环境密切相关，从而使企业社会责任成为一个常常通过使用制度理论进行研究分析的问题（Jennings and Zandbergen，1995；Doh and Guay，2006；Midttun et al.，2006）。总的来说，制度理论关注组织如何在特定环境中寻求合法性并试图与这些环境同构（Doh and Guay，2006）。更具体地说，制度设置包括正式（即宪法和法律）和非正式（即个人的行为规范和心理模式）制度，以及为促进集体利益而设定非正式或正式规则而形成的组织或实践（North，1991；1994）。这意味着制度压力不仅可能来自固定的政府法规或法律，而且可能来自非政府组织（NGO）等社会机构或更普遍的各种利益相关者群体。有影响力的制度方法（Hall and Soskice，2001）将正式和非正式的制度因素和规范纳入解释国家经济决策制定和国家经济社会嵌入性差异的框架中（Midttun et al.，2006）。

由于特定制度差异导致的企业社会责任实践中的差异（Perrini，2005）。马滕和木恩（2008）立足于不同经济条件下企业社会责任行为，认为自由市场经济型国家的企业社会责任一般是外显型的，因为自由市场经济下大量的企业社会责任问题可由企业自行决定；而在协作经济条件下，企业社会责任嵌入在制度和法律框架下，因此，它们的社会责任一般是内隐式的，坎贝尔等（Campbell et al.，2012）研究发现，所处市场竞争程度越高的公司倾向于承担更多的社会责任，这与消费者倾向于购买社会声誉良好公司的产品有关，消费者通常对于公司带来的不良影响反应更为灵敏。当市场上存在大量替代品，而且市场竞争较为激烈时，消费者倾向于购买积极承担社会责任、拥有较好声誉企业的产品。企业可以通过积极地承担社会责任在消费者中树立良好的社会形象，这种重要的无形资产可以辅助企业通过实施差异化竞争获得竞争优势。周中胜（2012）以 2009～2010 年披露的企业社会责任报告被纳入润灵环球评价系统的深沪两地上市公司为初始样本，以《中国市场化指数》作为制度环境的替代变量，考察了制度环境中的地方政府对经济的干预程度、地区法律环境的完善程度以及地区要素市场的发育程度等对中国企业社会责任履行情况的影响，发现在政府对经济干预程度越低、法律环境越完善以及要素市场越发达的地区，企业的社会责任履行状况越好。即越是在制度落后、要素市场发育程度不高的企业，在这种扭曲的要素市场中，企业越缺乏通过履行社会责任获取竞争优势的工具性动因，而热衷于通过建立政治关系、追求政治寻租以取得发展。因此，在市场化程度较好的地区，投资者对信息的要求从之前简单地关注数量优先到如今更加重视质量，对公司信息披露透明度的要求越来越高。投资者对于企业信息披露日益苛刻的要求，将会驱使上市公司在法律强制性的信息沟通和市场自我约束的自主信息沟通之间进行平衡，促使公司更好地履行社会责任。

5.3.2.2 制度环境与财务效率

制度是制定规则、信仰、规范和组织的制度（Greif，2006），是对人的行为施加限制、界定什么是可接受的和不可接受的以及支持特定行动者为行动提供指导方针和资源的活动。它们包括由书面规则和非正式行为准则（North，1990）组成的调节性、规范性和文化认知元素（Scott，2014），并得到一些奖励和制裁（Jepperson，1991）的支持。组织在一个环境中存在和运作，由于新法律的通过，出现新的标准或规则并开发新的实践和设计。宏观层面的体制变革需要微观（组织）层面的一系列变革和适应（Aoki，2007）。新制度理论（Di Maggio，1983；Meyer，1977；Mizruchi，1999）广泛研究了组织对制度变迁的反应模式，解释了组织的构成要素，包括结构、实践和职业，在社会中被创造并扩散（Greve，2003）。该理论认为，制度环境可以强烈影响这些要素的发展，往往比市场压力更深远（Meyer，1977）。其原因在于，组织正在努力实现其选区的合法性，这被认为对组织生存至关重要，因为它可以从环境中获取资源（Deephouse，1996；Mizruchi，1999）。这种方法符合阿普里·安马格纳吉（Aprile and Magnaghi，2012）的合法性建议，强调公司与社会之间的社会契约，是组织应对机构变革的合法性动机，其侧重于社会价值和资源动员。它不是竞争或效率的客观要求，而是组织对合法性的追求，这促使它们采用实践和结构符合社会规定的关于组织应该做什么的规定（Mizruchi and Fein，1999）。组织对机构压力的反应以及与同行交往的经验使得制度同构，这意味着企业在遵循同样的管理实践之后变得相似（Di Maggio and Powell，1983）。

同构组织变革有三种机制：强制性、模仿和规范同构。由企业资源所有者制约的强制同构是企业依赖的其他组织正式和非正式压力以及社会文化预期的结果。

基于制度环境中的法律环境视角来寻找实现公司内部治理和投资有效性，我们会发现，各国的上市公司在资本市场的广度和深度、分红政策、投资分配效率以及企业获得外部融资等方面差异巨大。法律制度对股东和债权人的权益保护对于了解不同国家企业融资模式至关重要，当法律制度不保护外部投资者时，公司治理和外部融资不能很好地工作，进而影响企业的财务效率。王等（Wang et al.，2012）基于企业质量管理的视角，认为市场环境在企业管理与财务效率关系中发挥中介效应，当外部环境因素发生动荡或者不利于企业发展的变化时，将更有助于敦促企业维系客户的良好关系，提高财务效率，进一步获得企业生存的机会。普拉约戈（Prajogo，2016）使用澳大利亚 207 家制造企业的数据，关注不同的商业环境对企业财务效率影响的有效性，研究发现：充满竞争活力的商业动态环境加强了产品创新对企业财务效率的影响。贝卡尔特等（Bekaert et al.，2011）收集了全球 96 个国家 1980 ~ 2006 年间的要素生产率数据，结果表明金融生态环境对要素生产率增长的永久性影响比对资本增长的影响更显著，而这种影响归因于金融开放在股票市场和银行部门发展中所起的作用。谭利和杨苗（2013）从外部制度环境的角度出发，以 2003 ~ 2011 年 A 股上市公司的财务数据为样本，采用投资对投资机会的敏感性来度量企业的投资效率，探究制度环境中各个指标对公司治理与投资效率二者关系的影响，认为公司所在地政府干预程度越低和金融市场化程度越高，公司治理对投资效率的影响都会越显著。

而基于前面的分析，制度环境的调节作用表现为良好的制度环境有助于企业践行社会责任，进而对企业财务效率产生积极作用。同时，当前相关研究对国资国企的关注不多，而国资国企在基于政府与市场的关系所决定的制度环境中又有着与其他性质企业所不同的特性。因此，本节以此为切入点，选择国资委下属上市公司作为研究样本，对企业社会责任、制度环境与财务效率之间的关系进行实证检验。

5.3.3　理论分析与研究假设

5.3.3.1　企业社会责任与财务效率

社会影响假说认为，公司履行社会责任的水平越高，越能满足各类利益相关者需求，公司的社会声誉就越好，对财务效率将有积极影响，但相反，如果不能满足各种利益相关方的期望，将产生市场恐惧，并最终失去赢利机会，进而对企业财务效率产生消极影响。而如何降低利益相关者对于市场的恐慌度，则需要企业借助社会责任信息披露，进行印象管理，达到减少信息不对称和增加投资者对企业了解的目标，最终减少投资者对企业未来发展前景的不确定性，降低投资风险，从而降低资本成本，提高企业财务效率。这也正好验证了社会投资理论关于社会责任是一种社会投资的观点。企业履行社会责任，并非完全因为它们喜欢做这些事情，而是通过向社会投资促进企业的知识转移和共享，获取资源，减少交易成本，畅通交易渠道，借助各方面条件与利益相关者建成良好的社会关系，增进企业的利益。企业社会责任可防止出现新的威胁，因为它有助于控制社会和环境风险。社会责任行为减少了监管的威胁（Maxwell et al.，2000），避免了来自同一行业或行业协会其他公司的压力（Lenox and Nash，2003），防止了公众舆论和消费者协会的负面反应（Baron，2001），并消除了被消费者抵制的可能性。可以预计，利益相关者声称产生的现金流量变动较小，因此企业市场风险下降（Salama et al.，2011）。企业社会责任实践可能有助于加强企业获取和保持竞争力的战略（Mike Williams and Siegel，2001）。它们通常可以作为与企业或政府签订合同的工具（Ruhnka and Boerstler，1998），为行业创造进入壁垒，促进新市场的进入（Wotruba，1997），使企业与竞争对手分离，提高其声誉（Diller，1999），并吸引对社会负责的投资者和消费者（Bagnoli and Watts，2003）。此外，企业社会责任还可以帮助企业加强内部资源并提高其运营竞争环境的质量。遵守企业社会责任守则中规定的条例会加强组织内部的纪律，并改善与利益团体的关系（Be'thoux et al.，2007）。企业社会责任实践背后的原则有助于正式履行对社会的承诺、传递信誉和加强与利益相关者的合法性（Sethi，2002）。这些企业对其员工更具吸引力，因此获得了吸引和留住最有能力的人力资源的更大能力（Albinger and Freeman，2000）。在利益相关者理论框架中，我们认为关注公司各利益相关者的利益可能会提高公司的形象和声誉，并且公司对这些利益的关注能够积极影响公司的生产力、财务业绩和价值创造（Donaldson and Preston，1995；Hillman and Keim，2001）。

然而，权衡假说理论从资源有限性的角度出发，则坚持认为企业承担社会责任与企业财务效率之间是负相关的。弗里德曼认为，企业与利益相关者始终保持一种动态博弈的关系，企业权衡利弊后所做出的满足利益相关者期望的决定，是企业基于资源合理分配原则在不同的利益相关者之间进行权衡分配的结果，因此，企业不可能做到满足每一个利益相关者的期望。平衡利益相关者的利益诉求对于企业维护内部均衡显得尤为重要，过多承担社会责任必将影响企业利润分配，进而对股东的利益造成不利影响，企业赖以生存的主要资金渠道将难以维系，最终结果是企业内外部利益博弈失衡，打破企业平稳的运营环境。三重底线理论同样认为利益分配均衡对于企业维持内外部和谐很重要。企业追求利润最大化，尽可能地满足股东期望固然重要，但是企业运行面临着经济、环境、社会三条底线，这是制约企业发展的客观因素。如果企业过度履行社会责任，也会制约企业经济价值的发挥，难以达成利润最大化和对股东负责的基本目标。弗里德曼（Freeman，1970）尽管认识到客户和员工作为企业合法和重要利益相关者的重要性，但认为企业社会责任无法提高企业价值。在相同的论证中，其他学者也认为，与公司主要目标无关的活动中的投资或支出代表了股东资源的转移。此外，它要求企业保持一定的结构来管理对其目的来说很陌生的活动。因此，这种额外支出可能会导致公司的经济劣势。这种观点遵循财务思路，考虑到企业主要活动的企业社会责任支出总体上是资源的错误应用，而社会利益相关者团体尚不能将企业的企业社会责任作为它们的投资和消费的决策标准（Vance，1975，Ullman，1985）。在代理理论框架下，企业社会责任对价值创造的负面影响也可以预见，因为满足扩大利益相关者需求的努力可能会带来额外的代理冲突（Crisóstomo，2011）。

管理者机会主义假说认为，如果企业管理者所获的利益是与企业当前市值息息相关的，管理者会为了追求个人的利益而影响企业承担社会责任。如果企业出现经营不善的情况，管理者会通过各种手段来掩盖在企业管理过程中的过失，增加承担企业社会责任就是其中的一种方式，所以会出现在企业绩效不佳的情况下企业反而承担更多的社会责任以改善企业绩效不佳的状况（Joe and Hatjoto，2012）。基于此，本节提出如下竞争性假设。

假设 5 – 3 – 1a：企业承担社会责任有利于提高财务效率。

假设 5 – 3 – 1b：企业承担社会责任不利于提高财务效率。

5.3.3.2　制度环境与财务效率

财务效率的最终结果表现为企业的财务绩效。法律和金融研究强调了制度对资本市场发展和公司绩效的作用（La Por-ta et al.，1998）。企业治理法律不完善，管理层可能会为了自己的目的"隧道"化企业的资源。企业的资源基础观（RBV）是企业绩效最有影响力的理论视角之一（Morgan，2004）。资源和能力的性能优势随着市场动态（Miller，1996；Song，2005）和竞争（Brush，1999）的改变而变化。在关于这个主题的有限研究中，学者们大多把注意力主要集中在关注经济变量如市场需求和技术变化上，而忽视制度力量对企业能力和绩效之间关系的影响。制度环境，比如正式的（如法律和法规）和非正式的（如文化和风俗）制度，会深深地影响资源创造企业竞争优势。彭和约克（Peng and York，2001）进一步强调了在新兴经济体背景下将制度因素纳入 RBV 的重要性，因为政府和社会影响在这些新兴经济体中比在发达经济体中更强。布罗瑟斯和沃纳（Brouthers and Werner，2008）认为对于在新兴经济体中运营的公司，忽略嵌入资源优势的制度环境可能导致业绩低下。寿等（Shou et al.，2014）在中国这个全球最大新兴经济体的背景下，探讨制度力量对企业能力与表现的影响，分别研究了法律支持的调节效应和关系对能力—绩效关系的重要性。在国家机构以更加确定、稳定和可靠的方式运作的更发达的制度环境中，较不密集的公司网络（那些具有较少连接的公司）可以提供广泛的用于创新和增长的信息和其他资源，也因此可能与绩效相关。

新制度经济学则认为，交易成本是影响资源配置的重要因素。从市场微观结构出发，企业交易成本可以进一步分为由市场结构决定的交易成本、由企业组织内部契约决定的交易成本（代理成本）以及企业作为市场的参与者被管制者施加的额外成本（寻租成本）。对于国资国企，政府是企业资源配置的主要角色，这时企业的交易成本可能主要体现为寻租成本。企业所处地区治理环境对交易成本有显著影响，减少政府干预、改善政府服务、加强法律保护均有利于减少企业非生产性支出。而且，在经济转型过程中，随着中央政府与地方政府利益的重新分配，地方政府在自身利益最大化原则指导下，有动力也有能力对企业活动进行干预与调节，从而可能会给企业带来效率损失。战略制度观的提出，克服了行业和资源两类观点长期以来缺乏对制度背景的关注，并提出了以新的制度主义为中心的重要新见解。随着制度主义的兴起，制度逐渐被量化，并作为影响企业绩效的内生变量。国资国企处于"特殊的经济转型"制度环境中，导致寻租行为的盛行。寻租理论表现为，在政府干预的情况下，人们为了获得个人利益，往往不再通过增加生产、降低成本的方式来增加利润；相反，却把财力、人力用于争取政府的种种优惠。企业为权力寻租付出一定的代价，结果有可能是企业获得的收益小于付出的成本，从而降低公司业绩。企业在向政府寻租的过程中，自身的行为也越来越受到政府的制约和干预（张川等，2014）。企业所处地区的市场化水平越低，企业受到的政府干预程度就越高。政府向企业伸出的"掠夺之手",违背了企业经营的自身规律,从而降低了企业绩效。基于此,本节提出假设 5 - 3 - 2。

假设 5 - 3 - 2:良好的制度环境有利于提高财务效率。

5.3.3.3 企业社会责任、制度环境与财务效率

制度理论认为,研究各类组织行为时有必要从组织与环境关系的角度去发现和解释各类组织现象,在关注环境时不能只考虑技术环境,还必须考虑制度环境,即组织只有将其所处环境中的规范和惯例有效体现在自身形式、结构、内容和活动中,才能获得其存在的意义。制度理论的核心研究问题是制度环境与企业社会战略、企业绩效的关系,关于中国企业的相关研究侧重于探讨中国各地区制度环境对企业履行社会责任和绩效的影响。制度理论引入经济学所催生出的新制度经济学派,指出企业参与社会责任是因为受到来自外界环境所施加的制度压力。即制度环境通过一定的机制向企业施加压力,驱使企业采取具有社会责任的行为,从而约束企业的行为规范,使得企业的行为满足社会预期(Kölbel et al., 2013)。当产权保护较弱时,较差的地区制度环境给企业契约的签订和执行带来不必要的困难,市场交易成本自然上升。当企业所处市场的经济形势差,市场环境不健康或者行业竞争不合理(存在寡头竞争或者缺乏市场竞争)时,这样的制度背景中下企业更可能忽视产品质量和安全,同时还会压榨员工和合作伙伴,出现机会主义行为。而后市场理论的观点与之不谋而合。即当成熟的市场参与者增多,企业选择合作伙伴变得更加自由化,投机空间的缩小有效抑制机会主义,市场交易成本得以降低。政府对经济的过度干预是国资国企面临的最主要制度环境之一,其主要表现就是政府仍然掌握着大量要素资源的控制权与支配权,结果就是政府对经济资源的介入程度较高,进而引发寻租行为。而越是市场化发展进程滞后的地区,政府对经济干预度越强,寻租活动更加频繁使得企业的资源耗费严重,政企利益输送客观上损害企业利益的可能性越大,政府干预下寻租活动盛行的制度环境弱化了企业试图通过积极履行社会责任向利益相关者传递正面信号进而改善企业绩效的动机(姚海琳等,2013)。而在一个政府干预程度较低的地区制度背景之下,政府控制的国有上市公司可能会更多地关注利益相关者的权益以获得市场的肯定,企业社会责任的履行程度就可能会更高(Wang et al., 2012)。世界银行进行的调查也发现,我国 120 个不同城市的政府效率及政府对经济的干预程度存在较大差异。在市场化程度较高、制度环境较好的地区,企业受外部环境压力影响而改善原来不负责任的行为表现,调整其对企业社会责任的认识,制定企业

行为规范，签署新的社会契约，从而承担企业对利益相关者的社会责任。承担社会责任可以提高企业声誉、增强品牌忠诚度、提高员工工作效率、降低融资成本，这不是一种简单的利他主义，而是一种"既利他也利己"的双赢机制，可以给企业带来长期的稳定收益，从而实现企业追求利润最大化的发展目标。基于此，本节提出假设 5 - 3 - 3。

假设 5 - 3 - 3：制度环境在企业社会责任与财务效率关系中发挥正向调节作用。

5.3.4 研究设计

5.3.4.1 样本选择与数据来源

本节以国资委下属上市企业 2011 ~ 2014 年为样本区间，并对样本进行筛选，剔除数据缺失的公司，来保证所有样本的自变量和因变量完整，最终得到 266 家上市企业共计 1064 个样本。其中，财务数据来自锐思数据库和国泰安数据库，制度环境变量根据樊纲等（2016）发表的《中国市场化八年进程报告》中 2014 年各省市市场化指数评分来确定，实证研究使用 SPSS 22 统计软件完成。

5.3.4.2 变量选择

（1）被解释变量——财务效率。财务效率指财务资源投入与产出的比率关系以及由此派生出的其他比率关系（张先志，2001）。财务效率的最终结果表现为企业的经营成果，即企业绩效。本节以托宾 Q 值（Tobin Q）作为衡量被解释变量的替代变量。托宾 Q 是由诺贝尔经济学奖获得者詹姆斯·托宾（James Tobin）在 1969 年首次提出的。托宾 Q 比率是一种常用的衡量企业绩效或成长性的市场指标，可以用来反映某一资产的市场价值是否被高估或者低估。托宾 Q 比率反映的是在一个企业中两种不同价值估计的比值，即企业的市场价值（股权市值＋净债务市值）与其资产重置成本（即当前企业资产总额）的比率。

（2）解释变量。①企业社会责任。本节参考上交所 2008 年发布的《关于加强上市公司社会责任承担工作的通知》中对于每股社会贡献值的定义，同时借鉴张川（2014）、陈丽蓉（2015）等学者相关研究中通过社会贡献率法对企业社会责任进行计量的思路，在数据选取中尽量选用现金流量指标，形成本节的企业社会责任评价指标，具体计算公式为：

企业社会贡献值＝每股收益＋(销售商品、提供劳务收到的现金＋购买商品、接受劳务支付的现金＋支付给职工以及为职工支付的现金＋支付的税费－收到的税费返还＋捐赠支出＋环保支出＋分配股利、利润或偿付利息支付的现金)/平均总资产

②制度环境。斯科特（Scott 2014）将制度概念化为由调节性、规范性和文化认知元素构成的集群，这些元素与相关的活动和资源一起为社会生活提供稳定性。当规则支持和约束强制力量时，现有制度被称为权力，组织通过采用适当的结构和规则适应不同的制度压力。因此，我们期望在特定制度背景下运作的组织遵守该机构的书面或不成文规则和法律，并采用适当的结构承担不同的制度压力。这些基于制度理论调控核心的论点也意味着如果制度环境发生变化，那么组织将被期望遵守制度的新规则和准则，否则它们可能面临法律制裁。对中国各地区制度环境的测量起源于学术界关于各地区市场化程度的相关研究，比较有代表性的研究成果是樊纲等人的《中国市场化指数——各地区市场化相对进程报告》。市场化指数以"减少政府对企业的干预"项目来度量政府干预程度，主要由政府与市场的关系、非国有经济的发展、产品市场的发育程度、要素市场的发育程度以及市场中介组织发育和法律制度环境五方面的23 个基础指标构成，比较客观地反映了中国各地区市场化相对进程，也是目前国内学术界度量制度环境比较常用的指标（雷宇，2011）。考虑到市场进程的时效性，本节参照樊纲等人组织撰写的"中国市场化八年进程报告"，由于2015 年数据缺失，所以选择 2014 年各省市场化指数评分作为制度环境的替代指标。

（3）控制变量。本节从企业规模、盈利能力、经营效率、偿债能力与经营风险四个方面反映企业的财务状况，分别选择资产规模、营业收入增长率、总资产周转率、资产负债率作为控制变量（贾兴平等，2014；张兴亮，2015）。

主要变量及其具体定义见表 5 - 7。

表 5 - 7   主要变量及其具体定义

变量类型	变量代码	变量定义描述
被解释变量		
财务效率	TobinQ	Tobin Q ＝企业市场价值/企业重置成本
解释变量		
社会责任	CSR	企业社会贡献率
制度环境	INST	企业所在地 2014 年市场化指数评分

续表

变量类型	变量代码	变量定义描述
控制变量		
企业规模	Size	年度资产总额的对数
盈利能力	Growth	营业收入增长率
经营效率	Tato	总资产周转率
偿债能力与经营风险	Lev	资产负债率

5.3.4.3 模型设计

本节构建出如下研究模型。

$$TobinQ = \beta_0 + \beta_1 CSR + \beta_2 Size + \beta_3 Growth + \beta_4 Tat + \beta_5 Lev \quad (5-8)$$

$$TobinQ = \beta_0 + \beta_1 INST + \beta_2 Size + \beta_3 Growth + \beta_4 Tat + \beta_5 Lev \quad (5-9)$$

$$TobinQ = \beta_0 + \beta_1 CSR + \beta_2 CSR \times INST + \beta_3 INST + \beta_4 Size$$
$$+ \beta_5 Growth + \beta_6 Tat + \beta_7 Lev \quad (5-10)$$

利用模型（5-8）验证假设5-3-1，检验企业履行社会责任与企业绩效正相关或者负相关；利用模型（5-9）验证假设5-3-2，检验良好的制度环境有利于提高企业绩效；利用模型（5-10）验证假设5-3-3，考察制度环境在社会责任与企业绩效关系中所起到的作用，只需证明制度环境与社会责任的交乘项（INST×CSR）的系数为正，即可证明制度环境在社会责任与企业绩效关系中发挥正向调节作用。

5.3.5 实证结果及其分析

5.3.5.1 回归分析

模型（5-8）、模型（5-9）和模型（5-10）的回归结果见表5-8。

表5-8　　　　　制度环境、社会责任与财务效率回归分析结果

变量	模型（5-8）	模型（5-9）	模型（5-10）
Constant	-0.528 ** (-2.008)	-2.721 *** (-7.427)	-0.645 ** (-2.442)
CSR	0.664 *** (36.490)	—	0.312 *** (6.018)
INST	—	0.318 *** (16.615)	0.095 *** (5.443)
CSR × INST	—	—	0.038 *** (5.838)

续表

变量	模型 (5-8)	模型 (5-9)	模型 (5-10)
Size	0.039 *** (3.221)	0.084 *** (5.021)	0.033 *** (2.886)
Growth	0.004 *** (3.670)	0.001 (1.007)	0.003 *** (3.078)
Tato	0.637 *** (13.767)	1.579 *** (32.657)	0.491 *** (10.960)
Lev	−0.003 *** (−2.982)	−0.004 *** (−3.627)	−0.003 *** (−3.544)
调整 R^2	0.855	0.723	0.875
Prob > F	0.000	0.000	0.000
D.W	1.938	1.844	1.845

注: ***、**、* 分别表示在1%、5%、10%的统计水平显著，括号内是 t 值。

从模型（5-8）检验企业社会责任与财务效率关系的结果来看，CSR 的系数为 0.664，在 1% 的水平上显著，因此，企业社会责任与财务效率呈显著正相关关系，假设 5-3-1a 成立。从模型（5-9）检验制度环境与财务效率关系的结果来看，INST 的系数为 0.318，在 1% 的水平上显著，因此，企业所处地区的制度环境与财务效率呈显著正相关关系，假设 5-3-2 成立。模型（5-10）检验制度环境在企业社会责任与财务效率关系中所起的作用，企业社会责任与制度环境的交乘项（INST × CSR）的系数为 0.038，大于 0，且在 1% 水平上显著，因此，企业所处地区的制度环境在企业社会责任与财务效率的正相关关系中发挥正向调节作用，假设 5-3-3 成立。

5.3.5.2 稳定性检验

为了验证以上结论的稳定性，本节继续进行如下检验：

（1）将代表财务效率的指标"托宾 Q 值"用"净资产收益率（ROE）"替换。

（2）将代表制度环境的指标"各省市市场化指数评分"用王国刚和冯国华（2015）所著的《中国地区金融生态环境评价（2013—2014）》中的"各省市制度环境分项得分"替代。

（3）将代表企业社会责任指标的"社会贡献值"用利益相关者五模型细分，构建各利益相关者社会责任指标，利用因子分析法计算企业社会责任综合得分，作为社会贡献的替代指标。

稳定性检验的回归结果与前面一致，证明原假设正确，由于本节篇幅所限，稳定性检验结果未能列示。

5.3.6 研究结论与启示

本节以国资委下属上市公司 2011～2014 年的数据作为样本，基于地区市场化制度环境的差异，考察制度环境在社会责任与财务效率关系中所起的作用。

研究发现：国资委下属上市公司所处地区的制度环境差异比较明显，上市公司的绩效以及履行社会责任情况均存在显著差异。而且，企业更好地履行社会责任，以及企业所处地区的制度环境，均与财务效率呈正相关关系。进一步检验结果表明，企业所处地区的制度环境，在企业履行社会责任与财务效率的正相关关系中发挥正向调节作用，即企业所处地区的制度环境越好，企业社会责任与财务效率的正相关性越显著（董淑兰，2017）。

研究启示：加快国有企业去行政化与市场化改革，优化企业生存的制度环境，使其更好地融入企业社会责任与财务效率的持续、良性循环中。中国石油化工集团公司董事长傅成玉在 2014 年夏季达沃斯"变局下的中国商业环境"主题讨论中提出"我们的改革不是要把国有企业搞没，更不是私有化，国有企业改革的核心就是市场化和去行政化"。党的十八大代表、国资委主任王勇也称国有企业改革方向应更加市场化，国有企业既要承担所有企业利润最大化的责任，同时又肩负社会责任，其成本构成的特殊性影响了企业的利润和效率。国有企业各项体制改革只有适应了市场化制度环境发展的需要，企业社会责任实践才能更好地提高企业绩效。地处不同省市的企业，其所处地区的市场化进程、政府干预程度、法治水平却相差甚大，极不平衡。因此，可以预期，在一个政府干预程度较低的地区，市场竞争更为充分，在市场"优胜劣汰"的机制下，政府控制的上市公司可能会更多地关注其他利益相关者的权益以获得市场的肯定，企业社会责任履行水平更高。企业更好地履行社会责任，与利益相关者建立良好的关系，从而形成高信任度的社会关系网络。企业社会责任实践所衍生出的横向联系、社会网络构成企业合法的战略性资源，能够吸引合作者，方便交易，并给公司带来经济利益。

5.4　本章小结

本章分别以企业效率、投资效率、财务效率表征企业整体资本配置、投融资配置中投资配置以及财务资本配置的结果，基于调节效应研究企业社会责任及其信息披露与企业资源配置（企业整体资本配置、投融资配置中的投资配置、财务资本配置）之间的关系，分别探析了寻租环境在企业社会责任与企业效率的关系中、制度环境在企业社会责任与财务效率的关系中、金字塔股权层级在企业社会责任与投资效率的关系中所起的调节作用。研究发现：企业所处地区的寻租环境，在企业履行社会责任与公司效率的正相关关系中发挥反向调节作用，即公司所处地区的寻租环境恶劣，使得企业把更多的精力和资源放在隐蔽和非正式的寻租关系维护上，降低企业履行社会责任的水平，影响企业效率；企业所处地区的制度环境，在企业履行社会责任与财务效率的正相关关系中发挥正向调节作用，即公司所处地区的制度环境越好，企业社会责任对财务效率的正向影响越显著；金字塔股权层级在企业社会责任与投资效率关系中发挥正向调节作用，即国有企业金字塔股权层级越多，政府针对国有企业的放权力度越大，企业通过更好地履行社会责任以获取资源的动机越大，有利于企业做出最优选择，改善投资在行业间的配置效率。

第6章

研究结论与启示

6.1 研究结论

6.1.1 企业社会责任与企业资源配置关系研究仍是实证研究热点

本书的文献综述部分以 2007～2016 年间发表在 CSSCI 上的研究企业社会责任相关文献为对象，借助文献题录信息和可视化分析软件，以知识图谱的方式揭示企业社会责任相关研究的前沿、热点及现状等动态发展规律。通过词频统计、共线矩阵和图谱分析追踪企业社会责任研究动态，从总体发文情况、企业社会责任定义、研究视角及主要研究结论、机构合作、高产作者合作、多重基金资助、数据来源渠道、实证文章热点关键词、企业社会责任指标等方面揭示企业社会责任相关研究的发展动态。

从整体来看，企业社会责任相关研究文献的发文总数在 2012 年之前呈现逐年递增的趋势，之后相关研究文献的文章数量呈现递减的趋势，2016 年递减趋势更加明显。但在企业社会责任整体研究热度下降的同时，研究企业社会责任的实证类文章近几年成为热点。从研究视角来看，文章按照管理学、经济学、社会学、伦理学、心理学五个研究视角来揭示企业社会责任的发展动态。经具体分析可知：基于管理学视角的企业社会责任相关研究文献主要表现为公司治理、企业投融资、企业特征、管理层特质和企业绩效等主题；基于经济学视角的企业社会责任相关文献主要集中为制度经济和市场经济两大主题；基于社会学视角的企业社会责任相关文献的研究主题主要表现为社会资本、政治关联、企业社会声誉；基于伦理学视角的企业社会责任相关文献的研究主题主要表现为伦理感情、伦理制度、伦理道德；基于心理学视角的企业社会责任相关文献的研究主题主要表现为管理层社会责任自信心理、社会责任安慰心理、关注员工健康心理。从实证文章关键词汇总分析可知，围绕企业社会责任研究的相关实证研究文献中出现了社会责任、利益相关者、信息披露、财务绩效、企业绩效、企业价值等核心关键词，实证研究主要视角有企业社会责任与企业绩效、企业价值、社会资本、内部控制，信息披露与财务绩效、国有企业、社会责任报告，这些彼此关系结合研究构成近些年企业社会责任实证研究的主轴。

在分项研究中，中南财经政法大学不仅发文量居首位，机构间合作也最为活跃；企业社会责任研究方面的作者合作较为频繁的为中国人民大学的宋建波和南京财经大学的张正勇；企业社会责任研究的基金资助呈现以国家资助为主，各省级及其他各类基金为辅，而高校作为其中的桥梁起着接受各类基金资助和配套内部资金资助用以进行科学研究的作用，是企业社会责任研究的中坚力量；借助润灵环球专业的社会责任评级数据来研究企业社会责任履行水平在近些年实证研究中的使用越来越普遍。

6.1.2　信任、综合竞争力、媒体关注是重要的中介变量

关于企业社会责任与资源配置之间中介效应的实证研究部分分别涉及信任、综合竞争力、媒体关注三个中介变量。

信任在企业社会责任与企业整体资本配置结果（资本配置效率）之间的中介效应。企业社会责任并不能直接作用于资源配置效率，而是通过信任变量进行联结，即信任变量在企业社会责任与资源配置效率之间具有显著的完全中介效应。国有企业更好地履行社会责任，借此建立更加广泛的信任关系，增加信任度，从而构建内部团结、外部和谐的企业信任环境，提升企业软实力和增强市场竞争力，在内外交易环境互动、互惠基础上最终实现资源配置效率的提高。因此，获取更高的信任度是公司履行社会责任的关键。

综合竞争力在企业社会责任与融资配置结果（商业信用融资）之间的中介效应。企业承担社会责任的水平与企业综合竞争力以及获得的商业信用融资机会均呈正相关关系；综合竞争力在企业社会责任与获取商业信用融资机会的正向关系中具有不完全中介效应，即在企业通过履行社会责任而赢得商业信用融资机会的过程中，部分是通过提升综合竞争力来实现的。企业履行社会责任

是提升企业综合竞争力和获取更多商业信用融资机会的重要途径，企业社会责任活动被赋予了为企业赢得商业竞争优势地位的使命，通过社会责任的履行无形中为企业创建综合竞争力源泉。

媒体关注在企业社会责任与财务资本配置结果（财务效率）关系中的中介效应。媒体关注在企业社会责任与财务效率关系中发挥不完全中介效应，表明企业社会责任对于财务效率的影响需要通过媒体关注部分传导来实现。企业需要通过企业履行社会责任的信息披露吸引媒体关注，促进企业社会关注度和企业声誉的形成，进而满足社会公众对于企业社会责任的期望和关注，社会责任信息披露和企业可视化水平呈现其对社会负责和透明的形象，在稳固企业合法性地位的同时为企业建立长期竞争优势和获取经济效益提供战略手段。

6.1.3 寻租环境、制度环境、金字塔股权层级是重要的调节变量

关于企业社会责任与资本配置之间调节效应的实证研究部分分别涉及寻租环境、制度环境、金字塔股权层级三个调节变量。

寻租环境在企业社会责任与企业整体资本配置结果（企业效率）关系中的调节效应。企业所属区域的寻租环境在企业社会责任与企业效率的正向关系中发挥着显著的反向调节作用，企业社会责任对于企业效率的正向影响效应会随着区域寻租的增强而减弱。在寻租盛行的社会制度环境下，人们在参与经济活动时，将会发现相较于履行社会责任等的寻利活动，寻租活动能以更少的经济成本获得更多超额收益，人们倾向于放弃寻利活动而选择寻租活动。企业耗费大量的精力和资源用于与政府部门沟通和协调等非生产性活动，从而减少了在企业社会责任活动等关系企业能力建设上的投入，从而有损于企业的长期业绩或整体的社会绩效。

制度环境在企业社会责任与财务资本配置结果（财务效率）关系中的调节效应。企业所处地区的制度环境在企业社会责任与其绩效之间的正向关系中发挥显著的正向调节作用，即企业所在地区的制度环境越好，企业社会责任对于企业绩效的正向影响越显著。企业因受外部环境压力影响而改善原来不负责任的行为表现，调整其对企业社会责任的认识，制定企业行为规范，承担企业对利益相关者的社会责任，进而可以提高企业声誉、增强品牌忠诚度、提高员工工作效率、降低融资成本，可以给企业带来长期的稳定收益，从而实现企业

追求利润最大化的发展目标。

金字塔股权层级在企业社会责任与投资配置结果（投资效率）关系中的调节效应。金字塔股权层级在企业社会责任与投资效率的正向关系中发挥显著的正向调节作用。国有企业金字塔股权层级越多，针对国有企业的放权力度越大，企业通过履行社会责任且披露社会责任信息以获取资源的动机越大，有利于企业做出最优选择，改善投资在行业间的配置效率，进而提高投资质量。以中央和地方控制对样本企业分组进行进一步分析，结果显示：相较于中央企业，地方国有企业的金字塔股权层级在企业社会责任与投资效率的正向关系中发挥更为显著的正向调节作用。地方政府通过减少干预，下放经营决策权，还权于企业，降低干扰企业经营政策的干预频率，有利于地方国有企业建立完善的公司治理机制和科学透明的投融资决策机制，更加有利于提高企业投资效率。

6.2　启　示

6.2.1　公司层面

6.2.1.1　社会责任管理和披露的与时俱进

国资委下属企业社会责任信息披露水平的显著差异性显示出国资企业社会责任信息披露之路险阻而漫长，还需要在多个层面不断巩固完善和提高。国有企业是我国国民经济的重要支柱，是国有经济发挥主导作用的骨干力量，履行社会责任更是与生俱来的使命。中国特色社会主义新时代赋予国有企业新使命。站在新的起点，国有企业履责有了新方向、新内涵、新要求。在社会责任管理方面，中央企业需要围绕组织建设、融入运营、管理推动等方面，建立健全社会责任管理体系，保障了社会责任工作有序有效地开展。推动社会责任融入企业的战略和发展目标，促使社会责任工作有计划、有步骤地开展。要持续改进社会责任管理，明确职责、完善体系，将企业社会责任管理系统工作纳入企业管理的重要组成部分，确保责任管理落到实处。加强海外社会责任履责融入当地社区，为中国企业走出去做出示范带头作用。大力开展社会责任管理的理论、方法的探索与创新，适应不断增长的美好生活需要。规范社会责任披露，推广中央企业社会责任优秀实践，进一步提升企业透明度。

6.2.1.2 建立人才引入的市场竞争机制

国有企业需要完善公司治理机制，赋予拥有专业技能和管理实践的企业管理者更多决策权，提高企业在竞争激烈的市场环境中的决策效率，抑制投资过程中的机会主义，避免盲目投资、盲目扩大企业规模、盲目决策现象，提高投资过程的科学性和透明度。国有企业改革需要进行人事制度改革，制定新型的科学合理的选拔任用机制和人事管理制度，实行组织选拔与市场化选聘相结合，大力推进实施管理人员聘任制。

6.2.1.3 履行社会责任从提升透明度和可信度做起

随着近年来中国国内法制环境的健全完善、企业规模越来越大以及越来越多的中国企业"走出去"，行业间对企业社会责任的关注也愈发高涨起来。企业中管理者大肆歪曲公司信息的机会激励以及企业社会责任报告的自愿性质可能会影响企业社会责任报告的可信度。因此，企业在提高企业社会责任报告的可信度和资本市场影响方面面临挑战。为了提高企业社会责任报告的可信度和资本市场影响力，企业可以致力于高质量的财务报告，开展有效的 CSR 活动，并寻求独立的 CSR 保证为信息提供者提供信息保证。企业社会责任报告质量指标为企业提高报告质量并最终提高报告影响力提供了指导方针，而企业社会责任报告的外部保证是提高企业社会责任披露可信度的另一机制。企业可以根据《中国企业社会责任报告评级标准》、润灵环球（RKS）、KLD 评级标准等国内外企业社会责任信息披露评价标准，逐步提升企业社会责任信息披露的可信度。

6.2.2 政府层面

6.2.2.1 通过全面深化改革来降低政府干预程度

国有企业预算软约束是转型经济体的中心政策问题，国有控股企业作为政府实现政治目标和社会目标的工具存在，地方政府对其辖区内国有企业具有强烈的干预倾向，而政府干预剥夺企业的生产自主权往往是一种次优的制度安排，对内造成了国有企业生产能力和消费需求的失衡，对外造成了国有企业追求投资规模而非投资效益等的投资冲动，国企运营和投资的非理性行为带来严重的效率损失问题。政府应全面深化改革，继续推进简政放权、放管结合、优化服务改革，缩减官员自由裁量权空间，紧紧扭住转变政府职能这个核心，以放权实现从管制型政府向服务型政府的转变，减少直至消除寻租的可能，降低企业制度性交易成本，使国有企业投融资按照市场化要求真正实现自主决策。

6.2.2.2　完善国有企业社会责任信息披露的制度性建设

企业社会责任信息披露被认为是企业用于公共关系沟通、建立相互理解、管理潜在冲突并获得利益相关者和整个社会认可的合法性地位的基本工具，这些披露的信息将有助于企业向广泛的利益相关者证明其活动的合理性。国资委下属上市公司在社会责任信息披露水平上存在明显的差异，其原因包括社会责任信息披露的行业性和非强制性等客观因素，但是也存在对信息披露重要性认识不足等企业内部因素。政府部门作为国有企业的最终控制人，对于国有企业社会责任信息披露拥有最终责任，应该引导企业的社会责任并加以制度化，探索国有企业如何在战略、战术和运营层面努力完善社会责任信息披露的内容和机制，专门制定了企业社会责任推进机制，研究标准化的社会责任信息披露方式，以及设置专门的社会责任机构或企业道德委员会，以此保障企业社会责任实践的推进，还可建立对企业社会责任的管理和监察制度，接受全社会的监督。

6.2.2.3　通过简政放权优化市场营商环境

政府工作报告指出，优化营商环境就是解放生产力、提高竞争力，要破障碍、去烦苛、筑坦途，为市场主体添活力，为人民群众增便利。营商环境的持续改善恰恰是中国重塑全球竞争优势必须跨越的瓶颈，打造良好的营商环境是建设现代化经济体系、促进高质量发展的重要基础。而优化营商环境是一个系统工程，亟须政府、企业和包括市场中介在内的有关参与主体相向而行，协力推进，共同营造。既要改善基础设施等硬环境，更要在提高服务水平、营造法治环境等软环境建设上有新突破，更好地发挥制度的支撑、保障、激励作用。公共服务是营商环境的试金石，要进一步做好简政放权的"减法"、做强监管的"加法"和优化服务的"乘法"，更好发挥政府作用，以主动服务、优质服务让群众舒心、企业顺心。政府还要坚持公平开放、构建公平竞争环境的坚定决心，以更大力度持续深化商事制度改革，清理限制竞争政策措施，打造良好的营商环境，更有效地维护公平竞争的市场秩序，创造一个更加公平竞争、透明开放的市场环境。

6.3　存在的不足之处

（1）本书中所选择的样本仅是国资委下属的企业，一方面未包括所有的国有企业，另一方面对于更为广泛的非国有企业来说，研究结论可能对未包含样本缺少适应性。

（2）本书中选取了信任、综合竞争力、媒体关注三个中介变量，寻租环境、制度环境、金字塔层级三个调节变量，但是对于企业社会责任影响资源配置的过程来说，可能还涉及其他变量。

（3）企业社会责任与资源配置之间关系的研究受到一些经验限制，由于企业社会责任的计量方法差异性仍会致使研究结论存在偏差。本书中考虑到样本的完整性，对于企业社会责任的计量选取了每股社会贡献值、润灵社会责任评级、和讯网社会责任评级三个指标，可能存在指标选择不统一的局限性。

参考文献

[1] 卞志昕. SOFC 领域专利与学术论文的机构合作趋势比较研究 [J]. 图书情报工作, 2012, 56 (18): 44 - 49.

[2] 曹亚勇, 刘计含, 王建琼. 企业社会责任与融资效率 [J]. 软科学, 2013, 27 (9): 51 - 54.

[3] 曹亚勇, 王建琼, 于丽丽. 公司社会责任信息披露与投资效率的实证研究 [J]. 管理世界, 2012 (12): 183 - 185.

[4] 曹亚勇, 于丽丽. 政府控制、社会责任与投资效率: 2009 ~ 2011 年上市公司样本 [J]. 改革, 2013 (7): 127 - 135.

[5] 常凯. 环境信息披露对财务绩效的影响——基于中国重污染行业截面数据的实证分析 [J]. 财经论丛, 2015, 190 (1): 71 - 77.

[6] 晁罡, 申传泉, 张树旺, 等. 伦理制度、企业社会责任行为与组织绩效关系研究 [J]. 中国人口资源与环境, 2013, 23 (9): 143 - 148.

[7] 陈刚, 李树. 中国的腐败, 收入分配和收入差距 [J]. 经济科学, 2010 (2): 55 - 68.

[8] 陈莞, 孙瑞云, 桂海兰. 创业板上市企业社会责任履行对创新绩效的影响 [J]. 科技进步与对策, 2017, 34 (19): 28 - 35.

[9] 陈汉辉. 企业社会责任实践与社会资本关系研究——政治关联的中介效应检验 [J]. 财贸研究, 2016 (2): 128 - 136.

[10] 陈丽蓉, 韩彬, 杨兴龙. 企业社会责任与高管变更交互影响研究——基于 A 股上市公司的经验证据 [J]. 会计研究, 2015 (8): 57 - 64.

[11] 陈运森. 社会网络与企业效率: 基于结构洞位置的证据 [J]. 会计研究, 2015 (1): 48 - 55.

[12] 程新生, 谭有超, 刘建梅. 非财务信息、外部融资与投资效率——基于外部制度约束的研究 [J]. 管理世界, 2012 (7): 137 - 150.

[13] 程仲鸣, 夏新平, 余明桂. 政府干预、金字塔结构与地方国有上市

公司投资 [J]. 管理世界, 2008 (9): 37-47.

[14] 党亚茹. 中国社会科学研究的多重基金资助分析 [J]. 重庆大学学报: 社会科学版, 2011, 17 (2): 95-101.

[15] 丁一兵, 付林. 中美大型企业社会责任对其企业效率的影响机制研究——基于 DEA-Tobit 两步法的分析 [J]. 产业经济研究, 2015 (6): 21-31.

[16] 董淑兰, 刘浩. 企业社会责任信息披露、媒体关注与绩效的关系研究 [J]. 会计之友, 2018 (6): 72-77.

[17] 董淑兰, 刘浩. 企业社会责任研究知识图谱——基于 CSSCI 来源期刊 (2007—2016 年) 的文献计量分析 [J]. 西安财经学院学报, 2018 (5): 54-60.

[18] 董淑兰, 刘浩. 企业社会责任与绩效关系中制度环境的调节作用 [J]. 会计之友, 2017 (9): 2-8.

[19] 董淑兰. 农业上市公司社会责任会计信息披露研究 [M]. 北京: 中国农业出版社, 2012.

[20] 董淑兰, 王永德. 企业社会责任与绩效关系研究 [M]. 大连: 东北财经大学出版社, 2017.

[21] 窦鑫丰. 企业社会责任对财务绩效影响的滞后效应——基于沪深上市公司面板数据的实证分析 [J]. 产业经济研究, 2015 (3): 74-81.

[22] 杜兴强, 陈韫慧, 杜颖洁. 寻租, 政治联系与"真实"业绩——基于民营上市公司的经验证据 [J]. 金融研究, 2010 (10): 135-157.

[23] 费显政, 李陈微, 周舒华. 一损俱损还是因祸得福?——企业社会责任声誉溢出效应研究 [J]. 管理世界, 2010 (4): 74-82.

[24] 冯玉明. 对中国证券市场资本配置效率的实证研究 [J]. 证券市场导报, 2003 (7): 33-36.

[25] 傅鸿震, 王启亮, 叶永玲. 履行社会责任与提升企业绩效冲突吗?——商务模式的调节作用 [J]. 财经论丛 (浙江财经大学学报), 2014, 182 (6): 68-74.

[26] 管亚梅, 王嘉歆. 企业社会责任信息披露能缓解融资约束吗?——基于 A 股上市公司的实证分析 [J]. 经济与管理研究, 2013 (11): 76-84.

[27] 郝秀清, 仝允桓, 胡成根. 基于社会资本视角的企业社会表现对经营绩效的影响研究 [J]. 科学学与科学技术管理, 2011, 32 (10): 110-116.

［28］何勤英，于文超，秦晓丽．金字塔层级、政府放权与国有企业代理成本［J］．当代财经，2017（8）：69－78.

［29］何贤杰，肖土盛，陈信元．企业社会责任信息披露与公司融资约束［J］．财经研究，2012，38（8）：60－71.

［30］胡明霞，干胜道．管理层权力，内部控制与高管腐败［J］．中南财经政法大学学报，2015（3）：87－93.

［31］黄海霞，张治河．基于 DEA 模型的我国战略性新兴产业科技资源配置效率研究［J］．中国软科学，2015（1）：150－159.

［32］黄荷暑，许启发．企业社会责任、银行信贷与投资行为——基于中介效应的检验［J］．商业经济与管理，2017（11）：49－59.

［33］黄荷暑，周泽将．女性高管，信任环境与企业社会责任信息披露——基于自愿披露社会责任报告 A 股上市公司的经验证据［J］．审计与经济研究，2015（4）：30－39.

［34］黄珺，郭志娇．社会责任履行与企业价值提升——基于技术创新中介作用的实证研究［J］．华东经济管理，2015（3）：29－34.

［35］嵇国平，阚云艳，吴武辉．企业社会责任对财务绩效的影响：一定是线性的吗？［J］．经济问题，2016（10）：92－97.

［36］吉利，张正勇，毛洪涛．企业社会责任信息质量特征体系构建——基于对信息使用者的问卷调查［J］．会计研究，2013（1）：50－56.

［37］贾兴平，刘益，廖勇海．利益相关者压力，企业社会责任与企业价值［J］．管理学报，2016，13（2）：267－274.

［38］贾兴平，刘益．外部环境，内部资源与企业社会责任［J］．南开管理评论，2014（6）：13－18.

［39］江新峰，张东旭．政治关联、分析师跟踪与中小企业投资效率——以制造业为例［J］．贵州财经大学学报，2014，32（6）：57－65.

［40］江轩宇．政府放权与国有企业创新——基于地方国企金字塔结构视角的研究［J］．管理世界，2016（9）：120－135.

［41］金碚．中国企业竞争力报告.2012，经济波动与企业竞争力［M］.北京：社会科学文献出版社，2012.

［42］靳小翠．企业社会责任会影响社会资本吗？——基于市场竞争和法律制度的调节作用研究［J］．中国软科学，2018（2）：129－139.

［43］孔东民，刘莎莎，应千伟．公司行为中的媒体角色：激浊扬清还是

推波助澜？［J］. 管理世界，2013，（7）：145－162.

［44］孔婷婷，扈文秀. 政府层级、制度环境与投资机会——基于中国上市公司的实证证据［J］. 运筹与管理，2016，25（2）：233－241.

［45］雷辉，龙泽. 企业社会责任效率与生产前沿面研究［J］. 财经理论与实践，2016，37（6）：107－113.

［46］雷宇. 信任、制度环境与盈余信息含量——基于中国资本市场的经验研究［J］. 中南财经政法大学学报，2011（5）：55－61.

［47］黎文靖. 所有权类型，政治寻租与公司社会责任报告：一个分析性框架［J］. 会计研究，2012（1）：81－88.

［48］李彬，谷慧敏，高伟. 制度压力如何影响企业社会责任：基于旅游企业的实证研究［J］. 南开管理评论，2011（6）：67－75.

［49］李国平，韦晓茜. 企业社会责任内涵，度量与经济后果——基于国外企业社会责任理论的研究综述［J］. 会计研究，2014（8）：33－40.

［50］李国平，张倩倩，周宏. 企业社会责任与财务绩效：理论、方法与检验［J］. 经济学动态，2014（6）：138－148.

［51］李红玉，陆智强，姚海鑫. 社会责任对公司绩效的作用机理——基于社会资本的一个理论解释［J］. 软科学，2009（10）：133－137.

［52］李后建，张宗益. 地方官员任期，腐败与企业研发投入［J］. 科学学研究，2014，32（5）：744－757.

［53］李培功，沈艺峰. 媒体的公司治理作用：中国的经验证据［J］. 经济研究，2010（3）：15－27.

［54］李思飞，侯梦虹，王迪. 管理层过度自信与企业社会责任履行［J］. 金融评论，2015（5）：58－69.

［55］李四海，李晓龙，宋献中. 产权性质，市场竞争与企业社会责任行为——基于政治寻租视角的分析［J］. 中国人口资源与环境，2015（1）：162－169.

［56］李伟. 企业社会责任与财务绩效关系研究——基于交通运输行业上市公司的数据分析［J］. 财经问题研究，2012（4）：89－94.

［57］李雪灵，张惺，刘钊，等. 制度环境与寻租活动：源于世界银行数据的实证研究［J］. 中国工业经济，2012（11）：84－96.

［58］李焰，王琳. 媒体监督，声誉共同体与投资者保护［J］. 管理世界，2013（11）：130－143.

[59] 李韵婷，欧晓明. 社会责任信息披露与企业成长绩效——基于行业情境的调节作用 [J]. 广东财经大学学报，2016 (6)：102 - 111.

[60] 林慧婷，何玉润，王茂林，等. 媒体报道与企业资本结构动态调整 [J]. 会计研究，2016 (9)：41 - 46.

[61] 刘凤委，李琳，薛云奎. 信任、交易成本与商业信用模式 [J]. 经济研究，2009 (8)：60 - 72.

[62] 刘刚，李峰. 企业道德建设对员工满意度影响机制的实证研究——基于员工感知的企业社会责任中介效应分析 [J]. 经济理论与经济管理，2011 (3)：89 - 96.

[63] 刘美华，朱敏. 股权性质，财务业绩与社会责任信息披露——来自中国农林牧渔业上市公司的经验证据 [J]. 中国农村经济，2014 (1)：38 - 48.

[64] 刘玉焕，井润田. 企业社会责任能提高财务绩效吗？——文献综述与理论框架 [J]. 外国经济与管理，2014，36 (12)：72 - 80.

[65] 刘媛媛，马建利. 政府干预视域的国有资本投资效率问题研究 [J]. 宏观经济研究，2014 (6)：35 - 43.

[66] 柳志南，王玉红. 国有企业金字塔结构降低权益资本成本了吗? [J]. 财经问题研究，2017 (9)：74 - 81.

[67] 卢文彬，官峰，张佩佩，等. 媒体曝光度，信息披露环境与权益资本成本 [J]. 会计研究，2014 (12)：66 - 71.

[68] 卢正文，刘春林. 基于动机认知视角的慈善捐赠对企业绩效影响研究——基本企业社会责任的调节效应 [J]. 现代经济探讨，2017 (9)：33 - 40.

[69] 陆正飞，杨德明. 商业信用：替代性融资，还是买方市场？ [J]. 管理世界，2011 (4)：6 - 14.

[70] 逯东，林高，黄莉，等. "官员型"高管，公司业绩和非生产性支出——基于国有上市公司的经验证据 [J]. 金融研究，2012 (6)：139 - 153.

[71] 罗明琦. 企业产权，代理成本与企业投资效率——基于中国上市公司的经验证据 [J]. 中国软科学，2014 (7)：172 - 184.

[72] 马卫华，李雅雯. 合作创新关注与研究——基于国家科学基金资助课题和期刊文献的分析 [J]. 科学学与科学技术管理，2015，36 (12)：39 - 51.

[73] 毛世平，吴敬学. 金字塔结构控制与公司价值——来自于中国资本市场的经验证据 [J]. 经济管理，2008 (14)：34 - 44.

[74] 倪昌红. 高管的宗教虔诚对企业社会责任行为的影响——基于制度观

与计划行为理论整合的视角 [J]．山西财经大学学报，2016（11）：92 - 102.

[75] 倪恒旺，李常青，魏志华．媒体关注，企业自愿性社会责任信息披露与融资约束 [J]．山西财经大学学报，2015（11）：77 - 88.

[76] 聂辉华，张或，江艇．中国地区腐败对企业全要素生产率的影响 [J]．中国软科学，2014（5）：37 - 48.

[77] 彭珏，陈红强．内部控制，市场化进程与企业社会责任 [J]．现代财经：天津财经学院学报，2015（6）：43 - 54.

[78] 钱明，徐光华，沈弋．社会责任信息披露、会计稳健性与融资约束——基于产权异质性的视角 [J]．会计研究，2016（5）：9 - 17.

[79] 邵传林．体制转轨背景下的政企关系，腐败与治理 [J]．上海财经大学学报，2016，18（1）：64 - 74.

[80] 沈红波，谢越，陈峥嵘．企业的环境保护，社会责任及其市场效应 [J]．中国工业经济，2012（1）：141 - 151.

[81] 沈洪涛，万拓，杨思琴．我国企业社会责任报告鉴证的现状及评价 [J]．审计与经济研究，2010（6）：68 - 74.

[82] 沈洪涛，王立彦，万拓．社会责任报告及鉴证能否传递有效信号？——基于企业声誉理论的分析 [J]．审计研究，2011（4）：87 - 93.

[83] 沈洪涛，杨熠．公司社会责任信息披露的价值相关性研究——来自我国上市公司的经验证据 [J]．当代财经，2008（3）：103 - 107.

[84] 石军伟，胡立君，付海艳．企业社会责任，社会资本与组织竞争优势：一个战略互动视角——基于中国转型期经验的实证研究 [J]．中国工业经济，2009（11）：87 - 98.

[85] 宋建波，李爱华．企业社会责任的公司治理因素研究 [J]．财经问题研究，2010（5）：23 - 29.

[86] 宋建波，盛春燕．企业履行社会责任对财务绩效影响研究——来自中国制造业上市公司的实证检验 [J]．财经问题研究，2012（8）：99 - 104.

[87] 宋丽娟．企业社会责任对企业价值影响的微观作用机理——基于效率效应与信誉效应的分析 [J]．商业时代，2016（13）：127 - 132.

[88] 宋志红，郭艳新，李冬梅．科学基金资助提高科研产出了吗？——基于倾向得分分层法的实证研究 [J]．科学学研究，2016，34（1）：116 - 121.

[89] 宋志红，史玉英，李冬梅．学术论文质量特征对明星作者网络位置

的影响［J］. 科学学研究，2014，32（5）：660 - 668.

［90］苏冬蔚，贺星星. 社会责任与企业效率：基于新制度经济学的理论与经验分析［J］. 世界经济，2011（9）：138 - 159.

［91］苏蕊芯，仲伟周，刘尚鑫. 企业社会责任与企业效率关联性分析——以深市上市公司为例［J］. 山西财经大学学报，2010，13（11）：75 - 85.

［92］苏蕊芯，仲伟周. 基于企业性质的社会责任履责动机差异及政策含义［J］. 财经理论与实践，2011，32（1）：83 - 86.

［93］孙慧，程柯. 政府层级、内部控制与投资效率——来自国有上市公司的经验证据［J］. 会计与经济研究，2013，27（3）：65 - 74.

［94］孙岩. 社会责任信息披露的清晰性、第三方鉴证与个体投资者的投资决策——一项实验证据［J］. 审计研究，2012（4）：97 - 104.

［95］谭利，杨苗. 不同制度环境下公司治理质量对投资效率的影响［J］. 证券市场导报，2013（12）：28 - 34.

［96］陶文杰，金占明. 企业社会责任信息披露，媒体关注度与企业财务绩效关系研究［J］. 管理学报，2012（8）：1225 - 1232.

［97］万华林，陈信元. 治理环境，企业寻租与交易成本［J］. 经济学（季刊），2010，9（2）. 553 - 569.

［98］万寿义，刘正阳. 制度背景、公司价值与社会责任成本——来自沪深300指数上市公司的经验证据［J］. 南开管理评论，2013，16（1）：83 - 91.

［99］王国刚，冯光华. 中国地区金融生态环境评价（2013—2014）［M］. 北京：社会科学文献出版社，2015.

［100］王坚强，阳建军. 基于 DEA 模型的企业投资效率评价［J］. 科研管理，2010，31（4）：73 - 80.

［101］王建玲，李玥婷，吴璇. 企业社会责任报告与债务资本成本——来自中国 A 股市场的经验证据［J］. 山西财经大学学报，2016（7）：113 - 124.

［102］王健辉，李永壮. 企业社会责任，企业品牌内化特征对员工组织公民行为的作用研究——来自服务行业的实证分析［J］. 宏观经济研究，2014（9）：90 - 102.

［103］王军，郑玲，江若尘. 民营企业慈善捐赠与财务绩效的因果关系研究——基于政治关联性与市场化程度调节效应的分析［J］. 山西财经大学学报，2016，38（11）：103 - 114.

[104] 王垒, 刘新民, 崔宁. 创业企业社会责任会拖累其经济后果吗？——来自终极控制视角的实证研究 [J]. 商业研究, 2017 (12): 137-145.

[105] 王能, 李万明, 郭文頔. 经济新常态背景下企业社会责任履行的经济效应 [J]. 经济问题, 2018 (3): 66-72.

[106] 王琦, 吴冲. 企业社会责任财务效应动态性实证分析——基于生命周期理论 [J]. 中国管理科学, 2013 (S2): 542-548.

[107] 王纬超, 潘云涛. 我国科学基金资助论文情况统计分析及其重复资助问题研究——以 SCI 收录的我国理科期刊为例 [J]. 科技管理研究, 2014, 34 (3): 247-250.

[108] 王文成, 王诗卉. 中国国有企业社会责任与企业绩效相关性研究 [J]. 中国软科学, 2014 (8): 131-137.

[109] 王霞, 徐晓东, 王宸. 公共压力, 社会声誉, 内部治理与企业环境信息披露——来自中国制造业上市公司的证据 [J]. 南开管理评论, 2013, 16 (2): 82-91.

[110] 王霞, 徐怡, 陈露. 企业社会责任信息披露有助于甄别财务报告质量吗? [J]. 财经研究, 2014, 40 (5): 133-144.

[111] 王晓巍, 陈慧. 基于利益相关者的企业社会责任与企业价值关系研究 [J]. 管理科学, 2011, 24 (6): 29-37.

[112] 王艳婷, 罗永泰. 企业社会责任, 员工认同与企业价值相关性研究 [J]. 财经问题研究, 2013 (1): 98-103.

[113] 魏丽玲, 陆旸. 企业社会责任与财务绩效关系研究——以食品饮料制造业为例 [J]. 东南大学学报: 哲学社会科学版, 2016 (S2): 26-29.

[114] 温素彬, 方苑. 企业社会责任与财务绩效关系的实证研究——利益相关者视角的面板数据分析 [J]. 中国工业经济, 2008 (10): 150-160.

[115] 温忠麟, 叶宝娟. 中介效应分析: 方法和模型发展 [J]. 心理学报, 2014 (5): 731-745.

[116] 吴德军. 公司治理, 媒体关注与企业社会责任 [J]. 中南财经政法大学学报, 2016 (5): 110-117.

[117] 吴一平, 芮萌. 地区腐败, 市场化与中国经济增长 [J]. 管理世界, 2010 (11): 10-17.

[118] 夏楸, 郑建明. 媒体报道, 媒体公信力与融资约束 [J]. 中国软科学, 2015 (2): 155-165.

［119］肖海林，薛琼. 公司治理、企业社会责任和企业绩效［J］. 财经问题研究，2014（12）：91 – 98.

［120］谢赤，杨茂勇. 企业社会责任对非效率投资的影响——基于随机前沿分析方法［J］. 经济与管理研究，2013（5）：92 – 98.

［121］谢霏，后青松，朱秀丽. 政府放权影响机构投资者的持股决策吗［J］. 山西财经大学学报，2017（10）：32 – 43.

［122］辛杰，吴创. 企业家文化价值观对企业社会责任的影响机制研究［J］. 中南财经政法大学学报，2015（1）：105 – 115.

［123］徐莉萍，辛宇，祝继高. 媒体关注与上市公司社会责任之履行——基于汶川地震捐款的实证研究［J］. 管理世界，2011（3）：135 – 143.

［124］许静，党亚茹. 期刊论文的多重基金资助问题研究［J］. 科学学研究，2010，28（8）：1135 – 1140.

［125］薛琼，肖海林. 制度环境，组织资源与中小企业社会责任——基于北京市中小企业的经验数据［J］. 山西财经大学学报，2016（10）：89 – 101.

［126］杨汉明，邓启稳. 国有企业社会责任与业绩研究——基于可持续增长视角［J］. 中南财经政法大学学报，2011（1）：120 – 127.

［127］杨皖苏，杨善林. 中国情境下企业社会责任与财务绩效关系的实证研究——基于大、中小型上市公司的对比分析［J］. 中国管理科学，2016，24（1）：143 – 150.

［128］姚海琳，王昶，周登. 政府控制和市场化进程对企业社会责任的影响——来自中国沪市上市公司的经验证据［J］. 天津财经大学学报，2012（8）：58 – 69.

［129］尹开国，刘小芹，陈华东. 基于内生性的企业社会责任与财务绩效关系研究——来自中国上市公司的经验证据［J］. 中国软科学，2014（6）：98 – 108.

［130］于洪彦，黄晓治，曹鑫. 企业社会责任与企业绩效关系中企业社会资本的调节作用［J］. 管理评论，2015，27（1）：169.

［131］于文超，李任玉，何勤英. 国有企业高管参政议政、政治激励与过度投资［J］. 经济评论，2012（6）：65 – 73.

［132］苑泽明，宫成芳，张悦，邓伟丽. 无形资产指数：理论模型构建［J］. 管理现代化，2012（4）：114 – 116.

　　[133] 苑泽明，金宇，王天培．上市公司无形资产评价指数研究——基于创业板上市公司的实证检验 [J]．会计研究，2015（5）：72 – 79 + 95.

　　[134] 张建勇，葛少静，赵经纬．媒体报道与投资效率 [J]．会计研究，2014（10）：59 – 65.

　　[135] 张淑惠，史玄玄，文雷．环境信息披露能提升企业价值吗？——来自中国沪市的经验证据 [J]．经济社会体制比较，2011（6）：166 – 173.

　　[136] 张维迎，柯荣住．信任及其解释：来自中国的跨省调查分析 [J]．经济研究，2002（10）：59 – 70.

　　[137] 张新民，王珏，祝继高．市场地位，商业信用与企业经营性融资 [J]．会计研究，2012（8）：58 – 65.

　　[138] 张兴亮，夏成才．会计信息透明度、政治关联与信贷资金配置效率——来自中国民营上市公司的经验证据 [J]．证券市场导报，2015（7）：36 – 45.

　　[139] 张勇．信任，审计意见与商业信用融资 [J]．审计研究，2013（5）：72 – 79.

　　[140] 张兆国，靳小翠，李庚秦．企业社会责任与财务绩效之间交互跨期影响实证研究 [J]．会计研究，2013（8）：32 – 39.

　　[141] 张正勇，吉利．企业家人口背景特征与社会责任信息披露——来自中国上市公司社会责任报告的经验证据 [J]．中国人口资源与环境，2013，23（4）：131 – 138.

　　[142] 张正勇．媒体关注，产权性质与社会责任信息披露——来自社会责任报告自愿披露的经验证据 [J]．南京财经大学学报，2015（3）：70 – 77.

　　[143] 钟马，徐光华．社会责任信息披露、财务信息质量与投资效率基于"强制披露时代"中国上市公司的证据 [J]．管理评论，2017，29（2）：234 – 244.

　　[144] 周兵，徐辉，任政亮．企业社会责任、自由现金流与企业价值——基于中介效应的实证研究 [J]．华东经济管理，2016，30（2）：129 – 135.

　　[145] 周静，辛清泉．金字塔层级降低了国有企业的政治成本吗？——基于经理激励视角的研究 [J]．财经研究，2017，43（1）：29 – 40.

　　[146] 周中胜，陈汉文．会计信息透明度与资源配置效率 [J]．会计研究，2008（12）：56 – 62.

［147］朱乃平，朱丽，孔玉生，等. 技术创新投入、社会责任承担对财务绩效的协同影响研究［J］. 会计研究，2014（2）：57 – 63.

［148］邹萍. "言行一致"还是"投桃报李"? ——企业社会责任信息披露与实际税负［J］. 经济管理，2018（3）：159 – 177.

［149］邹相煜，王一川. 上市公司社会责任信息披露与公司价值的相关性［J］. 财会月刊，2008（5）：9 – 11.

［150］Abbott W F, Monsen R J. On the Measurement of Corporate Social Responsibility：Self-Reported Disclosures as a Method of Measuring Corporate Social Involvement［J］. Academy of Management Journal，1979，22（3）：501 – 515.

［151］Adler P S. Social Capital：Prospects for a New Concept［J］. Academy of Management Review，2002，27（1）：17 – 40.

［152］Aguilera R V, Rupp D E, Williams C A, et al. Putting the S back in corporate social responsibility：A multilevel theory of social change in organizations.［J］. Academy of Management Review，2007，32（3）：836 – 863.

［153］Ahn S Y, Park D J. Corporate Social Responsibility and Corporate Longevity：The Mediating Role of Social Capital and Moral Legitimacy in Korea［J］. Journal of Business Ethics，2016：1 – 18.

［154］Aidt T S. Corruption, institutions, and economic development［J］. Oxford Review of Economic Policy，2009，25（2）：271 – 291.

［155］Aidt T S. Rent seeking and the economics of corruption［J］. Constitutional Political Economy，2016，27（2）：142 – 157.

［156］Akerlof G. The Market for "Lemons"：Quality Uncertainty and the Market Mechanism［M］//Essential Readings in Economics. Macmillan Education UK，1995：488 – 500.

［157］Alamgir M, Nasir Uddin M. The Mediating Role of Corporate Image on the Relationship between Corporate Social Responsibility and Firm Performance：An Empirical Study［J］. International Journal of Business and Development Studies，2017，9（1）：91 – 111.

［158］Ali I, Jiménez-Zarco A I, Bicho M. Using social media for CSR communication and engaging stakeholders［M］//Corporate social responsibility in the digital age. Emerald Group Publishing Limited，2015：165 – 185.

[159] Alniacik U, Alniacik E, Genc N. How corporate social responsibility information influences stakeholders' intentions [J]. Corporate Social Responsibility and Environmental Management, 2011, 18 (4): 234 – 245.

[160] Arikan E, Kantur D, Maden C, et al. Investigating the mediating role of corporate reputation on the relationship between corporate social responsibility and multiple stakeholder outcomes [J]. Quality & Quantity, 2016, 50 (1): 129 – 149.

[161] Aruguete N. The agenda setting hypothesisin the new media environment [J]. Comunicacion Y Sociedad, 2017, 28 (28): 35 – 58.

[162] Ashforth B E, Gibbs B W. The Double-Edge of Organizational Legitimation [J]. Organization Science, 1990, 1 (2): 177 – 194.

[163] Athanasouli D, Goujard A. Corruption and management practices: Firm level evidence [J]. Journal of Comparative Economics, 2015, 43 (4): 1014 – 1034.

[164] Attig N, El Ghoul S, Guedhami O, et al. Corporate social responsibility and credit ratings [J]. Journal of Business Ethics, 2013, 117 (4): 679 – 694.

[165] Aupperle K E, Carroll A B, Hatfield J D. An Empirical Examination of the Relationship between Corporate Social Responsibility and Profitability [J]. Academy of Management Journal, 1985, 28 (2): 446 – 463.

[166] Axjonow A, Ernstberger J, Pott C. The Impact of Corporate Social Responsibility Disclosure on Corporate Reputation: A Non-professional Stakeholder Perspective [J]. Journal of Business Ethics, 2016 (3): 1 – 22.

[167] Backman J. Social responsibility and accountability [J]. Journal of Anaesthesiology Clinical Pharmacology, 1975, 31 (1): 1 – 3.

[168] Bai X, Chang J. Corporate social responsibility and firm performance: The mediating role of marketing competence and the moderating role of market environment [J]. Asia Pacific Journal of Management, 2015, 32 (2): 505 – 530.

[169] Barba-Sánchez V, Atienza-Sahuquillo C. Integration of the Environment in Managerial Strategy: Application of the Resource-Based Theory of Competitive Advantage, Dynamic Capabilities and Corporate Social Responsibilities [J]. African Journal of Business Management, 2010, 4 (6): 1155 – 1165.

［170］ Barber B M, Odean T. All that glitters: The effect of attention and news on the buying behavior of individual and institutional investors ［J］. Review of Financial Studies, 2008, 21 (2): 785 – 818.

［171］ Barnea A, Rubin A. Corporate Social Responsibility as a Conflict Between Shareholders ［J］. Journal of Business Ethics, 2010, 97 (1): 71 – 86.

［172］ Basu K, Palazzo G. Corporate Social Responsibility: A Process Model of Sensemaking ［J］. Academy of Management Review, 2008, 33 (1): 122 – 136.

［173］ Becchetti L, Trovato G. Corporate social responsibility and firm efficiency: a latent class stochastic frontier analysis ［J］. Journal of Productivity Analysis, 2011, 36 (3): 231 – 246.

［174］ Benlemlih M, Bitar M. Corporate social responsibility and investment efficiency ［J］. Journal of Business Ethics, 2016: 1 – 25.

［175］ Bhandari A, Javakhadze D. Corporate social responsibility and capital allocation efficiency ［J］. Journal of Corporate Finance, 2017, 43: 354 – 377.

［176］ Biddle G C, Hilary G, Verdi R S. How does financial reporting quality relate to investment efficiency? ［J］. Journal of accounting and economics, 2009, 48 (2 – 3): 112 – 131.

［177］ Bidhan L. Parmar, R. Edward Freeman, Jeffrey S. Harrison, et al. Stakeholder Theory: The State of the Art ［J］. Academy of Management Annals, 2010, 4 (1): 403 – 445.

［178］ Bourdieu P. The forms of capital ［J］. Handbook of Theory & Research of for the Sociology of Education, 1986: 280 – 291.

［179］ Bowman E H, Haire M. A Strategic Posture Toward Corporate Social Responsibility ［J］. California Management Review, 1975, 18 (2): 49 – 58.

［180］ Brammer S, Jackson G, Matten D. Corporate Social Responsibility and institutional theory: new perspectives on private governance ［J］. Socio-Economic Review, 2012, 10 (22): 3 – 28 (26).

［181］ Brammer, Maine L A. The Benefits and Costs of Corporate Social Responsibility ［J］. Business Horizon, 2010.

［182］ Branco M C, Rodrigues L L. Corporate social responsibility and resource-based perspectives [J]. Journal of business Ethics, 2006, 69 (2): 111 - 132.

[183] Branzei O, Frooman J, Mcknight B, et al. What Good Does Doing Good do? The Effect of Bond Rating Analysts Corporate Bias on Investor Reactions to Changes in Social Responsibility [J]. Journal of Business Ethics, 2018, 148: 1 - 21.

[184] Brine M, Brown R, Hackett G. Corporate social responsibility and financial performance in the Australian Context [J]. Economic Round-up, 2014 (2): 47 - 58.

[185] Brown-Liburd H, Cohen J, Zamora V L. CSR Disclosure Items Used as Fairness Heuristics in the Investment Decision [J]. Journal of Business Ethics, 2012: 1 - 15.

[186] Bushee B J, Core J E, Guay W, et al. The role of the business press as an information intermediary [J]. Journal of Accounting Research, 2010, 48 (1): 1 - 19.

[187] Campbell B A, Coff R, Kryscynski D. Rethinking sustained competitive advantage from human capital [J]. Academy of Management Review, 2012, 37 (3): 376 - 395.

[188] Campbell J L. Why Would Corporations Behave in Socially Responsible Ways? An Institutional Theory of Corporate Social Responsibility [J]. Academy of Management Review, 2007, 32 (3): 946 - 967.

[189] Carrasco-Monteagudo I, Buendía-Martínez I. Corporate social responsibility: a crossroad between changing values, innovation and internationalisation [J]. European Journal of International Management, 2013, 7 (3): 295 - 314.

[190] Carroll A B. Corporate Social Responsibility: Evolution of a Definitional Construct [J]. Business & Society, 1999, 38 (3): 268 - 295.

[191] Carroll A B. Corporate social responsibility: Will industry respond to cutbacks in social program funding? [J]. Vital Speeches of the Day, 1983, 49 (19): 604 - 608.

[192] Carroll C E. Media Relations and Corporate Social Responsibility [M] //The Handbook of Communication and Corporate Social Responsibility. Wiley-

Blackwell, 2000: 363 – 380.

[193] Carroll, A B. A Three-dimensional Conceptual Model of Corporate Performance [J]. The Academy of Management Review, 1979, 4 (4): 497 – 505.

[194] Castaldo S, Perrini F, Misani N, et al. The Missing Link Between Corporate Social Responsibility and Consumer Trust: The Case of Fair Trade Products [J]. Journal of Business Ethics, 2009, 84 (1): 1 – 15.

[195] Chen C, Xia D L, Zhu S. Pyramidal ownership structure, capital investment and firm performance: evidence from China [C] //Annual Meeting of the American Accounting Association, New York, NY. 2009.

[196] Chen F H, Chi D J. Application of a new DEMATEL to explore key factors of China's corporate social responsibility: evidence from accounting experts [J]. Quality & Quantity, 2015, 49 (1): 135 – 154.

[197] Chen Lin, Yue Ma, Paul Malatesta, et al. Ownership structure and the cost of corporate borrowing [J]. Journal of Financial Economics, 2011, 99 (1): 1 – 23.

[198] Chen S, Sun Z, Tang S, et al. Government intervention and investment efficiency: Evidence from China [J]. Journal of Corporate Finance, 2011, 17 (2): 259 – 271.

[199] Claasen C, Roloff J. The Link Between Responsibility and Legitimacy: The Case of De Beers in Namibia [J]. Journal of Business Ethics, 2012, 107 (3): 379 – 398.

[200] Cochran, P L, & Wood, R A. Corporate social responsibility and financial perfor-mance. Academy of Management Journal, 1984, 27, 42 – 56.

[201] Coleman, James. Foundations of social theory / [M]. Belknap Press of Harvard University Press, 1990.

[202] Cox P, Wicks P G. Institutional Interest in Corporate Responsibility: Portfolio Evidence, and Ethical Explanation [J]. Journal of Business Ethics, 2011, 103 (1): 143 – 165.

[203] Cook K A, Romi A M, Sanchez D, et al. The Influence of Corporate Social Responsibility on Investment Efficiency and Innovation [J]. Social Science Electronic Publishing, 2015.

[204] Crisóstomo V L, Freire F D S, Vasconcellos F C D. Corporate social responsibility, firm value and financial performance in Brazil [J]. Social Science Electronic Publishing, 2011, 7 (2): 295 – 309.

[205] Cui J, Jo H, Na H. Does Corporate Social Responsibility Affect Information Asymmetry? [J]. Journal of Business Ethics, 2016, H8 (3): 1 – 24.

[206] Dahlsrud A. How corporate social responsibility is defined: an analysis of 37 definitions [J]. Corporate social responsibility and environmental management, 2008, 15 (1): 1 – 13.

[207] Dahlsrud, Alexander. How corporate social responsibility is defined: an analysis of 37 definitions [J]. Corporate Social Responsibility and Environmental Management, 2008, (15): 1 – 13.

[208] D, Li O Z, Tsang A, et al. Corporate social responsibility disclosure and the cost of equity capital: The roles of stakeholder orientation and financial transparency [J]. Journal of Accounting & Public Policy, 2014, 33 (4): 328 – 355.

[209] Dan R D, Cosier R A. The four faces of social responsibility [J]. Business Horizons, 1982, 25 (3): 19 – 27.

[210] Dan S D, Radhakrishnan S, Tsang A, et al. Nonfinancial disclosure and analyst forecast accuracy [J]. Accounting Review, 2015, 87 (3): 180 – 181.

[211] Darnall N, Jolley G J, Handfield R. Environmental management systems and green supply chain management: complements for sustainability? [J]. Business Strategy and the Environment, 2008, 17 (1): 30 – 45.

[212] Davis K. Can Business Afford To Ignore Social Responsibilities? [J]. California Management Review, 1960, 2 (3): 70 – 76.

[213] Davis K. Understanding the social responsibility puzzle [J]. Business horizons, 1967, 10 (4): 45 – 50.

[214] Deephouse D, Heugens P. Linking Social Issues to Organizational Impact: the Role of Infomediaries and the Infomediary Process [J]. Journal of Business Ethics, 2009, 86 (4): 541 – 553.

[215] Di Giuli, A.. Kostovetsky, L.. Are red and blue companies more likely to go green? Politics and corporate social responsibility [J]. Journal of Financial Economics, 2014, (111): 158 – 180.

［216］Donaldson L, Davis J H. Stewardship Theory or Agency Theory: CEO Governance and Shareholder Returns ［J］. Australian Journal of Management, 2014, 16 (16): 49 – 64.

［217］Donaldson T, Dunfee T W. Toward a Unified Conception of Business Ethics: Integrative Social Contracts Theory ［J］. Academy of Management Review, 1994, 19 (2): 252 – 284.

［218］Donaldson, T. and Preston, L. E. The Stakeholder Theory of the Corporation: Concepts, Evidence and Implications ［J］. Academy of Management Review, 1955, 1: 65 – 91.

［219］Donaldson T. Response: Making stakeholder theory whole ［J］. Academy of Management Review, 1999 (2): 237 – 241.

［220］Drucker, P. F. The New Meaning of Corporate Social Responsibility. ［J］. California Management Review, 1998, 26 (2): 53 – 63.

［221］Du S, Jr E T V. Striving for Legitimacy Through Corporate Social Responsibility: Insights from Oil Companies ［J］. Journal of Business Ethics, 2012, 110 (4): 413 – 427.

［222］Dyck A, Volchkova N, Zingales L. The corporate governance role of the media: Evidence from Russia ［J］. The Journal of Finance, 2008, 63 (3): 1093 – 1135.

［223］Eden C, Ackermann F. Making Strategy: The Journay of Strategic Management ［M］. 1998.

［224］Elliott W B, Grant S M, Rennekamp K M. How Disclosure Features of Corporate Social Responsibility Reports Interact with Investor Numeracy to Influence Investor Judgments ［J］. Contemporary Accounting Research, 2014, 34.

［225］Epstein E M. The Corporate Social Policy Process: Beyond Business Ethics, Corporate Social Responsibility, and Corporate Social Responsiveness ［J］. California Management Review, 1987, 29 (3): 99 – 114.

［226］Fabbri D, Menichini A M C. Trade credit, collateral liquidation, and borrowing constraints ［J］. Journal of Financial Economics, 2010, 96 (3): 413 – 432.

［227］Fan J P H, Wong T J, Zhang T. Institutions and Organizational Structure: The Case of State-Owned Corporate Pyramids [J]. Journal of Law Economics & Organization, 2013, 29 (6): 1217 –1252.

[228] Fan J P H, Wong T J, Zhang T. Politically connected CEOs, corporate governance, and Post-IPO performance of China's newly partially privatized firms [J]. Journal of Financial Economics, 2014, 26 (3): 85 –95.

[229] Fan J P H, Wong T J, Zhang T. The Emergence of Corporate Pyramids in China [J]. Social Science Electronic Publishing, 2005.

[230] Fernández-Gago R, Cabeza-García L, Nieto M. Corporate social responsibility, board of directors, and firm performance: an analysis of their relationships [J]. Review of Managerial Science, 2016, 10 (1): 85 – 104.

[231] Fiori G, Donato F D, Izzo M F. Corporate Social Responsibility and Firms Performance-An Analysis on Italian Listed Companies [J]. Social Science Electronic Publishing, 2007.

[232] Fisher-Vanden K, Thorburn K S. Voluntary corporate environmental initiatives and shareholder wealth☆ [J]. Social Science Electronic Publishing, 2011, 62 (3): 430 –445.

[233] Fitch H G. Achieving Corporate Social Responsibility [J]. Academy of Management Review, 1976, 1 (1): 38 –46.

[234] Flammer, C. 2013. Does Corporate Social Responsibility Lead to Superior Financial Performance? A Regression Discontinuity Approach. MIT Sloan School of Management, Working Paper.

[235] Fong E A, Tosi H L. Effort, Performance, and Conscientiousness: An Agency Theory Perspective [J]. Journal of Management, 2007, 33 (2): 161 –179.

[236] Frederick W C. The Growing Concern Over Business Responsibility [J]. California Management Review, 1960, 2 (4): 54 –61.

[237] Freeman R E. Strategic management: a stakeholder approach [J]. Cambridge University Press, 2010.

[238] Fricdman M. Capitalism and freedom [M]. Chicago: University of Chicago Press, 1962.

[239] Fukuyama F. Social capital and the modern capitalist economy: Creating a high trust workplace [J]. Stern Business Magazine, 1997, 4 (1): 1 –16.

［240］Galbreath J, Shum P. Do Customer Satisfaction and Reputation Mediate the CSR-FP Link? Evidence from Australia ［J］. Social Science Electronic Publishing, 2012, 37 (2): 211 –229.

［241］Gao Y. Government intervention, perceived benefit, and bribery of firms in transitional China ［J］. Journal of business ethics, 2011, 104 (2): 175 –184.

［242］Garriga E, Melé D. Corporate Social Responsibility Theories: Mapping the Territory ［J］. Journal of Business Ethics, 2004, 53 (1 –2): 51 –71.

［243］Giannetti M, Burkart M, Ellingsen T. What You Sell is What You Lend? Explaining Trade Credit Contracts ［J］. Review of Financial Studies, 2011, 24 (4): 1261 –1298.

［244］Godos-Díez J L, Fernández-Gago R, Martínez-Campillo A. How important are CEOs to CSR practices? An analysis of the mediating effect of the perceived role of ethics and social responsibility ［J］. Journal of Business Ethics, 2011, 98 (4): 531 –548.

［245］Gong G, Xu S, Gong X. On the Value of Corporate Social Responsibility Disclosure: An Empirical Investigation of Corporate Bond Issues in China ［J］. Journal of Business Ethics, 2016: 1 –32.

［246］Goss Allen, Roberts Gordon S. The Impact of Corporate Social Responsibility on the Cost of Bank Loans ［J］. Journal of Banking and Finance, 2011 (7): 1794 –1810.

［247］Grafström M, Windell K. The role of infomediaries: CSR in the business press during 2000—2009 ［J］. Journal of business ethics, 2011, 103 (2): 221.

［248］Gray R, Kouhy R, Lavers S. Constructing a research database of social and environmental reporting by UK companies ［J］. Accounting, 1995, 8 (2): 78 –101.

［249］Gregory A, Tharyan R, Whittaker J. Corporate Social Responsibility and Firm Value: Disaggregating the Effects on Cash Flow, Risk and Growth ［J］. Journal of Business Ethics, 2014, 124 (4): 633 –657.

［250］Guiso L, Sapienza P, Zingales L. The Role of Social Capital in Financial Development ［J］. American Economic Review, 2004, 94 (3): 526 –556.

[251] Hansen S D, Dunford B B, Boss A D, et al. Corporate Social Responsibility and the Benefits of Employee Trust: A Cross-Disciplinary Perspective [J]. Journal of Business Ethics, 2011, 102 (1): 29 – 45.

[252] Harjoto M A, Jo H. Legal vs. Normative CSR: Differential Impact on Analyst Dispersion, Stock Return Volatility, Cost of Capital, and Firm Value [J]. Journal of Business Ethics, 2015, 128 (1): 1 – 20.

[253] Harrison J S, Bosse D A, Phillips R A. Managing for stakeholders, stakeholder utility functions, and competitive advantage [J]. Strategic Management Journal, 2010, 31 (1): 58 – 74.

[254] Hasan I, Kobeissi N, Liu L, et al. Corporate Social Responsibility and Firm Financial Performance: The Mediating Role of Productivity [J]. Journal of Business Ethics, 2016: 1 – 18.

[255] Hediger W. Welfare and capital-theoretic foundations of corporate social responsibility and corporate sustainability [J]. The Journal of Socio-Economics, 2010, 39 (4): 518 – 526.

[256] Hillman A J, Kcim U D. Shareholder value, stakeholder management, and social issues; What's the bottom line? [J]. Strategic Management Journal, 2001, (2): 125 – 139.

[257] Hillman A L, Ursprung H W. Where are the rent seekers? [J]. Constitutional Political Economy, 2016, 27 (2): 124 – 141.

[258] Houston J F, Lin C, Ma Y. Media ownership, concentration and corruption in bank lending [J]. Journal of Financial Economics, 2011, 100 (2): 326 – 350.

[259] Ingenhoff D, Koelling A M. Media governance and corporate social responsibility of media organizations: an international comparison [J]. Business Ethics: A European Review, 2012, 21 (2): 154 – 167.

[260] Jeffrey Wurgler. Financial markets and the allocation of capital [J]. Journal of Financial Economics, 2000, (58): 187 – 214.

[261] Jensen M C. Agency Costs of Free Cash Flow, Corporate Finance, and Takeovers. [J]. American Economic Review, 1996, 76 (2): 323 – 329.

[262] Jizi M I, Salama A, Dixon R, et al. Corporate governance and corpo-

rate social responsibility disclosure: Evidence from the US banking sector [J]. Journal of Business Ethics, 2014, 125 (4): 601 –615.

[263] Jo H, Harjoto M A. The causal effect of corporate governance on corporate social responsibility [J]. Journal of business ethics, 2012, 106 (1): 53 –72.

[264] John Elkington, Cannibals and Forks. The Triple Bottom Line of 21st Century Business [M]. Capstone. Oxford, 1997.

[265] Johnson H L. Business in contemporary society: framework and issues [M]. Wadsworth Pub. Co. 1971.

[266] Jones T M. Corporate Social Responsibility Revisited, Redefined [J]. California Management Review, 1980, 22 (3): 59 –67.

[267] Just, R E, Hueth, D L, Schmitz, A.. The Welfare Economics of Pubic Policy. Edward Elgar, Cheltenham, UK/Northampton, MA, USA. 2004.

[268] Kang H H, Liu S B. Corporate social responsibility and corporate performance: a quantile regression approach [J]. Quality & Quantity, 2014, 48 (6): 3311 –3325.

[269] Keefer P, Knack S. Social Capital, Social Norms and the New Institutional Economics [J]. Mpra Paper, 2003: 701 –725.

[270] Khan A, Muttakin M B, Siddiqui J. Corporate Governance and Corporate Social Responsibility Disclosures: Evidence from an Emerging Economy [J]. Journal of Business Ethics, 2013, 114 (2): 207 –223.

[271] Kim Y, Park M S, Wier B. Is earnings quality associated with corporate social responsibility? [J]. The Accounting Review, 2012, 87 (3): 761 –796.

[272] Kölbel J F, Jancso L, Busch T. Corporate Social Responsibility, public pressure and credit risk: The US and Europe are not the same [R]. Working Paper, 2013.

[273] Koos S. The institutional embeddedness of social responsibility: a multilevel analysis of smaller firms´civic engagement in Western Europe [J]. Socio-Economic Review, 2012, 10 (1): 135 –162.

[274] Krueger A O. The Political Economy of the Rent-Seeking Society [J]. American Economic Review, 1974, 64 (3): 291 –303.

[275] La Porta, Rafael, Florencio Lopez-de-Silanes, Andrei Shleifer and

Robert Vishny. Legal Determinants of External Finance [J]. Journal of Finance, 1997, (3): 1131 – 1150.

[276] Lara J M G, Osma B G, Penalva F. Accounting conservatism and firm investment efficiency [J]. Journal of Accounting & Economics, 2016, 61 (1): 221 – 238.

[277] Larcker D F, So E C, Wang C C Y. Boardroom centrality and firm performance [J]. Journal of Accounting and Economics, 2013, 55 (2): 225 – 250.

[278] Larry Reynolds. The Trust Effect: Creating the High Trust, High Performance Organization [M]. Library of Congress Cataloging, 1997.

[279] Li D, Xin L, Chen X, et al. Corporate social responsibility, media attention and firm value: empirical research on Chinese manufacturing firms [J]. Quality & Quantity, 2017, 51 (4): 1563 – 1577.

[280] Lima Crisóstomo V, de Souza Freire F, Cortes de Vasconcellos F. Corporate social responsibility, firm value and financial performance in Brazil [J]. Social Responsibility Journal, 2011, 7 (2): 295 – 309.

[281] Lindgreen A, Swaen V, Maon F. Introduction: Corporate social responsibility implementation [J]. Journal of Business Ethics, 2009, 85: 251 – 256.

[282] Liu X, Zhang C. Corporate governance, social responsibility information disclosure, and enterprise value in China [J]. Journal of Cleaner Production, 2017, 142.

[283] Long N V. The theory of contests: A unified model and review of the literature [J]. European Journal of Political Economy, 2013, 32 (8): 161 – 181.

[284] Lu Y, Shailer G, Yu Y. Corporate Social Responsibility Disclosure and the Value of Cash Holdings [C] // American Accounting Association Meeting. 2014.

[285] Luo X, Zheng Q. Reciprocity in Corporate Social Responsibility and Channel Performance: Do Birds of a Feather Flock Together? [J]. Journal of Business Ethics, 2013, 118 (1): 203 – 213.

[286] Mackey A, Mackey T B, Barney J B. Corporate social responsibility and firm performance: Investor preferences and corporate strategies [J]. Social Science Electronic Publishing, 2007, 32 (3): 817 – 835.

[287] Makni R, Francoeur C, and Bellavance F. Causality between corporate social performance and financial performance: evidence from Canadian firms [J]. Journal of Business Ethics, 2009 (89): 409 –422.

[288] Malik M S, Kanwal L. Impact of Corporate Social Responsibility Disclosure on Financial Performance: Case Study of Listed Pharmaceutical Firms of Pakistan [J]. Journal of Business Ethics, 2016, 1 – 10.

[289] Manne H G, Wallich H C. The modern corporation and social responsibility [M]. American Enterprise Institute for Public Policy Research, 1972.

[290] Mansaray A P, Liu Y, Brima S, et al. The Impact of Corporate Social Responsibility Disclosure on Financial Performance of Firms in Africa [J]. International Journal of Economics & Financial Issues, 2017.

[291] Marquis C, Thomason B, Tydlaska J. Corporate Social Responsibility and Employee Engagement [J]. Harvard Business Review, 2010.

[292] Martínez-Ferrero J, Rodríguez-Ariza L, García-Sánchez I M, et al. Corporate social responsibility disclosure and information asymmetry: the role of family ownership [J]. Review of Managerial Science, 2017: 1 – 32.

[293] Matten D, Moon J. " Implicit" and " explicit" CSR: A conceptual framework for a comparative understanding of corporate social responsibility. [J]. Academy of Management Review, 2008, 33 (2): 404 –424.

[294] Maxwell McCombs. A Look at Agenda-setting: past, present and future [J]. Journalism Studies, 2005, 6 (4): 543 –557.

[295] Mc Williams, A and Siegel D. Corporate Social Responsibility: A Theory of the Firm Perspective [J]. Academy of Management Review, 2000, (26): 117 – 127.

[296] Mccombs M, Reynolds A. News influence on our pictures of the world. [M] // Media Effects. Advances in Theory and Research. 2002, 1 – 18.

[297] McGuire J W. Business and society [M]. McGraw-hill, 1963.

[298] Michaels A, Grüning M. Relationship of corporate social responsibility disclosure on information asymmetry and the cost of capital [J]. Journal of Management Control, 2017, 28 (3): 251 –274.

[299] Michelon G, Pilonato S, Ricceri F. CSR reporting practices and the

quality of disclosure: An empirical analysis [J]. Critical Perspectives on Accounting, 2015, 33: 59 – 78.

[300] Muller A, Kräussl R. The value of corporate philanthropy during times of crisis: The sensegiving effect of employee involvement [J]. Journal of Business Ethics, 2011, 103 (2): 203 – 220.

[301] Myers S C, Majluf N S. Corporate financing and investment decisions when firms have information that investors do not have [J]. Journal of Financial Economics, 1984, 13 (2): 187 – 221.

[302] Nath L, Holder-Webb L, Cohen J. Will Women Lead the Way? Differences in Demand for Corporate Social Responsibility Information for Investment Decisions [J]. Journal of Business Ethics, 2013, 118 (1): 85 – 102.

[303] Nekhili M, Nagati H, Chtioui T. Corporate Social Responsibility Reporting and Firm Performance: The Moderating Role of Women Directorship [J]. Social Science Electronic Publishing, 2015.

[304] Noel Brown, Craig Deegan. The public disclosure of environmental performance information—a dual test of media agenda setting theory and legitimacy theory [J]. Accounting & Business Research, 1998, 29 (1): 21 – 41.

[305] Ogden S, Watson R. Corporate Performance and Stakeholder Management: Balancing Shareholder and Customer Interests in the U. K. Privatized Water Industry [J]. Academy of Management Journal, 1999, 42 (5): 526 – 538.

[306] Oikonomou I, Brooks C, Pavelin S. The effects of corporate social performance on the cost of corporate debt and credit ratings [J]. Financial Review, 2014, 49 (1): 49 – 75.

[307] Opie W, Tian G G, Zhang H F. Corporate Pyramids, Geographical Distance, and Investment Efficiency of Chinese State-Owned Enterprises [J]. Social Science Electronic Publishing, 2018.

[308] Oppong S. Corporate Social Responsibility and Corporate Performance: A Study of the Top 100 Performing Firms in Ghana [J]. Journal of Contemporary Research in Management, 2014, 9 (2).

[309] Orlitzky M, Schmidt F L, Rynes S L. Corporate Social and Financial Performance: A Meta-analysis. [J]. Organization Studies, 2008, 24 (3): 403 – 441.

［310］ Peloza J. The challenge of measuring financial impacts from investments in corporate social performance ［J］. Journal of Management, 2009, 35 (6): 1518 – 1541.

［311］ Platonova E, Asutay M, Dixon R, et al. The Impact of Corporate Social Responsibility Disclosure on Financial Performance: Evidence from the GCC Islamic Banking Sector ［J］. Journal of Business Ethics, 2016, (1): 1 – 21.

［312］ Post J E, Preston L E, Sachs S. Managing the Extended Enterprise: The New Stakeholder View ［J］. California Management Review, 2002, 45 (1): 6 – 28.

［313］ Preston L E, O'bannon D P. The corporate social-financial performance relationship: A typology and analysis ［J］. Business & Society, 1997, 36 (4): 419 – 429.

［314］ Rahman M, Rodríguez-Serrano M Á, Lambkin M. Corporate Social Responsibility And Marketing Performance: The Moderating Role Of Advertising Intensity ［J］. Journal of Advertising Research, 2017, 57 (4): 368 – 378.

［315］ Reinig C J, Tilt C A. Corporate social responsibility issues in media releases: a stakeholder analysis of Australian banks ［J］. Issues in Social and Environmental Accounting, 2008, 2 (2): 176 – 197.

［316］ Reverte C. Corporate social responsibility disclosure and market valuation: evidence from Spanish listed firms ［J］. Review of Managerial Science, 2016, 10 (2): 1 – 25.

［317］ Richardson S. Over-investment of free cash flow ［J］. Social Science Electronic Publishing, 2006, 11 (2 – 3): 159 – 189.

［318］ Saat R M, Selamat M H. An examination of consumer's attitude towards corporate social responsibility (CSR) web communication using media richness theory ［J］. Procedia-Social and Behavioral Sciences, 2014, 155: 392 – 397.

［319］ Saeed M M, Arshad F. Corporate social responsibility as a source of competitive advantage: The mediating role of social capital and reputational capital ［J］. Journal of Database Marketing & Customer Strategy Management, 2012, 19 (4): 219 – 232.

［320］ Saeidi S P, Othman M S H, Saeidi P, et al. Mediating Role of Competitive Advantage Between Corporate Social Responsibility and Firm's Sales Growth [J]. Advanced Science Letters, 2017, 23 (9): 8420 – 8424.

[321] Saeidi S P, Sofian S, Saeidi P, et al. How does corporate social responsibility contribute to firm financial performance? The mediating role of competitive advantage, reputation, and customer satisfaction [J]. Journal of Business Research, 2015, 68 (2): 341 – 350.

[322] Schuler D A, Cording M. A corporate social performance-corporate financial performance behavioral model for consumers [J]. Academy of Management Review, 2006, 31 (3): 540 – 558.

[323] Schwartz M S, Carroll A B. Corporate Social Responsibility: A Three-Domain Approach [J]. Business Ethics Quarterly, 2003, 13 (4): 503 – 530.

[324] Servaes H, Tamayo A. The Impact of Corporate Social Responsibility on Firm Value: The Role of Customer Awareness [J]. Management Science, 2013, 59 (5): 1045 – 1061.

[325] Shahib H M. Financial Regulation Violations and Corporate Social Responsibility Disclosure: A Test of Legitimacy Theory in Indonesia Stock Exchange [C] // International Conference on Accounting, Management, Economics and Social Science. 2017.

[326] Shahwan T M, Hassan Y M. Efficiency analysis of UAE banks using data envelopment analysis [J]. Journal of Economic & Administrative Sciences, 2013, 29 (1): 4 – 20.

[327] Shou Z, Chen J, Zhu W, et al. Firm capability and performance in China: The moderating role of guanxi and institutional forces in domestic and foreign contexts. [J]. Journal of Business Research, 2014, 67 (2): 77 – 82.

[328] Solikhah B. An Overview of Legitimacy Theory on the Influence of Company Size and Industry Sensitivity towards CSR Disclosure [J]. Social Science Electronic Publishing, 2017.

[329] Soliman M, El Din M B, Sakr A. Ownership Structure and Corporate Social Responsibility (CSR): An Empirical Study of the Listed Companies in Egypt [J]. Social Science Electronic Publishing, 2013.

[330] Steiner G A, Steiner J F. Business, government, and society: a man-

agerial perspective: text and cases [J]. Business & Economics, 2009.

[331] Steiner, G A. Business and society. New York: Random House, 1971.

[332] Suchman M C. Managing Legitimacy: Strategic and Institutional Approaches [J]. Academy of Management Review, 1995, 20 (3): 571 –610.

[333] Sun L, Stuebs M. Corporate Social Responsibility and Firm Productivity: Evidence from the Chemical Industry in the United States [J]. Journal of Business Ethics, 2013, 118 (2): 251 –263.

[334] Sun W, Cui K. Linking corporate social responsibility to firm default risk [J]. European Management Journal, 2014, 32 (2): 275 –287.

[335] Tam L. News about corporate social responsibility (CSR): the interplay of intermedia agenda setting influences between corporate news releases and press coverage [J]. Asian Journal of Business Ethics, 2015, 4 (2): 117 –130.

[336] Tench R, Bowd R, Jones B. Perceptions and perspectives: Corporate social responsibility and the media [J]. Journal of Communication Management, 2007, 11 (4): 348 –370.

[337] Tsui A, Farh J, Katherine X, et al. Hierarchical ties and network closure as social capital for Chinese managers [J]. Arizona State University, 2006.

[338] Vilanova M, Lozano J M, Arenas D. Exploring the Nature of the Relationship Between CSR and Competitiveness [J]. Journal of Business Ethics, 2009, 87 (1): 57 –69.

[339] Votaw D. Genius Becomes Rare: A Comment on the Doctrine of Social Responsibility Pt. I [J]. California Management Review, 1972, 15 (3): 5 –19.

[340] Vujicic T. Corporate Social Responsibility and Stock Returns: Examining US Stock Performance [J]. Social Science Electronic Publishing, 2015.

[341] Waddock S A, Graves S B. THE CORPORATE SOCIAL PERFORM-ANCE-FINANCIAL PERFORMANCE LINK [J]. Strategic Management Journal, 1997, 18 (4): 303 –319.

[342] Waddock S. Building a New Institutional Infrastructure for Corporate Responsibility [J]. Academy of Management Perspectives, 2008, 22 (3): 87 –108.

[343] Walton C C. Corporate social responsibilities [M]. Wadsworth Publishing Company, 1967.

［344］Wang T, Bansal P. Social responsibility in new ventures: profiting from a long-term orientation ［J］. Strategic Management Journal, 2012, 33 (10): 1135 – 1153.

［345］Wartick S L, Cochran P L. The Evolution of the Corporate Social Performance Model ［J］. Academy of Management Review, 1985, 10 (4): 758 – 769.

［346］When Principles Pay: Corporate Social Responsibility and the Bottom-Line. Columbia University Press, New York and Chichester.

［347］Xu S, Liu D, Huang J. Corporate social responsibility, the cost of equity capital and ownership structure: An analysis of Chinese listed firms ［J］. Australian Journal of Management, 2015, 40 (2): 246 – 276.

［348］Yang S L. Corporate social responsibility and an enterprise's operational efficiency: considering competitor's strategies and the perspectives of long-term engagement ［J］. Quality & Quantity, 2015, 50 (6): 1 – 17.

［349］Zenisek T J. Corporate social responsibility: A conceptualization based on organizational literature ［J］. Academy of management review, 1979, 4 (3): 359 – 368.

［350］Zhang M, Lijun M, Zhang B, et al. Pyramidal structure, political intervention and firms´tax burden: Evidence from China's local SOEs ［J］. Journal of Corporate Finance, 2016, 36: 15 – 25.

［351］Zhong M, Gao L. Does corporate social responsibility disclosure improve firm investment efficiency? Evidence from China ［J］. Review of Accounting and Finance, 2017, 16 (3): 348 – 365.

［352］Zyglidopoulos S C, Georgiadis A P, Carroll C E, et al. Does media attention drive corporate social responsibility? ［J］. Journal of Business Research, 2012, 65 (11): 1622 – 1627.